Abitur

Prüfungsaufgaben
mit Lösungen

Gymnasium Bayern

Kolloquium
Wirtschaft und Recht

STARK

© 2021 Stark Verlag GmbH
1. Auflage
www.stark-verlag.de

Inhaltsverzeichnis

Vorwort

Hinweise und Tipps zum Kolloquium

Die mündliche Abiturprüfung im Fach Wirtschaft und Recht I

Wahl des Themenbereichs im Prüfungsschwerpunkt II

Tipps zur Wahl des Schwerpunktthemas III

Ablauf der Kolloquiumsprüfung IV

Allgemeine Hinweise zum Aufgabenformat der Kolloquiumsprüfung VI

Hinweise zu Anforderungsbereichen und Operatoren VIII

Bewertungskriterien bei der Prüfung X

Die Vorbereitung auf die mündliche Abiturprüfung XI

Hinweise zur Bearbeitung der Prüfungsaufgaben XIII

Tipps zum Auftreten während der Prüfung XIV

Erster Prüfungsteil: Kurzreferat

Referate zum Kurshalbjahr 11/1

Übungsreferat 1: Ist die Soziale Marktwirtschaft zukunftsfähig? 1

Übungsreferat 2: Wann kommt die Elektromobilität? 12

Übungsreferat 3: Bestimmungsgrößen betriebswirtschaftlicher
Entscheidungen 26

Übungsreferat 4: Italien in Zeiten der Corona-Krise 37

Referate zum Kurshalbjahr 11/2

Übungsreferat 5: Sind illegale Raser Mörder? 51

Übungsreferat 6: Schuldverhältnisse, Kaufhandlung, Abstraktionsprinzip 64

Übungsreferat 7: Gutgläubiger Eigentumserwerb 73

Referate zum Kurshalbjahr 12/1

Übungsreferat 8: Staatsverschuldung 86

Übungsreferat 9: Die Europäische Zentralbank als Hüterin der Währung 99

Referate zum Kurshalbjahr 12/2

Übungsreferat 10: Verbraucherrechte: Spannungsfeld zwischen Schutz und
                         Interessenausgleich 110

Übungsreferat 11: Verspätete Leistung beim Kauf 123

Übungsreferat 12: Sachmangel 138

Zweiter Prüfungsteil: Fragen zu den Kurshalbjahren

Fragen zum Kurshalbjahr 11/1 155

Fragen zum Kurshalbjahr 11/2 162

Fragen zum Kurshalbjahr 12/1 165

Fragen zum Kurshalbjahr 12/2 174

Autoren

Isabell Aschmoneit	Übungsreferate 3, 6
	Fragen zu den Kurshalbjahren 11/1 (6 – 8), 11/2, 12/2 (1 – 5, 7 – 8)
Burkart Ciolek	Kapitel „Hinweise und Tipps zum Kolloquium"
	Übungsreferate 1, 2, 4
	Fragen zu den Kurshalbjahren 11/1 (1 – 5, 9 – 12), 12/1
Dr. Kerstin Vonderau	Übungsreferate 5, 9, 10
	Fragen zu den Kurshalbjahren 12/2 (9, 10)
Tino Zirkenbach	Übungsreferate 7, 8, 11, 12
	Fragen zu den Kurshalbjahren 12/2 (6)

Vorwort

Liebe Abiturientinnen und Abiturienten,

im Laufe Ihres Schülerlebens haben Sie schon mehrere mündliche Prüfungen hinter sich gebracht. Der vorliegende Band möchte Ihnen dabei helfen, die letzte und sicher auch anspruchsvollste mündliche Prüfung Ihrer Schullaufbahn erfolgreich zu meistern. Zu Beginn des vorliegenden Bands erfahren Sie **alles Wissenswerte zum Kolloquium**. So erhalten Sie z. B. Informationen zum Ablauf der Prüfung, zur Auswahl von Prüfungsschwerpunkt und Themenbereich, zur Prüfungsvorbereitung sowie zum Verhalten während der Prüfung.

Die sich anschließenden Kapitel sind angelehnt an den Ablauf der Prüfung. Im **ersten Teil** können Sie sich anhand von ausformulierten **Kurzreferaten** aneignen, wie Sie eine Aufgabenstellung in Form eines mündlichen Vortrags bewältigen. Durch die vorangehende Gliederung erhalten Sie einen schnellen Zugang zu Aufbau und Inhalt des Referats und können mithilfe der dort angeführten Stichpunkte auch den Vortrag üben. Insgesamt handelt es sich um Musterreferate, die zeigen sollen, was bei der Beantwortung der Aufgabenstellungen möglich ist.

Der **zweite Teil** enthält **allgemeine Fragen zu den vier Kurshalbjahren**. Er macht deutlich, wie man auf einzelne Fragen im zweiten Prüfungsabschnitt antworten könnte. Außerdem können Sie diese Aufgaben zur Wiederholung des Abiturstoffs nutzen.

Der vorliegende Band wurde von vier erfahrenen Lehrkräften erarbeitet. Obwohl sie sich streng am Lehrplan orientieren, gibt es durchaus unterschiedliche Akzentsetzungen. Dies hat den Vorteil, ein **breites Spektrum möglicher Aufgabenstellungen und Lösungsansätze** kennenzulernen und im Vorfeld der Prüfung mögliche Gesichtspunkte ausfindig zu machen, die Sie noch mit Ihrem Lehrer bzw. Ihrer Lehrerin abklären sollten.

Wir wünschen Ihnen eine effektive Abiturvorbereitung und eine erfolgreiche Prüfung!

Das Autorenteam und der Verlag

HINWEISE UND TIPPS

Hinweise und Tipps zum Kolloquium

Die mündliche Abiturprüfung im Fach Wirtschaft und Recht

Die Abiturprüfung bildet den Abschluss der zweijährigen Qualifikationsphase der Oberstufe. In Bayern wird die Prüfung in fünf Fächern abgelegt (drei schriftlich, zwei mündlich). Eine mündliche Abiturprüfung wird dabei als **Kolloquium** bezeichnet.

Neben den Pflichtfächern Deutsch, Mathematik und einer fortgeführten Fremdsprache muss auch ein Fach aus dem **gesellschaftswissenschaftlichen Aufgabenfeld** gewählt werden. Hier können Sie das Fach Wirtschaft und Recht wählen. Die Prüfung kann entweder in schriftlicher oder mündlicher Form abgelegt werden.

Nachfolgend wird ausschließlich auf die Modalitäten sowie die Vorbereitung auf eine Kolloquiumsprüfung im Fach Wirtschaft und Recht eingegangen.

Voraussetzung, ein Fach als Prüfungsfach zu wählen, ist eine **durchgängige Belegung** in den vier Kurshalbjahren (11/1 bis 12/2). Alle Halbjahre müssen auch in die Gesamtwertung eingebracht werden (somit maximal 4 x 15 Punkte = 60 Punkte). Das Ergebnis der eigentlichen **Kolloquiumsprüfung** wird **vierfach** gewertet, sodass Sie maximal weitere 60 Punkte in das Gesamtergebnis der Abiturprüfung einbringen können. Damit trägt das Fach, in dem Sie die Kolloquiumsprüfung ablegen, insgesamt etwa zu einem Achtel (13 %) zur Gesamtnote des Abiturs bei. Daher sollte ein Fach nur dann als Kolloquiumsfach gewählt werden, wenn auch die vorangegangenen Halbjahresleistungen Ihren Erwartungen an das Abiturergebnis entsprechen. Um dies zu gewährleisten, ist über die gesamte Qualifikationsphase hinweg eine aktive Mitarbeit im Unterricht sowie ein großes Interesse an den tagesaktuellen wirtschaftlichen Ereignissen von Vorteil, um möglichst gute Vorleistungen zu erbringen. Erfahrungsgemäß besteht ein starker Zusammenhang zwischen dem Ergebnis der Abiturprüfung und den in den vorangegangenen Halbjahren erzielten Punkten.

Wahl des Themenbereichs im Prüfungsschwerpunkt

Im Gegensatz zur **zentralen schriftlichen Abiturprüfung** wird die **mündliche Abiturprüfung** durch die jeweilige **Kurslehrkraft** erstellt. Dies bietet den Vorteil, dass die Aufgaben mit Blick auf die konkrete Umsetzung der Lehrplanthemen im Unterricht erstellt werden. Die Kurslehrkraft weiß, welche Themen sie vertieft behandelt hat und welche nur oberflächlich besprochen wurden. Ebenso kann sie einschätzen, welche fachlichen und methodischen Kompetenzen Sie in ihrem Kurs erworben haben und wird dies bei der Konzeption, Durchführung und Bewertung Ihrer Prüfung angemessen berücksichtigen.

Anders als in einer schriftlichen Abiturprüfung ist im Kolloquium nicht der gesamte Stoff aller vier Kurshalbjahre relevant, sondern es ist eine **Eingrenzung und Spezialisierung** möglich. So darf eines der beiden Kurshalbjahre 11/1 oder 11/2 komplett ausgeschlossen werden. Für jedes der drei verbleibenden Halbjahre muss die Kurslehrkraft üblicherweise **drei Schwerpunktthemen** anbieten. Eines dieser Themen wählen Sie zu Ihrem **Prüfungsschwerpunkt**. Ihre Wahl muss dabei bis spätestens vier Wochen vor dem Prüfungsbeginn erfolgen. Dieses Schwerpunktthema hat der erste Teil der Kolloquiumsprüfung zum Gegenstand. Die beiden verbleibenden Kurshalbjahre (aus denen nicht der Schwerpunkt entstammt) werden inhaltlich im zweiten Teil der Prüfung abgeprüft.

Mögliche Gliederung des Lehrplans (Kurshalbjahre und Schwerpunktthemen)

Ausbildungsabschnitt 11/1: Wirtschaft

(1) Volkswirtschaftliche Zielsetzungen

(2) Betriebswirtschaftliche Entscheidungen

(3) Konjunktur und grundlegende Konzepte der Wirtschaftspolitik

Ausbildungsabschnitt 11/2: Recht

(1) Strafrecht und Gerechtigkeit

(2) Grundlagen der Rechtsordnung; Kaufhandlung und Abstraktion

(3) Kaufhandlung, Eigentum und Besitz

Ausbildungsabschnitt 12/1: Wirtschaft

(1) Beschäftigung und Einkommen **SP**

(2) Geldpolitik

(3) Außenwirtschaftspolitik

Ausbildungsabschnitt 12/2: Recht

(1) Systematik des Rechts der Leistungsstörungen

(2) Die verspätete Leistung beim Kauf

(3) Mangelhafte Leistung beim Kauf

Es hängt von der Lehrkraft ab, in welchem Umfang die verbleibenden Inhalte aus dem Ausbildungsabschnitt, aus dem der Schwerpunkt gewählt wurde, abgeprüft werden. Hier empfiehlt es sich, frühzeitig mit der Kurslehrkraft Rücksprache zu halten.

Bestimmte fachliche Grundlagen, die als „Grundwissen" dienen, können ebenso Teil der Abiturprüfung sein, auch wenn z. B. das entsprechende Kurshalbjahr ausgeschlossen wurde. Dazu zählen insbesondere das Marktmodell und das Modell des Wirtschaftskreislaufs, die schon in der Mittelstufe eingeführt wurden. Grundlegend sind auch die verschiedenen Rechtstechniken, wie z. B. die Arbeit mit dem Gesetzestext, darunter die Normenanalyse und Subsumtion, die selbstverständlich auch für die Rechtsthemen der Jahrgangsstufe 12 benötigt werden. Gleiches gilt für allgemeine und fachspezifische Arbeitstechniken, wie das Auswerten von Zeitungsartikeln oder die Arbeit mit Statistiken, Grafiken und Karikaturen. Diese können als Methoden bei jeder Kolloquiumsprüfung eingefordert werden.

Tipps zur Wahl des Schwerpunktthemas

Spätestens sechs Wochen vor Beginn der ersten schriftlichen Abiturprüfung müssen Sie Ihre mündlichen Prüfungsfächer festlegen. Optimal ist es, wenn zu diesem Zeitpunkt schon die Ergebnisse der Schulaufgaben des Kurshalbjahres 12/2 vorliegen und Sie abschätzen können, welches Ergebnis Sie voraussichtlich in diesem Halbjahr erreichen werden. Die Komplexität der Rechtsthemen der Jahrgangsstufe 12 ist nicht zu unterschätzen.

Hinsichtlich des **Ausschlusses von 11/1 oder 11/2** sollten Sie gemäß Ihrer **Präferenz** für **wirtschaftliche** oder **rechtliche Inhalte** vorgehen. Konkret: Wenn Ihnen Wirtschaft mehr liegt als Recht, dann schließen Sie besser das Halbjahr mit den Rechtsthemen aus. Gleiches gilt für den umgekehrten Fall.

Ähnlich verhält es sich bei der **Wahl des Schwerpunktthemas**. Wer sich mehr für wirtschaftliche Fragestellungen interessiert, sollte auch ein Schwerpunktthema aus den Halbjahren mit wirtschaftlichen Inhalten wählen und umgekehrt. Die Strategie, bewusst z. B. ein Schwerpunktthema aus Recht im Kurshalbjahr 12/2 zu wählen, um damit die Möglichkeit zu nutzen, alle übrigen Rechtsthemen abzuwählen, hat sich erfahrungsgemäß nicht bewährt. Gerade wenn einem der Rechtsbereich nicht liegt, sollte man nicht die Hälfte der Prüfung diesem Gebiet widmen. Zwar ist es dann nur noch ein sehr eingegrenztes Themengebiet, aber durch die Behandlung als „Schwerpunkt" ist die Komplexität sehr hoch und das in dem Bereich, in dem Sie sich an sich nicht wohl fühlen. Das wäre eine ungeschickte Strategie.

Eine **sinnvolle Strategie** ist es, bei der Wahl des Schwerpunktthemas darauf zu achten, welche weiteren Themengebiete in diesem Kurshalbjahr liegen, um dabei weniger attraktive Themen weitgehend oder vollständig **auszuschließen**. Wenn Sie z. B. eine Präferenz für Geldpolitik haben, können Sie die Bereiche „Wachstum und Beschäftigung" und „Außenwirtschaft" weitgehend ausklammern. Wer sich wenig für betriebswirtschaftliche Fragestellungen interessiert, kann mit der Wahl des Schwerpunkts „Volkswirtschaftliche Zielsetzungen" oder „Konjunktur und grundlegende Konzepte der Wirtschaftspolitik" die betriebswirtschaftlichen Fragestellungen ausschließen.

Nachfolgend noch ein paar allgemeine Anregungen, die für die **Wahl des Schwerpunkts** sowie den **Ausschluss eines der beiden Halbjahre** relevant sein könnten:

- Welche Themen haben Sie bereits in Schulaufgaben und kleinen schriftlichen Leistungsnachweisen behandelt und welche Ergebnisse haben Sie dabei erzielt?

- Waren Sie von bestimmten Themen begeistert und haben mit großem Interesse mitgearbeitet, ggf. sogar selbstständig und freiwillig weitere Informationen dazu gesucht?

- Gab es in diesen Themenbereichen in den vergangenen Monaten Ereignisse, die man für ein mögliches Referatsthema heranziehen könnte (z. B. Wirtschaftskrise, Zinsschritt der EZB, Handelskrieg zwischen zwei Ländern)?

- Hatten Sie in einem Themenbereich größere Fehlzeiten, sodass Sie ggf. Informationen und Beispiele aus dem Unterricht nicht mitbekommen haben?

- Gab es in den zwei Jahren einen Wechsel bei der Lehrkraft (z. B. Einsatz eines Referendars) und Sie würden gerne ein Thema wählen, das nicht von der jetzigen Kurslehrkraft (12/2) behandelt wurde?

Grundsätzlich kann es auch hilfreich sein, sich zu fragen, ob die „Chemie" zwischen Ihnen und Ihrer Kurslehrkraft stimmt. Der **persönliche Aspekt** sollte nicht unterschätzt werden. Zwar wird jeder Prüfer bemüht sein, Ihre Prüfung möglichst objektiv und aus einer neutralen Perspektive vorzunehmen, aber wenn man sich wechselseitig sympathisch findet, wird das Prüfungsgespräch automatisch in einer weniger förmlichen, angenehmen Atmosphäre stattfinden, was Ihnen dabei hilft, die Nervosität zu senken und mögliche Blockaden zu reduzieren.

Ein abschließender **Tipp:** Wenn Sie sich unsicher fühlen, sowohl was die Wahl des Fachs als auch ggf. die eines geeigneten Schwerpunktthemas angeht, dann halten Sie doch einfach **Rücksprache** mit Ihrer Kurslehrkraft. Zwar wird diese Ihnen vermutlich keine konkrete Empfehlung geben, aber im Gespräch schon deutlich machen, ob sie Sie eher für die schriftliche oder die mündliche Prüfung, für ein wirtschaftliches oder rechtliches Thema als geeignet ansieht. Äußerungen wie „in Recht musst du/müssen Sie aber sehr präzise arbeiten" könnten ein Indiz dafür sein, dass man bisher zu oberflächlich gearbeitet hat und Ihre Lehrkraft daher eher ein Thema aus dem Bereich Wirtschaft empfehlen würde. Gleiches gilt für positive Verstärkungen wie „Ich hatte den Eindruck, dass dir/Ihnen das Thema Konjunktur richtig Spaß gemacht hat". Hier müssen Sie also etwas „zwischen den Zeilen" lesen.

Ablauf der Kolloquiumsprüfung

Die Kolloquiumsprüfung dauert **30 Minuten** und umfasst **zwei Prüfungsteile** von je **15 Minuten** Dauer. Im **ersten Teil** wird das **Schwerpunktthema** geprüft. Dafür erhalten Sie exakt 30 Minuten **Vorbereitungszeit**, um ein zehnminütiges **Kurzreferat** zu dem Schwerpunktthema zu erstellen. Dafür wird Ihnen in der Regel Material und eine eher offen gehaltene Aufgabenstellung an die Hand gegeben. Mehrere Muster finden Sie dazu in den nachfolgenden Kapiteln. Die hierzu verfassten Kurzreferate stellen umfassende Lösungsvorschläge dar. Die von Ihnen erwartete Leistung hängt maßgeblich davon ab, wie ausführlich und tiefgehend Ihre Lehrkraft das Thema im Unterricht behandelt hat.

Der Aufbau der Prüfung im Überblick

1. Prüfungsteil	• Referat zum gewählten Schwerpunktthema	ca. 10 Minuten
	• ergänzende und vertiefende Fragen	ca. 5 Minuten
2. Prüfungsteil	• Fragen zum nicht vertieften Kurshalbjahr I	ca. 7,5 Minuten
	• Fragen zum nicht vertieften Kurshalbjahr II	ca. 7,5 Minuten

Die **30 Minuten Vorbereitungszeit** sollten Sie dazu nutzen, die Aufgabenstellung und die Materialien sorgfältig **auszuwerten** und sich eine **Gliederung** für das Referat zu überlegen. Im Vorbereitungsraum stehen Papier und ggf. auch Folien zur Verfügung, damit Sie sich Notizen machen und ggf. bestimmte Aspekte für die Präsentation vorbereiten können (z. B. Erstellung einer Skizze des Marktmodells, die dann per Dokumentenkamera oder OHP-Projektor präsentiert werden; Lösung eines Rechtsfalls in Stichpunkten). Die für eine schriftliche Abiturprüfung **zugelassenen Hilfsmittel**, Taschenrechner und Gesetzestexte, hat jeder **Prüfling selbst** mitzubringen und diese dürfen und sollen (z. B. in Recht) sowohl bei der Vorbereitung als auch während der Prüfung verwendet werden.

Unmittelbar im Anschluss an die Vorbereitungszeit beginnt die Kolloquiumsprüfung. Üblicherweise sind die Kurslehrkraft und eine **zweite Lehrkraft** (als Protokollant) bei der Prüfung anwesend. Vereinzelt wird auch einmal die Schulleitung oder jemand von der MB-Dienststelle anwesend sein. Sie beobachten nicht den Prüfling, sondern den Prüfer und Beisitzer, um zu überprüfen, ob sie den Anforderungen einer Kolloquiumsprüfung nachkommen. Diese externen Personen dürfen sich auch nicht in die Notengebung einmischen, also machen Sie sich keine Sorgen, wenn eine dritte Person anwesend ist.

Der erste Prüfungsteil beginnt mit einem ca. zehnminütigem **Kurzreferat** über Ihr Schwerpunktthema, das seitens der Prüfer **nicht unterbrochen** werden darf. D. h., Sie haben ausreichend Zeit, Ihr Thema und Ihre Überlegungen zu präsentieren. Dabei dürfen Sie sowohl stehen als auch sitzen und können im Bedarfsfall Tafel, Dokumentenkamera oder OHP-Projektor einbinden. Achten Sie dabei auf die **Zeit**. Sind Sie zu schnell fertig, wirkt das, als hätten Sie sich nicht gut genug vorbereitet. Brauchen Sie mehr als zehn Minuten, darf der Prüfer abbrechen und Sie können ggf. Ihre abschließende Zusammenfassung nicht mehr präsentieren. Beide Fälle sind ungünstig.

Erschrecken Sie nicht, wenn der Beisitzer nach kurzer Zeit nahezu ununterbrochen mitschreibt. Das sagt nichts über die Qualität Ihres Vortrags aus. Die Prüfer sind verpflichtet, sowohl die gestellten Fragen als auch Ihre Antworten sowie die Art und Weise des Vortrags zu dokumentieren. In den 30 Minuten müssen etwa vier DIN A4-

Seiten vom Beisitzer mitgeschrieben werden. Auch der Prüfer wird sich ein paar Notizen machen, um später z. B. Rückfragen stellen zu können.

Im Anschluss an Ihr Kurzreferat werden Ihnen ca. fünf Minuten **Fragen zu dem Referat und zum Schwerpunktthema** gestellt. Dabei kann es sich um Nachfragen zu Aspekten handeln, auf die Sie z. B. im Rahmen des Kurzreferats nicht oder nur knapp eingegangen sind, oder um Konkretisierungen, wenn Sie im Redefluss fachlich unpräzise Äußerungen getätigt haben. Wenn Fragen zu weiteren, nicht zum Referat gehörenden Aspekten gestellt werden, könnte dies ein Indiz dafür sein, dass der Prüfer im Großen und Ganzen mit Ihrem Vortrag zufrieden ist und daher auf ergänzende Aspekte aus Ihrem Schwerpunktbereich ausweicht. Die restlichen Inhalte des Kurshalbjahrs sind nur insoweit wichtig für die Prüfung, als sie Grundwissen für das Gespräch bilden bzw. wichtige Anknüpfungspunkte zum gewählten Themenbereich sind.

Der zweite Prüfungsteil erstreckt sich über die **verbleibenden beiden Kurshalbjahre**, die nicht abgewählt wurden und aus denen nicht das Schwerpunktthema stammt. Für gewöhnlich werden die Kurshalbjahre nacheinander mit einem vergleichbaren zeitlichen Umfang abgehandelt, d. h. jeweils etwa 7,5 Minuten. Möglicherweise lässt Sie Ihr Prüfer sogar auswählen, mit welchem Halbjahr er anfangen soll.

Die Fragen sollten sich auf **grundlegende Aspekte** der jeweiligen Themengebiete erstrecken. Dabei wird auch **Material**, z. B. in Form von Grafiken und Statistiken, einer Karikatur, eines kurzen Textes oder Rechtsfalls verwendet. Das ist aber nur von Vorteil für Sie, weil für die Auswertung des jeweiligen Materials Zeit benötigt wird. Meist muss man das Material auf eine **grundlegende Fragestellung** des Themas beziehen. So kann z. B. eine kurze Analyse der aktuellen konjunkturellen Lage mit einigen Indikatoren verlangt werden, ein Gerichtsurteil ist hinsichtlich der beabsichtigten Strafzwecke einzuordnen oder eine Karikatur zur aktuellen geldpolitischen Lage auszuwerten. Dabei geht es aber immer um die „**Basics**" des jeweiligen Themas, d. h. ein Gymnasiast sollte das als fundiertes Grundwissen aus diesem Themenbereich mitnehmen, wenn er das Gymnasium verlässt. Die Prüfung eines komplexen Falls zum Themengebiet Sachmangel wäre hier also nicht angebracht, da ein erkennbarer Unterschied zwischen einer Prüfung als „Schwerpunkt" und als „nicht vertiefter Bereich" bestehen muss. Auch hier wäre es von Vorteil, wenn Sie Ihre Lehrkraft z. B. um eine Musterkolloquiumsprüfung oder um einige Aufgabenbeispiele bitten, die verdeutlichen, welches Niveau sie im nicht vertieften Bereich als angemessen ansieht.

Allgemeine Hinweise zum Aufgabenformat der Kolloquiumsprüfung

Zu Beginn der Vorbereitungszeit erhalten Sie das Thema Ihres Kurzreferats sowie Materialquellen in schriftlicher Form. Als Orientierung können dabei die vorangegangenen Schulaufgaben Ihrer Kurslehrkraft dienen. Häufig werden Textquellen in Form journalistischer Texte sowie Statistiken, Grafiken und Karikaturen vorgelegt. Eine Aufgabenstellung völlig ohne Material ist die absolute Ausnahme und grundsätzlich nicht zulässig.

Ungewohnt wird für Sie die Aufgabenstellung sein. Während in Schulaufgaben und schriftlichen Leistungsnachweisen meist sehr konkrete Aufgabenstellungen formuliert werden, sollte ein Kolloquiumsthema eher **offener** gestellt sein, sodass der Prüfling die Möglichkeit hat, einen **eigenen „Rahmen"** um das Thema zu konstruieren, Freiheiten bezüglich des logischen **Aufbaus des Referats** besitzt sowie ggf. auch ergänzende Aspekte anbringen kann. Das heißt, es wird Ihnen vermutlich keine numerische Aufgabengliederung (1., 2., 3. etc.) vorliegen, sondern eher ein kurzer zusammenhängender Text, in dem einzelne Schwerpunkte gesetzt sind. Hierzu ein Beispiel:

BEISPIEL►

> *„Diskutieren Sie den geldpolitischen Kurs der EZB im Zuge der Corona-Krise vor dem Hintergrund des Mandats der Notenbank. Gehen Sie dabei auf die erhofften Wirkungen der eingesetzten geldpolitischen Instrumente sowie die prognostizierte wirtschaftliche Entwicklung der Eurozone ein."*

Zwar wird hier auch deutlich, was Sie inhaltlich vortragen müssen (Wie ist die wirtschaftliche Entwicklung in der Eurozone? Was ist das Mandat der Notenbank? Welche geldpolitischen Instrumente wurden in der Krise eingesetzt? Wie haben sie gewirkt? Sind die erhofften Wirkungen eingetreten? Was ist Ihr Fazit?). Aber bezüglich des Aufbaus des Referats und der Anordnung der jeweiligen Aspekte sind Sie völlig frei. So könnten Sie mit einer Analyse der wirtschaftlichen Lage der Eurozone einsteigen, aber genauso zuerst einen Überblick über das Mandat der EZB geben oder allgemein die Entwicklungen im Zuge der Corona-Krise schildern. Auch bezüglich der geldpolitischen Instrumente hätten Sie die Möglichkeit, erst einen Überblick zu geben und dann konkret auf einzelne Maßnahmen einzugehen. Gleiches gilt für das beigefügte Material, das an passender Stelle und gemäß der Fragestellung eingebunden werden muss.

Bezüglich der Aufgabenstellung empfiehlt sich ebenfalls eine Rücksprache mit der Kurslehrkraft. Vielleicht hat sie ein altes Muster, so dass Sie sehen, in welcher Form und mit welchem Gliederungsgrad sie ihre Schwerpunktthemen stellt. So kommt es am Prüfungstag zu keiner unangenehmen Überraschung

Die Aufgabenformate im **nicht vertieften Bereich** ähneln denen von Rechenschaftsablagen: d. h. **konkrete Fragestellungen**, die Einbindung von einigen, aber meist weniger umfänglichen Materialquellen, tendenziell auch stärker reproduktive und anwendungsbezogene Aufgabenformate. Diskussionen, eigene Urteile und Stellungnahmen sind gefordert, schließen sich aber meist erst an die inhaltlichen Grundlagen an. Auch hierfür finden Sie Aufgabenbeispiele in einem der nachfolgenden Kapitel.

Hinweise zu Anforderungsbereichen und Operatoren

Wie bei allen schriftlichen und mündlichen Leistungsnachweisen sollten die Aufgabenstellungen in der Kolloquiumsprüfung mit **Operatoren** formuliert werden, insbesondere im Schwerpunktbereich. Der Grund dafür ist, dass Sie so eine bessere Orientierung haben, was von Ihnen bei der jeweiligen Fragestellung verlangt wird. Diese Operatoren sollten vorab auch im Unterricht eingeübt worden sein, sodass Sie genau wissen, was z. B. beim Operator „Diskutieren" oder einer „Prüfung im Gutachtenstil" von Ihnen erwartet wird. Während der eigentlichen mündlichen Prüfungen können mitunter auch W-Fragen gestellt werden. Das dient dann aber überwiegend einer Verbesserung des Gesprächsklimas. Sollten Sie bei einer Frage nicht sicher sein, was erwartet wird, können Sie auch nachfragen, ob ggf. ein bestimmter Aspekt noch ergänzt werden soll, bzw. wird der Prüfer Ihnen auch ins Wort fallen, wenn Sie zu weit ausschweifen oder zu sehr in die Details gehen.

Nachfolgend eine Übersicht der wichtigsten Operatoren und ihrer Bedeutung aus den Bereichen Wirtschaft und Recht.

Operatoren Wirtschaft – AFB I („Wissen", Reproduktion):

Operator(en)	Definition
nennen wiedergeben zusammenfassen	Kenntnisse (Fachbegriffe, Daten, Fakten, Modelle) und Aussagen in komprimierter Form unkommentiert darstellen
beschreiben darstellen	wesentliche Aspekte eines Sachverhalts im logischen Zusammenhang unter Verwendung der Fachsprache wiedergeben
berechnen ermitteln	Aufgaben anhand vorgegebener Daten und Sachverhalte mit bekannten Operationen lösen

Operatoren Wirtschaft – AFB II („Anwenden" am Beispiel):

Operator(en)	Definition
erklären erläutern	Sachverhalte durch Wissen und Einsichten in einen Zusammenhang (Theorie, Modell, Regel, Gesetz, Funktionszusammenhang) einordnen und deuten; ggf. durch zusätzliche Informationen und Beispiele verdeutlichen
analysieren	wirtschaftliche Sachverhalte aus Materialien kriterien- bzw. aspektorientiert beschreiben und erklären
auswerten	Daten oder Einzelergebnisse zu einer abschließenden Gesamtaussage zusammenführen
vergleichen	Sachverhalte gegenüberstellen, um Gemeinsamkeiten, Ähnlichkeiten und Unterschiede herauszuarbeiten
herausarbeiten	aus Materialien bestimmte Sachverhalte herausfinden, die nicht explizit genannt werden, und Zusammenhänge zwischen ihnen herstellen
anwenden	grundlegende Arbeitsweisen und Modelle auf unbekannte Sachverhalte bzw. Zusammenhänge übertragen

Operatoren Wirtschaft – AFB III („Transfer", Problemlösung):

Operator(en)	Definition
beurteilen	den Stellenwert von Sachverhalten und Prozessen in einem Zusammenhang bestimmen, um theorie- und kriterienorientiert zu einem begründeten Sachurteil zu gelangen
Stellung nehmen Stellung beziehen	ausgehend vom Sachurteil unter Einbeziehung individueller Wertmaßstäbe zu einem begründeten eigenen Werturteil kommen
selbstständiges Entwickeln	zu einem Sachverhalt oder einer Problemstellung ein konkretes Lösungsmodell, eine Gegenposition oder einen Regelungsentwurf begründet entfalten
gestalten	aufbereiten und adressatenbezogenes, sachlogisch strukturiertes, fachsprachlich korrektes Darstellen der selbstständig entwickelten Ergebnisse
diskutieren	zu einer ökonomischen Problemstellung eine Pro- und Kontra-Argumentation entwickeln, die zu einer begründeten Bewertung führt
beschreiben und interpretieren	Auswertung einer Karikatur; Beschreiben der Bildelemente, Deuten der dargestellten Situation, Herausarbeiten der enthaltenen Kritik

Operatoren Recht – AFB I („Wissen", Reproduktion):

Operator(en)	Definition
nennen wiedergeben zusammenfassen	gelernte Fachbegriffe, Rechtsnormen und Definitionen angeben
darstellen schildern	wesentliche Aspekte des Sachverhalts unter Verwendung der Fachsprache darlegen
ermitteln	bekannte Anspruchsnormen finden

Operatoren Recht – AFB II („Anwenden" am Beispiel):

Operator(en)	Definition
erklären erläutern aufzeigen	komplexe Fachbegriffe (wie Vertragsfreiheit, Straftat u. a.) definieren, abgrenzen; an Beispielen verdeutlichen, ob einzelne Tatbestandsmerkmale erfüllt sind
begründen	in einem begrenzten Zusammenhang auf der Basis einzelner Rechtsnormen entscheiden (z. B. warum eine Nachfrist nicht hinreichend bestimmt ist, § 308 Nr. 2 BGB) Aufzeigen des Normenzwecks (z. B. Vorschriften zur Geschäftsfähigkeit
erörtern	Für und Wider rechtlicher Standpunkte darstellen Vor- und Nachteile einer rechtlichen Regelung aufzeigen (z. B. Formzwang beim Grundstückskauf)

Operatoren Recht – AFB III („Transfer", Problemlösung):

Operator(en)	Definition
prüfen untersuchen	Subsumtion ausgewählter Tatbestandsmerkmale einer oder mehrerer Rechtsnormen
beurteilen abwägen diskutieren	ausgehend von einer kriterienorientierten Pro- und Kontra-Darstellung unter Einbeziehung individueller Wertmaßstäbe ein begründetes eigenes Werturteil darstellen (bei der Diskussion sind Pro und Kontra gleich gewichtet)
Stellung nehmen bewerten	unter Einbeziehung individueller Wertmaßstäbe ein begründetes eigenes Werturteil darstellen
entwickeln	zu einem Sachverhalt oder einer Problemstellung einen eigenen Regelungsentwurf begründet entwerfen zu einer unbekannten Rechtsnorm ein passendes Fallbeispiel darstellen
widerlegen	eingehen auf vorgegebene Argumente und eine begründete Gegenposition formulieren
prüfen, untersuchen im Gutachtenstil	Aufwerfen der Fallfrage, dabei Nennen der Anspruchsgrundlage und systematisches Prüfen der Tatbestandsmerkmale und Subsumtion

Bewertungskriterien bei der Prüfung

Die Kolloquiumsprüfung wird hinsichtlich der **fachlichen Kenntnisse und Fähigkeiten** sowie der **Gesprächsfähigkeit** des Prüflings bewertet. Dabei stehen die **fachliche Richtigkeit** und **Vollständigkeit** sowie die **Schlüssigkeit der Argumentation** aber **im Vordergrund**. Dennoch kann die Art des Vortrags und die Gesprächsfähigkeit des Prüflings durchaus relevant sein. Wenn ein Vortrag z. B. stockend, zögerlich oder erst auf Nachfragen der Prüfer korrekt erbracht wird, reduziert dies das Gesamtergebnis. Folgende Aspekte werde in den verschiedenen Teilbereichen bewertet:

Fachliche Kenntnisse und Fähigkeiten
- die genaue Erfassung der Aufgaben- und Fragestellungen
- Fachkenntnisse, d. h. die Inhalte des Fachs Wirtschaft und Recht
- ein fachspezifisches Urteilsvermögen
- die Fähigkeit, Zusammenhänge herzustellen
- die Beherrschung fachspezifischer Methoden
- die Verwendung von Fachsprache und der sichere Umgang damit

Gesprächsfähigkeit
- die Art des Vortrags
- die sinnvolle Gliederung des Kurzreferats
- eine logisch stimmige Gedankenführung in Gesprächsbeiträgen
- die sprachliche Darbietung im Referat und bei der Beantwortung von Fragen

- die Begründung eigener Standpunkte
- das Eingehen auf Fragen und Hilfestellungen

Viele Prüfer verwenden zur Ermittlung der Note ein **Bewertungsraster** mit Formulierungen, die auf den genannten Kriterien aufbauen und dabei helfen sollen, die Leistung des Prüflings zu beschreiben und zu bewerten. Auf Grundlage des Rasters können sie die Notentendenz festlegen. Wundern Sie sich also nicht, wenn Sie eine Tabelle auf dem Tisch der Prüfer liegen sehen, in der ggf. auch Notizen vermerkt werden. Ein derartiges Raster hat auch den Vorteil, dass alle Prüflinge nach einem einheitlichen Schema verglichen und bewertet werden.

Die Vorbereitung auf die mündliche Abiturprüfung

Ein wichtiger Teil der Vorbereitung auf die Kolloquiumsprüfung besteht darin, zu wissen, was auf einen zukommt. Wenn Sie bisher aufmerksam den Erläuterungen gefolgt sind, dürfte Sie eigentlich kaum mehr etwas überraschen. Hinsichtlich der Wahl der Kurshalbjahre sowie des Schwerpunktthemas können Sie nun eine reflektierte Entscheidung treffen. Jetzt müssen Sie den **Prüfungsstoff** noch lernen oder zumindest auffrischen und dann am besten anhand von **Musterprüfungen** die entsprechenden Aufgabenformate und Arten der Beantwortung einüben.
Dazu noch ein paar **Tipps**:

Zeitmanagement

- Gehen Sie die Vorbereitung auf die Kolloquiumsprüfung **ebenso sorgfältig** an wie auf die schriftlichen Abiturfächer. Hinsichtlich der maximal erreichbaren Punkte gibt es nämlich keine Unterschiede. Ihre erreichten Punkte in Wirtschaft und Recht zählen genau so viel für das Abiturergebnis wie die in Mathematik oder Deutsch.
- Verschaffen Sie sich schon in den Weihnachtsferien einen Überblick, **wann** welche Prüfungen stattfinden (Termine auf der Homepage des Kultusministeriums) und **planen** Sie, wann Sie Zusammenfassungen erstellen und lernen wollen.
- Beginnen Sie **frühzeitig** mit der Vorbereitung. Zwar stehen oft die Pfingstferien zur Vorbereitung zur Verfügung, aber wenn man dann erst mit dem Sichten des Stoffs und dem Zusammenfassen beginnt, ist die Zeit zum Üben zu knapp.
- Planen Sie **Zeitpuffer** ein, damit z. B. keine kurzfristige Erkrankung in den Frühjahrs- oder Osterferien Ihre Planungen über den Haufen wirft oder wenn beim Lernen einmal Blockaden entstehen.
- Planen Sie **nicht auf die letzte Minute**. Neu Erlerntes muss sich „setzen" können. Wenn Sie in den Pfingstferien vor dem Kolloquium nur noch **wiederholen** und **Übungsaufgaben bearbeiten**, dann sind Sie besser vorbereitet, als wenn Sie am Tag vor der Kolloquiumsprüfung mit dem Lernen gerade so fertig werden.

Lernmaterialien

- Kontrollieren Sie frühzeitig, ob Ihre Unterlagen **vollständig** sind. Insbesondere fehlende Einträge der Jahrgangsstufe 11 müssten Sie sich organisieren.

- Haben Sie das Schulbuch der Jahrgangsstufe 11 noch zur Hand oder wollen Sie sich lieber eine Zusammenfassung eines Verlags zulegen? Dann kümmern Sie sich unbedingt rechtzeitig darum.

- Erstellen Sie zunächst eine **Zusammenfassung zu Ihrem Schwerpunktthema**. Dann können Sie diese Inhalte auch am längsten lernen und einüben. Beschäftigen Sie sich erst danach mit den beiden nicht vertieften Halbjahren.

- Möglicherweise hat jemand in der Klasse das gleiche Schwerpunktthema oder zumindest die gleichen nicht vertieften Halbjahre wie Sie gewählt. Dann können Zusammenfassungen auch aufgeteilt und untereinander ausgetauscht werden. Vielleicht fragen Sie sich auch einmal über die Inhalte ab oder stellen sich gegenseitig Fragen. Das ist effizienter als allein zu lernen.

- Nutzen Sie Darstellungsformen wie **Mindmaps**, um einen schnellen Überblick über den Lernstoff zu erhalten. Damit lernen Sie in der Regel besser als mit listenartigen Zusammenfassungen. Ggf. finden sich auch am Ende der Kapitel Ihres Schulbuchs überblicksartige Zusammenfassungen, die Ihnen eine Orientierungshilfe geben.

- Nutzen Sie die Aufgaben im Schulbuch sowie die geschriebenen Schulaufgaben und kleinen schriftlichen Leistungsnachweise, um sich mit den Inhalten und Aufgabenformaten erneut vertraut zu machen.

- Hilfreich können auch Erklärvideos aus dem Internet sein, die noch einmal zentrale Aspekte vorstellen. Hier gibt es für Wirtschaft, zum Teil auch für Rechtsthemen, mittlerweile eine gute Auswahl.

- Arbeiten Sie unbedingt mit Ihren Gesetzestexten. Markieren Sie relevante Rechtsnormen (**nur die Paragrafennummer, in einer einheitlichen Farbe**), unterstreichen Sie einzelne Schlüsselworte (**mit Bleistift**), ergänzen Sie zulässige Verweise am Seitenrand (**aber keine Paragrafenketten!**). Wenn Sie in der Kolloquiumsprüfung den Gesetzestext aufschlagen, soll Ihnen dieser vertraut sein und nicht völlig neu.

Simulation der Prüfung

- Nutzen Sie die Musterkolloquien in diesem Buch, um sowohl die 30 Minuten Vorbereitungszeit als auch den Vortragsteil zu **simulieren**. Halten Sie Ihr Kolloquium vor Ihren Eltern oder Freunden zur Probe. Stoppen Sie die Zeit, damit Sie ein Gefühl dafür bekommen, wie lange zehn Minuten sind. Ebenso können Sie so eine Rückmeldung über Ihr Auftreten und ggf. Ihren Vortragsstil erhalten. Sie können sich auch mit Ihrem Smartphone selbst filmen.

- Geben Sie Ihren Eltern oder Freunden diesen Vorbereitungsband und lassen Sie sich **Beispielfragen** zu den nicht vertieften Kurshalbjahren stellen. Am besten ehe Sie diese selbst durchgearbeitet haben. So bekommen Sie ein Gefühl dafür, was Sie schon können bzw. bei welchen Inhalten Antworten ggf. noch zu knapp sind.

- Die Arbeit mit **diversen Materialquellen** können Sie am besten einüben, wenn Sie mittels Suchmaschine z. B. Karikaturen, Grafiken oder journalistische Texte („News-Suche") zu Ihrem Schwerpunktthema suchen und anschließend auswerten. Das bietet zusätzlich den Vorteil, dass Sie sich so noch etwas mehr Hintergrundwissen zu Ihrem Themengebiet aneignen.

Noch zwei abschließende Hinweise für den eigentlichen **Prüfungstag**. Es lohnt sich, etwas früher aufzustehen und die eigenen Zusammenfassungen noch einmal zu überfliegen. Das ist das mentale „Warmup" für die eigentliche Prüfung. Das Gehirn stellt sich damit auf die wirtschaftlichen und rechtlichen Fragestellungen ein. Seien Sie auch pünktlich ca. 15 Minuten vor Beginn der Vorbereitungszeit in der Schule. Wenn man gehetzt in die Vorbereitung geht, ist man viel zu sehr mit dem „Runterkommen" beschäftigt statt mit der eigentlichen Aufgabenstellung.

Hinweise zur Bearbeitung der Prüfungsaufgaben

Die nachfolgenden Hinweise sollen Ihnen dabei helfen, die Vorbereitungszeit möglichst effektiv zu nutzen und sich bestmöglich auf das Kurzreferat vorzubereiten:

Hilfsmittel

- Im Vorfeld der Prüfung sollten Sie klären, welche Hilfsmittel Ihnen im Vorbereitungsraum zur Verfügung stehen. Gibt es Papier für Notizen, bekommen Sie ggf. Folien für den OHP-Projektor, stehen Taschenrechner und Gesetzestexte zur Verfügung, wenn man z. B. die eigenen Materialien vergessen haben sollte?
- Bringen Sie bitte funktionsfähige Stifte, auch in verschiedenen Farben, sowie Textmarker mit. Vergessen Sie ebenso nicht die zugelassenen Hilfsmittel. Vergewissern Sie sich, dass in Ihren Gesetzestexten keine Post-its und auch sonst **keine unzulässige Systematik** enthalten ist. Stichprobenhaft werden diese durchgesehen.
- Nehmen Sie unbedingt eine Uhr, ggf. einen Wecker mit, um die Zeit im Auge zu behalten. Ihr Smartphone kann diese Funktion nicht übernehmen, da es während der gesamten Prüfungszeit ausgeschaltet in der Tasche sein muss.
- Falls Sie Ihre Kolloquiumsprüfung an einem heißen Tag bestreiten müssen, bringen Sie eine kleine Flasche Wasser mit und trinken Sie noch etwas vor der Prüfung. Ist man dehydriert, schränkt das die kognitiven Fähigkeiten ein. Ebenso können Sie so den Mund noch etwas anfeuchten, ehe Sie Ihr zehnminütiges Referat halten.

Bearbeitung der Aufgabe

- Wenn Sie Ihr Thema erhalten haben, lesen Sie sich **zunächst genau die Aufgabenstellung** durch, ehe Sie die beigefügten Materialien sichten. Dann kann die Sichtung ggf. schon unter dem **richtigen Fokus** erfolgen. Markieren Sie **Auffälligkeiten** oder **relevante Aspekte** in Statistiken, Grafiken oder Texten mit Farbe. Vor- und Nachteile lassen sich beispielsweise mit den Farben grün/rot kenntlich machen.

- Entwerfen Sie anschließend eine **kurze Gliederung**, wie Sie Ihr Referat aufbauen möchten. Neben einem **hinführenden Einleitungsteil** und einem **abschließenden Fazit** sollte der **Hauptteil** alle Aspekte der Aufgabenstellung umfassen und diese in eine sinnvolle, **logische Gliederung** bringen.

- Anschließend ergänzen Sie in diesem Konzept **Notizen als Gedächtnisstütze** für Ihren Vortrag. Achten Sie darauf, dass Sie Ihre Gedanken verständlich und leserlich aufschreiben, damit Sie sich während des Referats gut daran orientieren können. Ggf. ist hier auch die Gliederung des Referats als Mindmap von Vorteil.

- Die Farbstifte und Textmarker sollten Sie einsetzen, um die Grobgliederung, wichtige Fachbegriffe und eine grundlegende Systematik (z. B. Vor- und Nachteile) auf Ihrem Konzeptpapier deutlich hervorzuheben, sodass Sie diese bei Ihrem Vortrag rasch finden.

- Achten Sie darauf, etwas größer zu schreiben, insbesondere wenn Sie beabsichtigen, Ihren Vortrag im Stehen zu halten.

- Wenn Sie zusätzliche **Visualisierungsmöglichkeiten** während Ihres Referats nutzen möchten, sollten Sie auch Ihre Tafelanschriften, Folien und Schaubilder für OHP-Projektor und Dokumentenkamera in der Vorbereitungszeit entwerfen. Ebenso kann die Visualisierung der ausgegebenen Materialien hilfreich sein (z. B. Statistik oder Karikatur), um auf bestimmte Ausschnitte oder Elemente zu verweisen. Nehmen Sie dafür ggf. auch Markierungen und Ergänzungen in den Materialien vor. Beachten Sie dabei, dass insbesondere das Anfertigen von Tafelbildern während des Vortrags sehr zeitintensiv ist. Daher ist es vielfach von Vorteil, Falllösungen oder komplexere Modelle auf Folie oder Papier festzuhalten und diese dann über OHP-Projektor und Dokumentenkamera zu visualisieren.

- Planen Sie einen Puffer von zwei bis drei Minuten am Ende der Vorbereitungszeit ein. Diesen nutzen Sie, um Ihre Unterlagen zu sortieren und noch einmal das Konzeptpapier durchzugehen, damit Sie stets den Überblick während des Referats haben.

Tipps zum Auftreten während der Prüfung

Das Wichtigste zuerst: Haben Sie Vertrauen in Ihre Fähigkeiten. Sie haben das Schwerpunktthema gewählt, das Ihnen am meisten liegt, und sich sorgfältig darauf vorbereitet. In den 30 Minuten Vorbereitungszeit haben Sie eine sinnvolle Gliederung erstellt und sich auf die Fragen des Prüfers bestmöglich eingestellt.

Legen Sie sich Ihre Unterlagen im Prüfungsraum so zurecht, dass Sie den Überblick haben und die Uhrzeit gut erkennen können. Wählen Sie anschließend Ihre Sitz- oder Stehposition, atmen Sie kurz tief durch und beginnen Sie mit Ihrer Einleitung.

Zum ersten Prüfungsteil

- Sprechen Sie laut und deutlich.
- Sprechen Sie gerade am Anfang Ihres Referats bewusst etwas langsamer. Das baut Stress ab. Nach und nach werden Sie während des Vortrags ohnehin das Sprechtempo steigern.
- Formulieren Sie kurze und klare Sätze.
- Binden Sie Fachbegriffe und Fachsprache bewusst mit ein.
- Nutzen Sie Ihre vorbereiteten Medien, um Sachverhalte verständlich zu erklären oder um auf Besonderheiten in den Materialien hinzuweisen.
- Setzen Sie Gesten (z. B. auf etwas zeigen) und Mimik zur Akzentuierung ein.
- Sollten Sie einen gedanklichen Aussetzer haben: Bleiben Sie ruhig und wiederholen Sie einfach den letzten Satz.

Zum zweiten Prüfungsteil

- Fragen Sie nach, wenn Sie eine Aufgabe nicht richtig verstanden haben.
- Lassen Sie sich einen Moment Zeit zum Auswerten von Materialien.
- Beachten Sie, dass Aufgaben ggf. mehrere Operatoren enthalten. Beantworten Sie erst den ersten und anschließend den zweiten Frageteil.
- Lassen Sie sich nicht verunsichern, wenn Ihr Prüfer Ihnen gegenüber zurückhaltend auftritt oder er dem Beisitzer verbale oder nonverbale Hinweise gibt.

1. PRÜFUNGSTEIL

Lehrplanbereich	Volkswirtschaftliche Zielsetzungen (Kurshalbjahr 11/1)
Thema des Referats	Ist die Soziale Marktwirtschaft zukunftsfähig?

Aufgabenstellung

Geben Sie einen Überblick über die wirtschaftspolitischen Zielsetzungen in der Sozialen Marktwirtschaft. Diskutieren Sie vor dem aktuellen Grad der Zielerreichung (M 2), inwiefern die geäußerte Kritik (M 1) Anpassungen der Sozialen Marktwirtschaft erforderlich macht bzw. ob das bestehende Konzept diese neuen Herausforderungen bewältigen kann.

Begleitmaterialien: Text M 1 und Tabelle M 2

M 1   Wie sozial ist die Marktwirtschaft noch?

[…] „Die zentralen Versprechen der Sozialen Marktwirtschaft waren, soziale Sicherheit zu bieten und dafür zu sorgen, dass es eine Gleichheit gibt", sagt Ulrich Schneider, Hauptgeschäftsführer des Paritätischen Gesamtverbands. „Das heißt, dass die Gesellschaft nicht auseinanderfällt, dass alle mitgenommen werden, egal wie schwach sie
5 sind. Wenn man sich aber die Entwicklung anschaut, muss man feststellen, dass dieses Versprechen spätestens seit der Jahrtausendwende nicht mehr eingehalten wird." […]
Diese Generalkritik teilt Michael Hüther nicht. „Es stimmt nicht, dass sich die Kluft zwischen Arm und Reich fortlaufend vergrößert hat und die Mittelschicht anhaltend schrumpft", sagt der Chef des arbeitgebernahen Instituts der deutschen Wirtschaft. Die
10 Soziale Marktwirtschaft sei in einem höchst erstaunlichen Maße sozial. „Wir haben eine Erwerbsbeteiligung der 25- bis 64-Jährigen von 80 % – so hoch wie noch nie. Das ist das eigentliche Leistungsversprechen der Sozialen Marktwirtschaft. Außerdem sind die Reallöhne in den vergangenen Jahren gestiegen, die Einkommen sind mehr als stabil." Doch auch Hüther sieht Handlungsbedarf – in der Integration von Langzeitar-
15 beitslosen […]. In einer Phase von Globalisierung und Digitalisierung mit wachsender Konkurrenz aus China und Handelskonflikten mit den USA stelle sich die Frage: „Wie kann eine sozial verpflichtete Wirtschaftsordnung dauerhaft in dieser Globalisierung funktionieren?" […]
Ein Wort, das immer häufiger zu hören ist, ist „disruptiv". Es meint: Die digitale
20 Revolution hat in einer globalisierten Welt das Zeug, ganze Branchen radikal zu verändern – und das schnell. In der „Industrie 4.0" übernehmen immer mehr Roboter Arbeiten, Künstliche Intelligenz heißt das Schlagwort. Vielen Menschen macht das

1

Angst. „Die Globalisierung hat zu mehr Wohlstand geführt. Aber natürlich ist das jenen Menschen schwer vermittelbar, die Angst um ihren Arbeitsplatz haben", sagt
25 Dieter Kempf, Präsident des Bundesverbands der Deutschen Industrie. „Die Wirtschaft hat eine gesellschaftliche Verantwortung." Die Soziale Marktwirtschaft von Ludwig Erhard müsse modernisiert werden. „Die Wirtschaft muss deutlicher machen, welche gesamtgesellschaftlichen Auswirkungen wirtschaftliches Handeln hat."

Andreas Hoenig/dpa: Ludwig Erhard 4.0: Wie sozial ist die Marktwirtschaft noch?
DPA vom 15.06.2018, © dpa Deutsche Presse-Agentur GmbH.

M2   **Prognose zur wirtschaftlichen Entwicklung Deutschlands**
(vom 08. 04. 2020)

	2019	2020	2021
Bruttoinlandsprodukt (real)	+0,6 %	−4,2 %	+5,8 %
Arbeitslosenquote	5,0 %	5,5 %	5,3 %
Verbraucherpreise	+1,3 %	+0,6 %	+1,2 %
Exporte (Veränderung gg. Vorjahr)	+0,9 %	−10,9 %	+10,1 %

eigene Darstellung, Daten nach: Frühjahrsgutachten 2020, VBW vom 08.04.2020

Lösungsvorschlag

TIPP *Hinweise zur Themenerschließung*

Die Aufgabe ist so gestellt, dass sie einerseits eine gewisse **Orientierung zum Aufbau** des mündlichen Vortrags bietet, andererseits aber auch genügend **Möglichkeiten** belässt, **eigene Aspekte und zusätzliches Wissen mit einfließen zu lassen**. Dies ermöglicht es den Prüfenden, eine Differenzierung hinsichtlich des logischen Aufbaus, der Tiefe der Durchdringung der Thematik sowie der Breite Ihres Wissens vorzunehmen. Daher kann es sinnvoll sein, zu Beginn des Referats den gewählten **Aufbau kurz vorzustellen**.

Die vorliegende Aufgabenstellung setzt eine **Dreiteilung des Referats** voraus. Zunächst soll ein „Überblick" über die wirtschaftspolitischen Zielsetzungen in der Sozialen Marktwirtschaft gegeben werden. Dies könnte der **Einstieg** in die Thematik sein, ggf. in Verbindung mit einem historischen Bezug zur Entstehung des Stabilitäts- und Wachstumsgesetzes. Denkbar wäre aber auch schon ein Vorgriff auf den Text M 1 und die darin genannten Aspekte wie Globalisierung und Digitalisierung, die derzeit fast alle Bereiche von Wirtschaft und Gesellschaft durchdringen und als Megatrends für die kommenden Jahrzehnte angesehen werden. Der **Operator „einen Überblick geben"** (Anforderungsbereich I, weitgehende Reproduktion von Inhalten) macht dabei deutlich, dass nur kurz auf die Zielsetzungen eingegangen werden soll. Dennoch können Sie den Einstieg bereits dazu nutzen, durch eine klare logische Abhandlung der verschiedenen Ziele und ihrer Messgrößen aufzuzeigen, dass Sie überlegt und durchdacht vorgehen.

Im Hauptteil des Referats sind mehrere Aspekte sinnvoll miteinander zu verbinden. Der **Operator „Diskutieren"** setzt grundsätzlich ein **Gegenüberstellen von Vor- und Nachteilen** bzw. von Argumenten für oder gegen eine These voraus sowie ein abschließendes, **begründetes Fazit**. Dabei handelt es sich um einen Operator des Anforderungsbereichs III, der eigenständige Denkleistungen über den reinen Anwendungsbezug hinaus erwartet.

Als Basis für die Diskussion sind neben den im Sachtext genannten Aspekten auch die aktuelle Lage und die künftige wirtschaftliche Entwicklung vor dem Hintergrund der Zielsetzungen des magischen Vierecks zu bewerten (M 2). Die **Auswertung von Statistiken** ist eine Kompetenz aus dem Anforderungsbereich II, da Sie hier methodische Fertigkeiten zeigen sowie sinnvolle Bezüge zur Fragestellung herstellen müssen.

3

Bei der Auswertung der Statistik ist nicht der Aspekt der Konjunkturprognose entscheidend, sondern der **Grad der Zielerreichung** im Hinblick auf die wirtschaftspolitischen Zielsetzungen. Im Rahmen der Diskussion müssen Sie die in M 1 geäußerte Kritik an der Sozialen Marktwirtschaft deutlich herausarbeiten und begründen. Anschließend sollen Gegenargumente geliefert werden, die diese entkräften bzw. aufzeigen, dass kein Handlungsbedarf besteht, da die systemimmanenten Merkmale der Sozialen Marktwirtschaft die angesprochenen Probleme selbst auffangen. Hier können Sie zeigen, inwiefern Sie zu einer **vernetzten, ökonomischen Sichtweise** sowie zu einer **sachlogisch folgerichtigen Argumentation** in der Lage sind.

Das abschließende **Fazit der Diskussion** bietet sich als **Schluss** des Referats an. Hier können Sie noch einmal die verschiedenen Aspekte gegenüberstellen. Eine mögliche Differenzierung nach den drei Hauptaspekten (soziale Gerechtigkeit, Globalisierung und Digitalisierung) zeigt den Prüfenden, dass Sie ein reflektiertes Urteil getroffen und nicht einfach eine Pauschalisierung vorgenommen haben. Ebenso können auch hier wieder ergänzende Aspekte mit einfließen, z. B. wie andere Länder mit diesen Herausforderungen umgehen oder wie sich Deutschland im globalen Wettstreit behauptet.

| **Gliederung des Kurzreferats**

Einstieg:
- Verankerung der wirtschaftspolitischen Ziele der Sozialen Marktwirtschaft im **Stabilitäts- und Wachstumsgesetz** aus dem Jahre 1967: Entstehung als Reaktion auf die erste Wirtschaftskrise der jungen Bundesrepublik im Jahr 1967
- **Ziele:** stabiles Preisniveau, hoher Beschäftigungsstand, außenwirtschaftliches Gleichgewicht, stetiges und angemessenes Wirtschaftswachstum
- Vorschlag im Jahr 2013: Modifizierung des „magischen Vierecks" zu einem „magischen **Sechs- oder Achteck"**

Hauptteil:
Eingehen auf die in M 1 genannten Kritikpunkte/Herausforderungen und Herstellen eines Bezugs zu den wirtschaftspolitischen Zielsetzungen; Einbezug von M 2
- **Aspekt der sozialen Gerechtigkeit**
  – Vorwurf, die soziale Sicherheit und Gleichheit würden zunehmend verloren gehen (Ulrich Schneider) → wird bereits von Michael Hüther relativiert, der betont, dass eine **hohe Erwerbsbeteiligung** und **steigende Reallöhne** „sozial" seien
  – Bezug zum Ziel eines **hohen Beschäftigungsstands:** möglichst viele Menschen sollen aus eigener Kraft für ihren Lebensunterhalt sorgen können → M 2: Arbeitslosenquote um 5 % entspricht annähernd hohem Beschäftigungsstand

4

- Problematik 1: hoher Niedriglohnsektor nicht ausgeschlossen; gerechte Einkommensverteilung ist noch kein wirtschaftliches Ziel
- Problematik 2: Integration von Langzeitarbeitslosen (Michael Hüther) – nicht alle profitieren
- Bezug zum Ziel eines **stetigen und angemessenen Wirtschaftswachstums:** Wohlstandsgewinn, Stärkung der sozial Schwächeren → M 2: Wirtschaftswachstum 2019 und 2020 deutlich unter den erhofften 2 bis 2,5 %; 2021 deutlicher Zuwachs prognostiziert, aber: nachholende Entwicklung zu 2020

- **Aspekt der Globalisierung**
  - Problem einer **wachsenden Konkurrenz** aus China, neue Handelskonflikte (Michael Hüther)
  - Bezug zum Ziel eines **außenwirtschaftlichen Gleichgewichts:** Eine Verschlechterung der deutschen Position im Welthandel würde zu sinkenden Exporten führen → M 2: Massiver Einbruch der Exporte für 2020 erwartet, allerdings Rückkehr zur „Normalsituation" im Jahr 2021 → weiterhin **gute Position** gegenüber der internationalen Konkurrenz
  - Bezug zum Ziel eines **hohen Beschäftigungsstands:** relativ stabile Arbeitslosenquote spricht dafür, dass Deutschland sich **international behaupten** kann

- **Aspekt der Digitalisierung**
  - Herausforderung Digitalisierung: schwer fassbar, bisher noch kein disruptiver Wandel
  - Bezug zu den Zielen eines **hohen Beschäftigungsstands** und eines **stetigen und angemessenen Wirtschaftswachstums:** Gefahren für beide Ziele, wenn Arbeitsplätze verloren gehen oder andere Nationen in diesem Technologiebereich deutsche Unternehmen vom Markt verdrängen → M 2: bisher sind Wirtschaftswachstum und Arbeitslosigkeit im gewünschten Bereich
  - alle modernen Volkswirtschaften vor der Herausforderung dieses Wandels

- **Viertes, bisher noch nicht angesprochenes Ziel der Preisniveaustabilität allgemein betrachtet**
  - Werte für 2019 und 2020 unter dem Schwellenwert (2 %), im Jahr 2020 infolge der Rezession fast schon **deflationäre Tendenz** (nur 0,6 %)
  - prognostizierter Wert für 2021 wieder bei 1,2 %, aber immer noch zu niedrig
  - stabile monetäre Rahmenbedingungen ermöglichen verlässliche Planung

Rückbezug auf die Kritik (M 1); Verknüpfung mit dem Konzept der Sozialen Marktwirtschaft

- insgesamt sprechen Indikatoren in M 2 für eine **gute Funktionsfähigkeit** der Sozialen Marktwirtschaft
- geäußerte Kritikpunkte beziehen sich auf die Sorge um den Verlust von Arbeitsplätzen sowie auf die Ungleichverteilung des Wohlstands

- **Grundlagen in der Sozialen Marktwirtschaft:** sichere Rahmenbedingungen, wirtschaftliche Freiheit, Wettbewerb → die leistungsfähigsten Unternehmen bleiben auf den Märkten bestehen und reagieren flexibel auf das sich wandelnde wirtschaftliche Umfeld (Digitalisierung, Globalisierung)
- **Rechte des Staates** in der Sozialen Marktwirtschaft:
  - Staat darf im Bedarfsfall „aktiv" in das wirtschaftliche Geschehen eingreifen; so kann er dazu beitragen, dass sich „die Wirtschaft" frühzeitig auf die neuen Herausforderungen einstellt, und im Bedarfsfall Maßnahmen zur Abfederung von Problemen ergreifen (z. B. Förderung der Entstehung neuer Arbeitsplätze, Schutz bestehender Arbeitsplätze, Qualifizierung von Arbeitslosen)
  - Möglichkeit von Maßnahmen der aktiven Umverteilung (sozialer Ausgleich)
  - Unterstützung der Unternehmen durch aktive Arbeitsmarktpolitik (z. B. Bereitstellung von Infrastruktur, Förderung von Forschungsprojekten)

Schluss:
- Zielgrößen für 2021 sehen durchwegs positiv aus
- Mechanismen der Sozialen Marktwirtschaft stehen zur Verfügung; Staat kann aktiv eingreifen
- Maßnahmen im Vorfeld scheinen nicht angebracht

Kurzreferat

Die wirtschaftspolitischen Zielsetzungen der Sozialen Marktwirtschaft sind in § 1 des **Stabilitäts- und Wachstumsgesetzes** aus dem Jahr 1967 festgehalten. Darin heißt es, dass der Staat im Rahmen seiner Finanz- und Wirtschaftspolitik für ein **gesamtwirtschaftliches Gleichgewicht** zu sorgen hat. Dieses ist gegeben, wenn gleichzeitig ein **stabiles Preisniveau**, ein **hoher Beschäftigungsstand** und ein **außenwirtschaftliches Gleichgewicht** bei **stetigem und angemessenem Wirtschaftswachstum** vorliegen. Das Gesetz entstand als Reaktion auf die erste Wirtschaftskrise der jungen Bundesrepublik im Jahr 1967, die die Phase des „Wirtschaftswunders" beendete. Im Jahr 2013 wurde der Vorschlag unterbreitet, die **Ziele zu modernisieren** und das **magische Viereck** zu einem **Sechs- oder Achteck** zu erweitern. Der bestehende Zielkatalog sollte um die Ziele einer **gerechten Einkommensverteilung**, des Erhalts einer **lebenswerten Umwelt**, **humaner Arbeitsbedingungen** und der **Sicherung von Ressourcen** erweitert werden. Die Erweiterung ist bisher aber unterblieben.

Im folgenden Referat werde ich auf die in Text M 1 genannten **Kritikpunkte** nacheinander eingehen und einen **Bezug zu den Zielsetzungen des magischen Vierecks** herstellen. Zu jedem Kritikpunkt

Einstieg
§ 1 Stabilitätsgesetz, Ziele

Ziele des Sechs- und Achtecks

Kurzgliederung des Referats

6

werde ich anhand von M 2 überprüfen, inwieweit die Ziele aktuell erreicht sind, und aufzeigen, inwiefern die Soziale Marktwirtschaft in der Lage ist, auf die neuen Herausforderungen zu reagieren, bzw. ob eine Modifikation des Konzepts ggf. erforderlich ist.

Im Text M 1 werden drei Problembereiche angesprochen: Die Frage der **sozialen Gerechtigkeit**, die **Herausforderungen im Zuge der Globalisierung** und die aktuell anlaufenden **Veränderungen infolge der Digitalisierung.**

Hauptteil
Auswertung von M 1

Im Hinblick auf die **soziale Gerechtigkeit** äußert Ulrich Schneider, Hauptgeschäftsführer des Paritätischen Gesamtverbands, im ersten Absatz die These, dass seit der Jahrtausendwende **soziale Sicherheit und Gleichheit** zunehmend verloren gehen. Das heißt, der versprochene „Wohlstand für Alle" ist gefährdet. Diese Aussage wird aber bereits im zweiten Absatz von Michael Hüther, dem Chef des Instituts der deutschen Wirtschaft, relativiert. Er argumentiert, dass die Kluft zwischen Arm und Reich nicht wächst, sondern im Gegenteil die hohe Erwerbsquote und die steigenden Realeinkommen per se „sozial" sind.

Aspekte soziale Sicherheit und Gleichheit

Damit wird ein Bezug zu den Zielen eines **hohen Beschäftigungsstands** und eines **stetigen und angemessen Wirtschaftswachstums** hergestellt. In der Sozialen Marktwirtschaft sollen alle Menschen an der wirtschaftlichen Entwicklung teilhaben und einen angemessenen Lebensstandard erreichen können. Dies wird insbesondere durch einen hohen Beschäftigungsstand erreicht, da Arbeit und das damit erzielte Einkommen es ihnen ermöglichen, für sich selbst zu sorgen.

Bezug zu den Zielen

Mit einer **Arbeitslosenquote von etwa 5 %**, wie in M 2 dargestellt, ist ein hoher Beschäftigungsstand annähernd erreicht. Prognostiziert ist trotz der massiven Rezession 2020 nur ein geringer Anstieg der Arbeitslosigkeit, sodass viele Menschen in Deutschland weiterhin einen Arbeitsplatz haben. Allerdings ist die **„gerechte Einkommensverteilung"** bislang kein wirtschaftliches Ziel. Es könnte also auch ein großer **Niedriglohnsektor** existieren, in dem zahlreiche Beschäftigte nicht das Nötige für einen **angemessenen Lebensstandard** verdienen. Auch die von Michael Hüther angesprochene Problematik der **Integration von Langzeitarbeitslosen** legt nahe, dass nicht alle von der wirtschaftlichen Entwicklung profitieren. Das **Wirtschaftswachstum** ist 2019 und 2020 **schwach bzw. negativ** und liegt laut M 2 deutlich unter den erhofften 2 bis 2,5 %. D. h., es sind keine großen Wohlstandszugewinne zu erwarten. Erst **2021** wird der **Zuwachs des BIPs wieder deutlicher** ausfallen, allerdings ist dies vermutlich nur auf eine nachholende Entwicklung zum Rezessionsjahr 2020 zurückzuführen.

Auswertung von M 2

Problematik: gerechte Verteilung

Problematik: Integration von Langzeit- arbeitslosen

Im Hinblick auf die **Globalisierung** nennt Michael Hüther die wachsende **Konkurrenz** Chinas sowie **Handelskonflikte**, die die deutsche Wirtschaft und die sozial verpflichtete Wirtschaftsordnung herausfordern. Der starke Sozialstaat belastet hier ggf. die Unternehmen und reduziert durch die zusätzlichen Kosten deren Wettbewerbsfähigkeit. Eine verschlechterte Position würde zu sinkenden Exporten und damit tendenziell zu einer Verschlechterung des Leistungsbilanzsaldos führen.

Betrachtet man **in M 2 die Entwicklung der deutschen Exporte**, die stellvertretend für das **außenwirtschaftliche Gleichgewicht** stehen, so weist nach einem massiven Einbruch von fast 11 Prozent im Jahr 2020 eine ähnlich große Erholung im Jahr 2021 auf eine weiterhin gute Position im internationalen Wettbewerb hin. Auch die **nur leicht steigende Arbeitslosenquote** legt in diesem Zusammenhang nahe, dass sich die internationale Konkurrenz bisher nicht oder nur in geringem Umfang auf den deutschen Arbeitsmarkt niederschlägt. Hier wäre sonst ein deutlicher Anstieg erkennbar.

Die **Herausforderung der Digitalisierung**, auf die Dieter Kempf im letzten Absatz eingeht, ist derzeit noch am wenigsten konkret fassbar. Ein „disruptiver" Wandel scheint bisher noch nicht stattgefunden zu haben, da sich **Wirtschaftswachstum** und **Arbeitslosigkeit** sonst deutlich negativer entwickelt hätten (M 2). Ebenso ist hierzu anzumerken, dass alle modernen Volkswirtschaften diesen Wandel derzeit durchlaufen. Insofern ist hier die Wettbewerbssituation aller Staaten eingeschränkt und es bleibt abzuwarten, wer in diesem Wandel seine Position behaupten oder sogar ausbauen kann.

Das Ziel eines **stabilen Preisniveaus**, auf das ich noch nicht eingegangen bin, ist bisher nicht erreicht. Auch unabhängig vom Rezessionsjahr 2020 liegen die Werte der Jahre 2019 und 2021 noch unter dem Schwellenwert von knapp unter zwei Prozent, aber es drohen auch **keine Inflation oder Deflation** (M 2). D. h., die Wirtschaft und die Gesellschaft finden **stabile monetäre Rahmenbedingungen** vor, die ein verlässliches Planen ermöglichen.

Inwiefern ist nun die Soziale Marktwirtschaft für die genannten Herausforderungen gewappnet?
Insgesamt legen die aktuellen und prognostizierten Werte für Deutschland nahe, dass die Soziale Marktwirtschaft **funktioniert**. Die genannten Kritikpunkte beziehen sich vor allem auf die Sorge um den **Arbeitsplatz** und die **Ungleichverteilung**. Grundsätzlich garantiert die Soziale Marktwirtschaft den Unternehmen **sichere Rahmenbedingungen**, innerhalb derer sie sich frei entfalten können. Der **marktwirtschaftliche Wettbewerb** sorgt dafür, dass leistungsfähige Unternehmen auf den Märkten existieren, die von

sich aus auf Änderungen im wirtschaftlichen Umfeld flexibel reagieren können. Somit sind die Unternehmen in der Lage, sich auch an die **Herausforderungen der Globalisierung und der Digitalisierung** anzupassen. Sollten einzelne Unternehmen Schwierigkeiten dabei haben, sorgt der Wettbewerb dafür, dass andere, innovative Unternehmen deren Rolle übernehmen und ihre eigene Position am Markt stärken.

Anders als in einer **freien Marktwirtschaft** ist in der **Sozialen Marktwirtschaft** der Staat dazu berechtigt, in das Marktgeschehen einzugreifen, wenn z. B. Wettbewerbsverzerrungen vorliegen. Zudem ist er dazu verpflichtet, einen sozialen Ausgleich zu schaffen, z. B. durch **staatliche Unterstützung** für den Erhalt oder die Schaffung neuer Arbeitsplätze.

aktiver Staat, der bei Bedarf eingreift

Sollte es also zu einer Erosion des „Sozialen" kommen, wie Ulrich Schneider behauptet, hat der Staat **verschiedene Möglichkeiten einzugreifen.** Mögliche Anpassungen sind eine **Umverteilung** des Primäreinkommens durch Steuern und Sozialversicherungsbeiträge sowie eine **staatliche Unterstützung von Arbeitslosen.** Auch die Qualifizierung und Unterstützung bei der Aufnahme einer neuen Tätigkeit sind hier zu nennen.

Umverteilung durch staatliche Eingriffe

Um die Herausforderung der Digitalisierung zu bewältigen, kann der Staat die **Unternehmen** unterstützen, indem er z. B. die notwendige Infrastruktur bereitstellt und durch die Förderung von Forschungsprojekten Innovation unterstützt.

aktive Arbeitsmarktpolitik

Zum Schluss möchte ich versuchen, in meinem Fazit alles auf den Punkt zu bringen. Die deutsche Wirtschaft rutscht 2020, insbesondere bedingt durch die Coronakrise, in eine massive Rezession, allerdings sind die Aussichten für das Jahr **2021** wieder positiv. **Eine nachholende wirtschaftliche Entwicklung deutet** auf das **Erreichen der meisten wirtschaftspolitischen Ziele hin.** Die im Text genannten Kritikpunkte und Herausforderungen sind berechtigt, allerdings besitzt die Soziale Marktwirtschaft **ausreichend Mechanismen,** um sich diesen Herausforderungen zu stellen. Anders als in einer freien Marktwirtschaft sind die **Unternehmen nicht auf sich alleine gestellt,** sondern können zusätzlich auf die **Hilfe des Staates** hoffen, der **aktiv in das Wirtschaftsgeschehen eingreifen kann,** wenn die wirtschaftlichen Zielsetzungen gefährdet sind.

Schluss
Zielgrößen 2021 positiv

Soziale Marktwirtschaft ist anpassungsfähig

1 *Beziehen Sie vor dem Hintergrund der Grafik Stellung zur Behauptung, die Mittelschicht in Deutschland würde schrumpfen.*

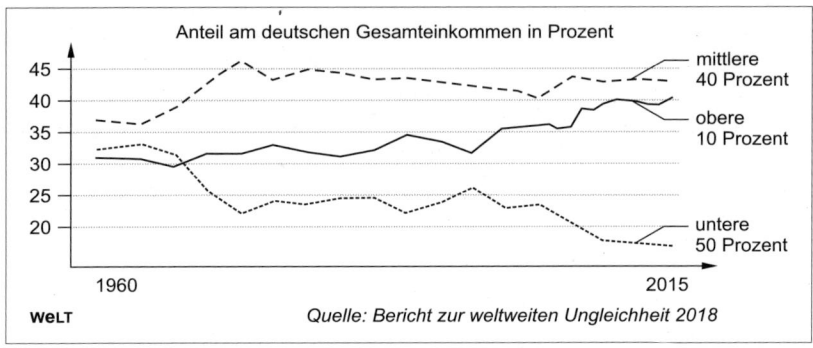

© *Infografik WELT*

– Die Grafik zeigt die Aufteilung des Gesamteinkommens auf verschiedene Einkommensgruppen. Es wird dabei nach den oberen 10 Prozent, den mittleren 40 Prozent und den unteren 50 Prozent der Gesellschaft differenziert.

– Die Grafik stellt die Entwicklung im Zeitraum von 1960 bis 2015 dar.

– Es zeigt sich, dass die sogenannte „Mittelschicht", d. h. die mittleren 40 Prozent der Gesellschaft, 2015 etwa 42 Prozent des gesamten Einkommens erhalten.

– Ebenso zeigt sich, dass dieser Wert seit etwa den 1970er-Jahren relativ stabil ist, insbesondere seit dem Jahr 2000 sind keine größeren Veränderungen mehr aufgetreten.

– Dies widerlegt die Behauptung, die Mittelschicht in Deutschland würde schrumpfen.

– Es zeigt sich allerdings, dass die untersten 50 Prozent der Gesellschaft immer weniger Anteil am Gesamteinkommen erzielen. Betrug der Wert im Jahr 1960 noch etwa 32 Prozent, ist er bis 2015 auf deutlich unter 20 Prozent gesunken.

– Im Gegenzug hat sich der Anteil des Einkommens, den die obersten 10 Prozent erhalten, im dargestellten Zeitraum von 30 Prozent auf etwa 40 Prozent gesteigert.

– D. h., die Mittelschicht bleibt relativ stabil, aber die Kluft zwischen den „Armen" und den „sehr Reichen" der Gesellschaft geht zusehends auseinander.

– Diese Entwicklung ist besorgniserregend, da 50 Prozent aller Einkommensbezieher dieser unteren Einkommensschicht zugeordnet werden, d. h., die Hälfte der Bevölkerung hat zunehmend weniger Anteil am verfügbaren Gesamteinkommen.

– Dies legt nahe, dass staatlicher Handlungsbedarf seitens der Sozialen Marktwirtschaft besteht. Aber nicht die Mittelschicht, sondern die unteren Einkommensgruppen müssen gestärkt werden, will man soziale Spannungen infolge der Kluft vermeiden.

2 *Stellen Sie dar, inwiefern der Zielekatalog der Sozialen Marktwirtschaft fragwürdig erscheint, wenn man sich die unterschiedlichen Zielbeziehungen ansieht.*

– Die Ziele des magischen Vierecks weisen unterschiedliche Zielbeziehungen auf.
– Ein Teil der Ziele verhält sich zueinander komplementär, d.h., die Erreichung des einen Ziels fördert die Erreichung eines anderen.
– Eine komplementäre Zielbeziehung ist z. B. im Hinblick auf die Ziele Wirtschaftswachstum und hoher Beschäftigungsstand gegeben. Ein hohes Wachstum sorgt bei Unternehmen für hohe Umsätze, die in der Folge Investitionen und die Schaffung von Arbeitsplätzen nach sich ziehen. Umgekehrt führt auch ein gestiegener Beschäftigungsstand über höhere Einkommen zu einem höheren Konsum, was wiederum das Wachstum stärkt.
– Es gibt jedoch auch Ziele, die in konkurrierender Beziehung zueinander stehen, d. h., die Erreichung des einen Ziels schränkt die Erreichung eines anderen Ziels ein.
– So führt ein starkes Wachstum in der Regel zu einer Überhitzung der Wirtschaft und zu steigenden Löhnen infolge von Engpässen bei Kapital und Arbeit. Das Preisniveau steigt. Auch umgekehrt kann eine sehr lockere (expansive) Geldpolitik zwar das Wachstum stimulieren, zugleich ist die Preisniveaustabilität dadurch aber gefährdet.
– Auch die Erreichung eines außenwirtschaftlichen Gleichgewichts hätte in der aktuellen Situation negative Auswirkungen auf Wachstum und Beschäftigung. Wird der deutsche Exportüberschuss reduziert, so fallen auch zahlreiche Einnahmen und Arbeitsplätze weg, was sich negativ auf die deutsche Volkswirtschaft auswirken würde.
– Insofern ist die Vorstellung, ein gesamtwirtschaftliches Gleichgewicht erreichen zu können, eher unwahrscheinlich, wenn nicht sogar ausgeschlossen.
– Ob man deshalb aber das magische Viereck der Wirtschaftspolitik aufgeben sollte, ist fraglich. Darin wird ein Idealzustand beschrieben, den es anzustreben gilt. Nur durch dieses stete Bemühen kann gewährleistet werden, dass ein aktiver Staat zum wirtschaftlichen Wohle der Bürgerschaft agiert.

Lehrplanbereich	Betriebswirtschaftliche Entscheidungen (Kurshalbjahr 11/1)
Thema des Referats	Wann kommt die Elektromobilität?

Aufgabenstellung

Stellen Sie dar, wie die Wende hin zur Elektromobilität das Zielsystem eines deutschen Automobilbauers verändert (M 1), und belegen Sie mittels Rechnung, dass derzeit Elektromobilität noch kein lukratives Geschäftsfeld ist (M 2). Diskutieren Sie, ob man dieses hohe unternehmerische Risiko dennoch eingehen sollte (M 1 bis M 3).

Begleitmaterialien: Texte M 1 und M 2, Grafik M 3

M 1   Riskante Zukunftsstrategie – Automobilbauer setzt auf Elektromobilität

Eine Million Elektroautos – so viel wollte die Bundesregierung bis 2020 auf deutsche Straßen bringen. Tatsächlich waren es nur rund 300 000. Aber das soll nun anders werden.

Auf der Hauptversammlung eines deutschen Automobilbauers wurde jüngst bekannt
5 gegeben, die Marktführerschaft im Bereich der Mittelklasse weiter auszubauen und somit auch die Bereiche, die die Zukunft des Automobils betreffen. Dabei ist derzeit noch gar nicht abzusehen, welche Antriebstechnologie sich letztendlich durchsetzen wird. Elektroantrieb, Wasserstoffantrieb, Biotreibstoffe – derzeit konkurrieren verschiedene Technologien. Umso gewagter erscheint das Vorhaben, sich künftig rein auf
10 Elektroantriebe zu konzentrieren.

Ein erster Schritt ist gemacht. Seit letztem Jahr ist ein viersitziges Mittelklassefahrzeug in Deutschland verfügbar. Im kommenden Jahr sollen dann auch ein SUV sowie ein Sportwagen folgen. Um hohe Reichweiten zu ermöglichen, wird die Karosserie fast vollständig aus der ultraleichten Kohlefaser anstatt aus Aluminium gefertigt. Dies
15 war bisher nur in teurer Handarbeit möglich, nun soll auch hier eine erste Serienfertigung etabliert werden, um die Kosten weiter zu senken.

Dafür soll eine komplett neue Fertigungsstraße entstehen, um Kohlefasern im großen Stil zu produzieren und maschinell zu Karosserieteilen zu verarbeiten. Über die genauen Investitionskosten schweigt sich die Unternehmensleitung aber aus. Vermut-
20 lich liegen diese in der Größenordnung von einer Milliarde Euro. Auf das Dreifache

werden die umfangreichen Entwicklungskosten der neuen Technologie geschätzt. Daher wird die Elektromobilität auch in absehbarer Zeit noch ein Zuschussgeschäft bleiben, auch wenn der Vorstand ankündigt, künftig mit jedem neuen Elektrofahrzeug Geld verdienen zu wollen.

25 Um weitere Kosten zu sparen, werden verschiedene Komponenten der E-Autos auch in herkömmlichen Fahrzeugen, z. B. zur Gewichtsreduktion, verwendet. Ebenso wurde eine Kooperation mit einem asiatischen Batteriehersteller vereinbart, um von dessen Know-how zu profitieren.

eigene Zusammenstellung nach: Michael Kröger: Reithofers riskante Zukunftsstrategie, Spiegel vom 14.05.2013, https://www.spiegel.de/wirtschaft/unternehmen/bmw-zukunftsstrategie-reithofer-setzt-aufs-elektromobil-a-899595.html

| M2 | Fertigungskosten eines Elektroautos

Der neue Mittelklasse-Pkw mit E-Antrieb startet mit einem Listenverkaufspreis von 34 950 Euro. Hauptkostenfaktoren sind dabei die Carbonkarosserie, die mit 16 000 Euro zu Buche schlägt, sowie der Lithium-Ionen-Akku, der 7 500 Euro kostet. Die sonstigen Komponenten belaufen sich pro Fahrzeug auf rund 8 500 Euro. Die Ferti-
5 gungskapazität liegt bei 10 000 Fahrzeugen pro Monat, derzeit werden aber nur monatlich 2 000 Fahrzeuge hergestellt. An sonstigen Fixkosten fallen bei der Produktion pro Monat 18 Millionen Euro an.

Autorentext

| M3 | Weltweite Preisentwicklung für Lithium-Ionen-Akkus
(in Euro pro kWh)

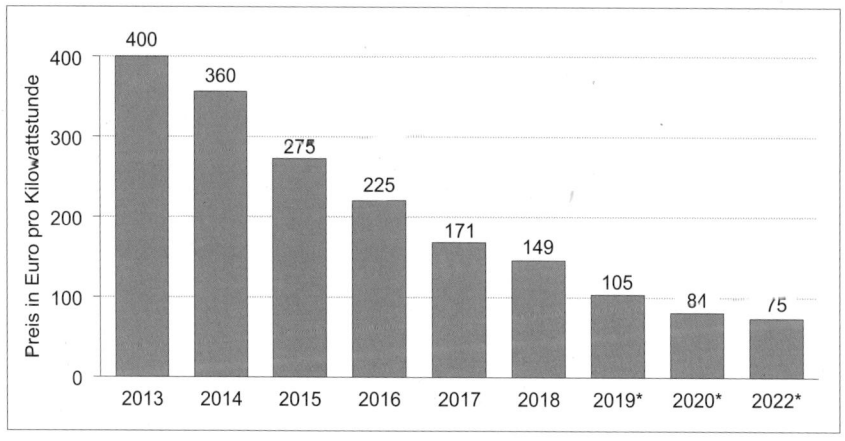

* Prognosewerte

eigene Darstellung, Daten nach: Horváth & Partners; Bloomberg New Energy Finance

Lösungsvorschlag

Die Aufgabenstellung gliedert sich in drei Teilaufgaben, womit auch die Grobgliederung des Referats vorgegeben ist. Die drei Aufgabenteile weisen eine klare Progression auf. Der erste und zweite Fragenteil dienen der Vorbereitung auf die abschließende Diskussion.

In der ersten Teilaufgabe soll **dargestellt** werden, wie das Zielsystem des Automobilbauers durch die Wende hin zur Elektromobilität verändert wird. Dafür gilt es, zunächst den Sachtext **M 1** auszuwerten und die darin aufgelisteten Ziele in eine sinnvolle Hierarchie zu bringen. Vor dem Hintergrund allgemeiner unternehmerischer Zielsetzungen, wie z. B. dem Gewinnziel, sind diese Zielsetzungen dann zu bewerten. Dabei könnte auch auf die verschiedenen Zielbeziehungen eingegangen werden, um zu verdeutlichen, dass ggf. die Ziele im Bereich der Elektromobilität mit den bisherigen Zielen in Konkurrenz stehen.

Im zweiten Erarbeitungsschritt soll **mittels Rechnung belegt** werden, dass das Geschäftsfeld Elektromobilität derzeit noch mit Verlusten verbunden ist. Dafür sind aus **M 2** die benötigten Angaben herauszulesen. Um die Berechnung für den Prüfer transparent zu machen, sollten zunächst die **allgemeinen Formeln** für den linearen Kosten- und Erlösverlauf angegeben und dann mit den konkreten Zahlenwerten für das Fahrzeug die Berechnungen durchgeführt werden. Die **Zuordnungen zu den Kostenarten** sind kurz zu erläutern, sodass deutlich wird, dass der Unterschied zwischen fixen und variablen Kosten verstanden wurde. In der Quelle werden zwei unterschiedliche Stückzahlen genannt. Die derzeitige Produktionsmenge und die maximale Kapazität. Um zu zeigen, dass Elektromobilität noch kein lukratives Geschäftsfeld ist, sollte der **Gewinn bzw. Verlust** bei der **aktuellen Stückzahl** von 2 000 Stück berechnet werden. Zusätzlich sollte die **Gewinnschwelle** rechnerisch ermittelt werden, damit deutlich wird, ab welcher Stückzahl Gewinne mit dem Elektrofahrzeug erzielt werden können. Auch der **maximale Gewinn** an der Kapazitätsgrenze ist zu berechnen, denn tritt bei 10 000 Fahrzeugen immer noch ein Verlust auf, ist der Bereich Elektromobilität unter derzeitigen Bedingungen nicht rentabel. Das wäre für Teilaufgabe 3 eine wichtige Erkenntnis.

In der letzten Teilaufgabe soll **diskutiert** werden, ob man das **unternehmerische Risiko**, in die Elektromobilität einzusteigen, eingehen sollte. Dafür sind zunächst die Risiken aus den verschiedenen Quellen herauszuarbeiten. Neben den in der zweiten Teilaufgabe aufgezeigten finanziellen Risiken liefert Quelle M 1 weitere Aspekte, z. B. die hohen Investitionskosten sowie die Unsicherheit, ob Elektromobilität sich überhaupt durchsetzen wird. Der Operator „Diskutieren" setzt ein Gegenüberstellen von **Chancen und Risiken** voraus. D. h., es müssen neben den Risiken auch noch Chancen benannt werden.

Hierfür gilt es neben M 1 und M 2 auch die Grafik **M 3** auszuwerten und in einen Sachzusammenhang mit der Aufgabenstellung zu bringen. Die abgebildete Kostensenkung bei Lithium-Ionen-Akkus zeigt, dass die Kosten für die Batterien künftig weiter sinken werden, was die variablen Kosten des Fahrzeugs senkt. Somit könnte die Gewinnschwelle schneller erreicht werden. Zum Abschluss der Diskussion ist ein **begründetes Fazit** zu ziehen.

Gliederung des Kurzreferats

Einstieg:
Hier bieten sich verschiedene Einstiegsmöglichkeiten an, sei es die Elektromobilität im Speziellen oder der Klimawandel und die Reduktion von Emissionen im Allgemeinen.

- Ziel der Bundesregierung bis 2020: eine Million Elektrofahrzeuge auf deutschen Straßen
- Ziel ist gescheitert, nur knapp 300 000 Fahrzeuge bis Ende 2019 erreicht
- Ursache des Scheiterns? Ggf. zu hohe Kosten, fehlende Lademöglichkeiten, zu geringe Reichweite, fehlende Akzeptanz der Fahrzeugkäufer

Überleitung:
- weitgehende Zurückhaltung deutscher Automobilbauer im Bereich Elektromobilität
- M 1: großer deutscher Automobilbauer will Marktführerschaft im Bereich der Elektromobilität ausweiten

Hauptteil:
Herausarbeiten des Zielsystems:
- **Auswerten des Materials M 1**
  - Marktführerschaft im Bereich der Mittelklasse weiter ausbauen
  - auch im Bereich der Elektromobilität: „Zukunft des Automobils" (Z. 6)
  - künftig Konzentration rein auf Elektroantriebe
  - Angebot eines E-SUVs und E-Sportwagens im kommenden Jahr
  - Serienfertigung von Karosserie und Karosserieteilen in Kohlefaserbauweise
  - Investition in eine neue Fertigungsstraße für Kohlefaserteile
  - Investition in Forschung und Entwicklung der Kohlefasertechnologie
  - Kooperation mit einem asiatischen Batteriehersteller
- **Systematisieren der Ziele in einer Zielhierarchie**
  - Oberziel(e), z. B.:
    - Marktführerschaft in der Mittelklasse weiter ausbauen
    - allgemeine Ziele, z. B. Gewinn, Wachstum, Nachhaltigkeit

- Zwischenziel(e), z. B.: ■ Serienfertigung von Karosserie und Karosserieteilen in Kohlefaserbauweise
  - ■ künftig Konzentration rein auf Elektroantriebe
  - ■ Kooperation mit einem asiatischen Batteriehersteller
  - ■ allgemeine Ziele, z. B. Innovation, Kostensenkung, Marktdurchdringung
- Unterziel(e), z. B.: ■ Investition in eine neue Fertigungsstraße für Kohlefaserteile
  - ■ Investition in Forschung und Entwicklung der Kohlefasertechnologie
  - ■ Angebot eines E-SUVs und E-Sportwagens im kommenden Jahr
  - ■ allgemeine Ziele: konkrete Vorgaben, wie Kostensenkungen in einem ganz bestimmten Bereich
- Begründung der möglichen Zuordnung
- Aufzeigen von Zielbeziehungen (komplementär, konkurrierend, indifferent)
- Herausarbeiten der Veränderung gegenüber herkömmlichen Zielen, wie z. B. kurzfristiger Verzicht auf Gewinn, Rückgang von Absatzzahlen etc.

Musterberechnungen zum Unternehmensgewinn/-verlust mit dem neuen Fahrzeug:

- **Auswerten des Textes M 2**
  - Verkaufspreis $P = 34\,950$ EUR
  - Fixe Kosten $K_F = 18\,000\,000$ EUR/Monat
  - Variable Stückkosten $k_v = 16\,000$ EUR $+ 7\,500$ EUR $+ 8\,500$ EUR $= 32\,000$ EUR
  - Kapazität $x_{max} = 10\,000$ Stück/Monat
  - aktuelle Produktion $x(2\,000) = 2\,000$ Stück/Monat

- **Grundlegende Formeln zur Berechnung des Unternehmensgewinns/-verlusts**
  - $K(x) = K_F + K_v$
  - $K(x) = K_F + k_v \cdot x$
  - $E(x) = P \cdot x$
  - $G(x) = E(x) - K(x)$
  - Beziehung im Break-even-Point: $E(x) = K(x) \rightarrow$ Gewinn $= 0$
  - Einsetzen der Zahlenwerte in die Formeln
  - Berechnung der Gewinnschwelle sowie des Gewinns/Verlusts bei $2\,000$ und $10\,000$ Stück

- **Abschließende Bewertung der Ergebnisse**

16

Abschließende Diskussion des Einstiegs in den Bereich Elektromobilität:

- **Aufzeigen von Risiken**
  - bisher: Verlust beim Verkauf von Elektrofahrzeugen
  - auch auf „absehbare Zeit noch Zuschussgeschäft"
  - hohe Investitionskosten (neue Fertigungsstraße, umfangreiche Entwicklungskosten)
  - noch offen, welche Technologie sich durchsetzen wird
  - unklar, ob Serienfertigung der Kohlefaserteile gelingt
  - unklar, ob die Zusammenarbeit mit dem asiatischen Batteriehersteller profitabel ist

- **Aufzeigen von Chancen**
  - Erschließung eines neuen Marktsegments (Elektromobilität)
  - sinkende Kosten von Lithium-Ionen-Akkus (M 3) bieten Chance auf früheres Erreichen der Gewinnschwelle
  - Innovation, um am Markt bestehen zu können
  - Chance auf künftigen Gewinn
  - Sicherung der eigenen Position als Automobilhersteller

- **Abschließende Bewertung**
  - Unternehmen müssen Risiken eingehen, um künftigen Entwicklungen vorzugreifen
  - Möglichkeit, die Wettbewerbsfähigkeit auf lange Sicht zu erhalten
  - riskanter, kostenintensiver, aber notwendiger Schritt.

Schluss:

- Eingehen auf die eingangs gestellte Frage: „Wann kommt die Elektromobilität?"
- Sicht des Automobilherstellers (exemplarisch am Fallbeispiel aufgezeigt)
- weitere Aspekte: Ausbau des Lade-Netzes, regenerative Stromerzeugung, Abbau von Lithium
- persönliche Sicht

| **Kurzreferat**

Mit der Fridays-for-future-Bewegung ist ab dem Jahr 2019 der Klimaschutz in den Fokus der jungen Generation gerückt. Die bisherigen Maßnahmen sind nicht ausreichend, um das 2-Grad-Ziel der Weltklimakonferenz von Paris zu erreichen. Neben der Energiewirtschaft und der Industrie ist der Bereich Verkehr die drittgrößte Quelle für CO_2-Emissionen in Deutschland. Daher wird die Forderung nach einer verkehrstechnischen Wende immer lauter. Seit einigen Jahren drängen Hybrid- und Elektrofahrzeuge ausländischer Her-

Einstieg

Verkehr als Quelle für CO_2-Emissionen

steller auf den deutschen Markt. Mittlerweile haben deutsche Automobilbauer diesen Trend erkannt und beginnen eigene Modelle zu etablieren.

Trotz verschiedenster Fördermaßnahmen wurde das von der Bundesregierung anvisierte Ziel, bis zum Jahr 2020 eine Million Elektrofahrzeuge auf deutsche Straßen zu bringen, bisher nicht erreicht. Daher stellen sich die Fragen, wann die Elektromobilität kommt und weshalb deutsche Automobilhersteller nicht schneller diesen Trend aufgegriffen haben? Diesen Fragen möchte ich im folgenden Referat nachgehen.

Wende zur Elektromobilität

Dafür werde ich zunächst am Beispiel eines deutschen Automobilherstellers darstellen, wie sich die Wende hin zur Elektromobilität in dessen Zielsystem niederschlägt (M 1), und anhand von mehreren Musterberechnungen aufzeigen, ob die Herstellung von Elektrofahrzeugen derzeit schon rentabel ist (M 2). In einer Diskussion werde ich der Frage nachgehen, welche Chancen und Risiken mit dem Einstieg in die Elektromobilität verbunden sind (M 3) und ein abschließendes, begründetes Fazit ziehen.

Kurzgliederung des Referats

Unternehmen verfolgen meist nicht nur ein Ziel, sondern ein ganzes Bündel von Zielen. Dabei sind die verschiedenen **Ziele** nicht gleichrangig, sondern stehen in einem **hierarchischen Verhältnis** zueinander. So differenziert man nach den meist abstrakt formulierten Oberzielen, die durch Zwischenziele präzisiert und in sogenannten Unterzielen konkretisiert werden.

Hauptteil

Zielhierarchie

Im Text M 1 werden unterschiedliche Ziele angesprochen. Als mögliches **Oberziel** wird der Ausbau der Marktführerschaft im Bereich der automobilen Mittelklasse angesprochen. Dieser Aspekt ist neben allgemeinen Zielen wie Wachstum, Gewinnerzielung und ggf. dem Gedanken der Nachhaltigkeit eine relativ offene, abstrakte Zielformulierung.

Oberziel des Automobilbauers

Als **Zwischenziele**, die der Verwirklichung des Oberziels dienen, wird im Text die Marktführerschaft auch im Bereich der „Zukunft des Automobils" genannt. Konkret gemeint ist die Elektromobilität, da wenig später ausgeführt wird, dass man sich künftig rein auf Elektroantriebe konzentrieren möchte. Ebenso wäre als Zwischenziel die Kooperation mit einem asiatischen Batteriehersteller zu nennen, bei dem die Unterziele konkrete Projekte wären. Allgemeine Zwischenziele eines Unternehmens sind z. B. Innovation und Kostensenkung, zu denen die hier aufgeführten Ziele gut passen.

Zwischenziele des Automobilbauers

Die konkreteste Ebene der Ziele bilden die **Unterziele**. Diese fördern die Erreichung der Zwischen- und damit wiederum der Oberziele. Hier wird zunächst die Serienfertigung von Karosserieteilen in Kohlefaserbauweise genannt, die für reichweitenstarke Elektrofahrzeuge erforderlich ist. Auch die dafür benötigten Investitionen in eine neue Fertigungsstraße für Kohlefaserteile sowie Investitionen in Forschung und Entwicklung im Bereich der Kohlefasertechnologie sind Unterziele. Gleiches gilt für das Angebot eines E-SUVs und E-Sportwagens im kommenden Jahr. An sich könnte man hier eine vierte Hierarchieebene einfügen, da die Serienfertigung von Kohlefaserteilen erst möglich ist, wenn die Entwicklungsarbeit an der neuen Technologie erfolgreich war und der Aufbau der neuen Fertigungsstraße abgeschlossen ist.

Unterziele des Automobilbauers

Grundsätzlich werden drei Zielbeziehungen unterschieden. Man spricht von einer **komplementären** Zielbeziehung, wenn ein Ziel die Erreichung eines anderen Ziels unterstützt. Dies ist bei den meisten Zielen einer Zielhierarchie gegeben. So unterstützt die Entwicklung der Kohlefasertechnologie die Fertigung von leichten Elektroautos. Damit wird wiederum die angestrebte Marktführerschaft im Bereich der Elektromobilität gefördert, da man so ein wettbewerbsfähiges Produkt erhält. Ziele können aber auch **konkurrierend** sein. Die hohen Kosten für die Entwicklung und für den Aufbau einer neuen Fertigungsstraße werden z. B. das Ziel eines Unternehmens, Gewinn zu erzielen, negativ beeinflussen. Als dritte Zielbeziehung sind **indifferente** Ziele zu nennen. In diesem Fall hat die Erreichung eines Ziels keinen Einfluss auf ein anderes. So wird der Aufbau einer Fertigungsstraße für Kohlefaserteile vermutlich nicht von der angestrebten Kooperation mit einem Batteriehersteller beeinflusst.

Exkurs Zielbeziehungen

Im Text M 1 wird der Vorstand des Unternehmens zitiert, der künftig mit jedem neuen Elektrofahrzeug Geld verdienen möchte. Um diese Aussage nachzuvollziehen, bieten sich einige Musterberechnungen anhand der Angaben in Material M 2 an.

Musterberechnungen

Nachfolgend soll zunächst die **aktuelle Gewinnsituation** bei 2 000 Fahrzeugen pro Monat betrachtet werden. Anschließend möchte ich berechnen, ab welcher Stückzahl das Unternehmen Gewinn mit Elektrofahrzeugen erzielt, die sogenannte **Gewinnschwelle**. Abschließend ermittle ich den rechnerischen **Maximalgewinn**, wenn an der Kapazitätsgrenze von 10 000 Fahrzeugen im Monat produziert wird.

Vorgehen

Die nachfolgenden Angaben und Berechnungen sollten im Rahmen der **Vorbereitungszeit** auf ein Blatt Papier oder eine Folie geschrieben worden sein und nun per Dokumentenkamera oder Overheadprojektor **visualisiert** und **kurz vorgestellt** werden.

Angaben im Text M 2:

Angaben

Verkaufspreis $\quad P = 34\,950$ EUR

Fixe Kosten $\quad K_F = 18\,000\,000$ EUR/Monat

Variable Kosten $\quad k_v = (7\,500 + 8\,500 + 16\,000)$ EUR $= 32\,000$ EUR

Kapazität $\quad x_{max} = 10\,000$ Stück/Monat

Produktion $\quad x(2\,000) = 2\,000$ Stück/Monat

Benötigte Formeln zur Berechnung:

benötigte Formeln

Gesamtkosten
$$K(x) = K_F + K_v$$
$$= K_F + k_v \cdot x$$

Stückkosten
$$k(x) = (K_F + K_v)/x$$
$$= K_F/x + k_v$$

Erlöse $\quad E(x) = P \cdot x$

Gewinn $\quad G(x) = E(x) - K(x)$

Beziehung im Break-even-Point: $\quad E(x) = K(x) \rightarrow$ Gewinn $= 0$

Berechnung des Gewinns/Verlusts bei x = 2 000 Stück:

Muster-
berechnung der
aktuellen
Situation bei
2 000 Fahrzeugen

Gewinn $\quad G(x) = E(x) - K(x)$

Gewinn $\quad G(2\,000) = E(2\,000) - K(2\,000)$

$$= P \cdot x - (K_F + k_v \cdot x)$$
$$= 34\,950 \text{ EUR} \cdot 2\,000 - (18\,000\,000 \text{ EUR}$$
$$+ 32\,000 \text{ EUR} \cdot 2\,000)$$
$$= \mathbf{-12\,100\,000 \text{ EUR}}$$

Deutung: Wenn das Unternehmen 2 000 Elektrofahrzeuge pro Monat herstellt und verkauft, macht es einen Verlust von monatlich 12,1 Mio. Euro.

Berechnung der Gewinnschwelle:

Berechnung der
Gewinnschwelle
(Break-even-
Point)

Beziehung an der Gewinnschwelle: $\quad E(x) = K(x)$

$$P \cdot x = K_F + K_v$$
$$P \cdot x = K_F + k_v \cdot x$$
$$P \cdot x - k_v \cdot x = K_F$$
$$x \cdot (P - k_v) = K_F$$
$$x = K_F/(P - k_v)$$

$$x = 18\,000\,000 / (34\,950 - 32\,000)$$
$$x = 6\,101,69 \text{ Stück} \approx \textbf{6\,102 Stück}$$

Deutung: Ab einer Stückzahl von 6.102 Autos im Monat würde das Unternehmen Gewinn durch den Verkauf von Elektroautos erzielen.

Berechnung des Gewinns/Verlusts bei x = 10 000 Stück:

Muster-berechnung bei maximaler Stückzahl

Gewinn $\quad G(x) = E(x) - K(x)$

Gewinn $\quad G(10\,000) = E(10\,000) - K(10\,000)$

$$= P \cdot x - (K_F + k_v \cdot x)$$
$$= 34\,950 \text{ EUR} \cdot 10\,000 - (18\,000\,000 \text{ EUR} + 32\,000 \text{ EUR} \cdot 10\,000)$$
$$= \textbf{+11\,500\,000 EUR}$$

Der maximale Gewinn, der monatlich durch die Produktion und den Verkauf von Elektrofahrzeugen erzielt werden kann, beträgt 11,5 Mio. Euro. Möchte das Unternehmen einen höheren Gewinn realisieren, müsste eine weitere Fertigungsstraße aufgebaut werden oder die Kosten müssten gesenkt werden.

Als **Ergebnis der Berechnungen** lässt sich festhalten, dass die Aussage des Vorstands zutrifft. Bei den derzeitigen Stück- und Verkaufszahlen ist das Angebot von Elektrofahrzeugen für das Unternehmen ein „Zuschussgeschäft", da mit jedem verkauften Fahrzeug Verlust gemacht wird. Auf mittlere Sicht, wenn die Verkaufszahlen steigen, könnte das Unternehmen aber in die Gewinnzone gelangen. Wann das der Fall sein wird, ist aber derzeit noch nicht absehbar.

Fazit der Berechnungen

Abschließend stellt sich daher die Frage, ob ein Unternehmen das hohe unternehmerische Risiko eingehen sollte, zum jetzigen Zeitpunkt in die Elektromobilität zu investieren.

Diskussion Einstieg in die Elektromobilität

Bisher sind die Produktion und der Verkauf von Elektrofahrzeugen noch ein Verlustgeschäft für das Unternehmen. Nur finanzstarke Automobilkonzerne können sich diesen „Luxus" erlauben und eine **nicht rentable Produktion** aufrechterhalten. Da dies laut M 1 auch noch auf absehbare Zeit so sein wird, ist genau abzuwägen, ob man sich das leisten kann. Zusätzlich schmälern die **hohen Investitionskosten** für neue Fertigungsstraßen sowie für die Entwicklung der Technologie den Gewinn. Im vorliegenden Beispiel ist zudem noch offen, **ob die kostengünstige Serienfertigung der Kohlefaserteile gelingt**. Sie macht das Angebot von leistungsstarken Elektrofahrzeugen überhaupt erst möglich. **Ob die angestrebte Zusammenarbeit** mit dem asiatischen Batteriehersteller **profitabel ist**, ist ebenfalls noch offen. Zwar mag dieser über entsprechendes Know-how verfügen, inwiefern das aber für die eigenen Fahrzeuge nutzbar ist, wird im Text nicht angesprochen.

Risiken

Gleichzeitig erschließt sich das Unternehmen mit dem Bereich der Elektrofahrzeuge ein **neues Marktsegment**, das möglicherweise die automobile Zukunft darstellt. Um die eigene Position als Automobilhersteller zu sichern und um die **Chance auf künftige Gewinne** offen zu halten, könnte es nötig sein, sich schon frühzeitig auf diesem Markt zu etablieren und sich Marktanteile zu sichern. Aufgrund der **sinkenden Kosten** von Lithium-Ionen-Akkus (M 3) besteht die berechtigte Hoffnung, früher als geplant die Gewinnschwelle zu erreichen. Ebenso ist der **frühzeitige Einstieg in dieses neue Feld** die Chance, neue Technologien zu entwickeln, **Innovationen voranzutreiben** und damit einen **Vorsprung gegenüber der Konkurrenz** zu haben, wenn der Durchbruch der Elektromobilität erfolgt.

Fazit: **Unternehmen müssen Risiken eingehen**, um künftigen Entwicklungen vorzugreifen. Das war schon immer so und wird im Hinblick auf die Elektromobilität auch nicht anders sein. **Nur so lässt sich die Wettbewerbsfähigkeit auf lange Sicht erhalten.** Daher macht es Sinn, diesen riskanten und kostenintensiven, aber notwendigen Schritt zu tun. Voraussetzung dafür ist, dass der Hersteller ein ausreichend großes finanzielles Polster besitzt, um sich dies mittelfristig finanziell auch leisten zu können. Die derzeitige Stückzahl von 2 000 Fahrzeugen im Monat reicht vermutlich aus, um Innovationen zu entwickeln, diese in der Praxis zu testen und eine erste Fertigung aufzubauen, anhand derer man **Erfahrungen sammeln** kann. Erfolgt der Durchbruch der Elektromobilität, kann man mittels dieser Erfahrungswerte **schnell große Kapazitäten aufbauen** und seine bisherige Marktposition erhalten.

Die Frage „Wann kommt die Elektromobilität?" lässt sich anhand der gegebenen Informationen noch nicht konkret beantworten. Die Kostensenkungen bei der Akku-Technologie sowie der schrittweise Aufbau einer Serienfertigung von Elektrofahrzeugen legen aber nahe, dass dies **in den nächsten fünf bis zehn Jahren** der Fall sein könnte. Allerdings sind **neben den Kostenüberlegungen auch andere Aspekte** zu beachten. So ist das weltweit vorhandene Lithium begrenzt, weshalb nicht alle derzeit eingesetzten Automobile mittels dieser Akku-Technologie durch Elektrofahrzeuge ersetzt werden können. Ebenso muss zunächst ein flächendeckendes Netz von Ladestationen geschaffen werden, um die Mobilität auch über längere Strecken zu ermöglichen. **Im Hinblick auf den Klimaschutz** ist zu beachten, dass Elektrofahrzeuge nur dann sinnvoll sind, wenn der dafür benötigte Strom aus regenerativen Quellen kommt. Diese sind bisher aber noch nicht komplett ausgebaut. Daher würde man derzeit Benzin- und Dieselkraftstoff nur durch Kohlestrom ersetzen, was keinen positiven Effekt auf das Klima hätte.

Ich halte den Einstieg von deutschen Automobilbauern in die Elektromobilität für sehr wichtig, da ausländische Anbieter in diesem Bereich schon einen Vorsprung haben, den Deutschland aufholen muss, wenn es weiter als „**Automobilnation**" seine **Position am Weltmarkt behaupten** möchte. Zugleich muss die Bundesregierung auch die erforderlichen **Rahmenbedingungen** schaffen, um der neuen Technologie zum Durchbruch zu verhelfen.

persönliches Fazit
Deutschlands Position als Automobilnation erhalten

Mögliche Fragen zum Schwerpunktthema

1 *Analysieren Sie die Grafik und bewerten Sie anhand der Daten die Notwendigkeit deutscher Automobilbauer, in den Markt für Elektrofahrzeuge einzusteigen.*

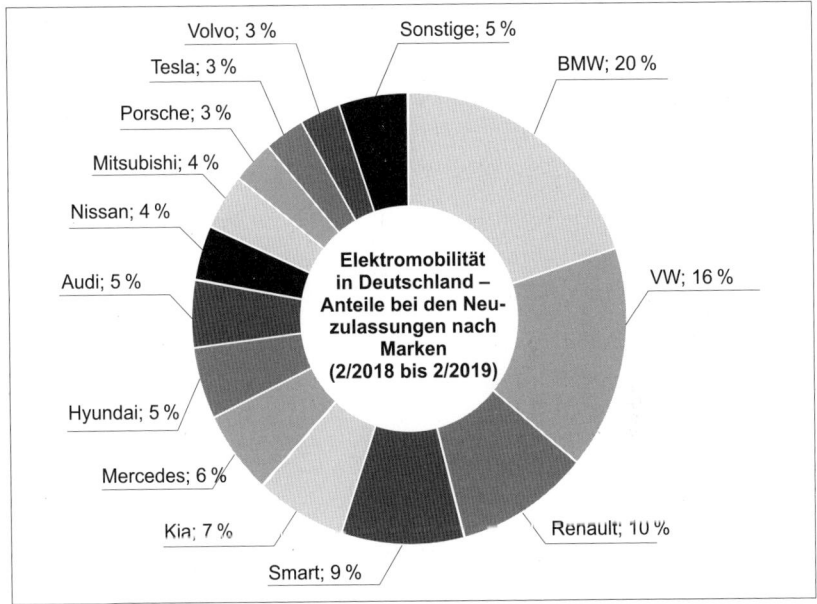

Volvo; 3 %
Sonstige; 5 %
Tesla; 3 %
BMW; 20 %
Porsche; 3 %
Mitsubishi; 4 %
Nissan; 4 %
Audi; 5 %
VW; 16 %
Hyundai; 5 %
Mercedes; 6 %
Kia; 7 %
Renault; 10 %
Smart; 9 %

Elektromobilität in Deutschland – Anteile bei den Neuzulassungen nach Marken (2/2018 bis 2/2019)

eigene Darstellung, Daten nach: IHS Markit New Registrations 2/2018-2/2019. 04.03.2019 Report

- Die Grafik zeigt die Zulassungszahlen der verschiedenen Hersteller von Elektrofahrzeugen in Deutschland im Zeitraum Februar 2018 bis Februar 2019.
- Mit einem Fünftel aller Zulassungen nimmt BMW die führende Position ein.
- Addiert man rein deutsche Automobilbauer, so liegt deren Anteil bei etwa 50 Prozent. D. h., rund die Hälfte aller neuzugelassenen Elektrofahrzeuge kommt aus Deutschland, der Rest von ausländischen Anbietern.

- Wenn die deutschen Automobilbauer die ausländische Konkurrenz vom deutschen Markt drängen möchten, müssen sie ihren Anteil noch weiter ausbauen.
- Auffällig ist, dass der weltweit größte Hersteller von Automobilen, der Volkswagenkonzern, nur einen Anteil von 16 % umfasst. Hier sollte also ein deutlich größeres Engagement erfolgen, wenn diese Position gehalten werden soll.
- Auch Audi, Daimler und Porsche besitzen nur kleine Marktanteile. Diese dürften dem Anteil bei herkömmlichen Pkws nicht entsprechen.
- Lediglich der BMW-Konzern hat es bisher verstanden, sich rechtzeitig in diesem Markt zu etablieren.

2 *Stellen Sie grafisch dar, welchen Einfluss die sinkenden Kosten für Lithium-Ionen-Akkus auf den Break-even-Point haben.*

TIPP

Hier wird zunächst eine **Skizze** des linearen Kosten- und Erlösverlaufs verlangt. Anschließend ist mit einer weiteren Farbe die **Veränderung infolge der gesunkenen Kosten** für Lithium-Ionen-Akkus einzuzeichnen und die **Auswirkung auf den Break-even-Point** zu erläutern.

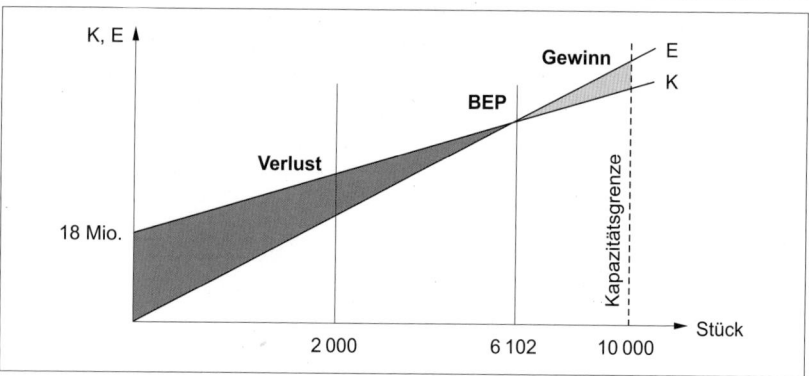

- Die Kosten der Akkus sind variable Kosten, da pro Fahrzeug ein eigener Akkupack benötigt wird.
- Sinken diese Kosten, äußert sich dies in Form einer Drehung/Abflachung der Kostenkurve.
- Damit verschiebt sich der Break-even-Point weiter nach links, da infolge der gesunkenen Kosten bereits bei einer geringeren Stückzahl die Gewinnschwelle erreicht wird.

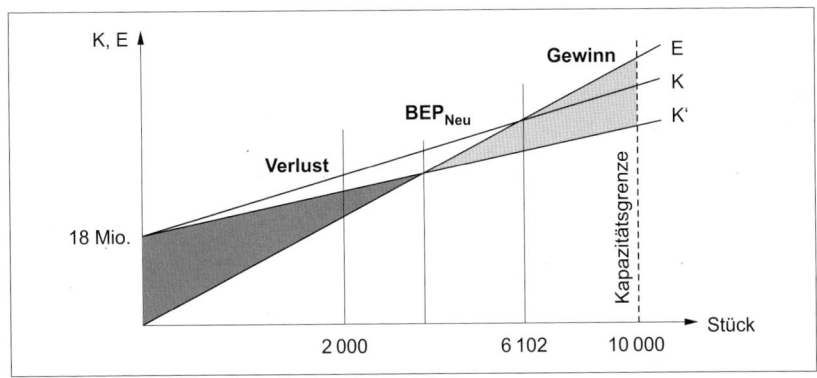

3 *Geben Sie einen Überblick über die verschiedenen Investitionsarten und ordnen Sie die im Text angesprochenen Beispiele begründet zu.*

– Investitionen lassen sich nach unterschiedlichen Kriterien systematisieren. Im vorliegenden Sachverhalt bietet sich die Unterteilung in Sachinvestitionen sowie immaterielle Investitionen an.

– Bei der Errichtung einer neuen Fertigungsstraße handelt es sich um eine Sachinvestition, da hiermit neue Produktionskapazitäten geschaffen werden.

– Die Entwicklungskosten für die neue Technologie sind eine immaterielle Investition, da neues Know-how geschaffen wird, das man sich in Form von Patenten sichert.

– Alternativ könnte der Aufbau einer Fertigung für Carbonteile auch als Erstinvestition eingestuft werden, da hier ein völlig neues Geschäftsfeld etabliert wird.

– Die Entwicklung einer neuen Technologie zur automatisierten Herstellung von Karosserieteilen aus Kohlefaser ist in gewisser Weise eine Rationalisierungsinvestition, weil dadurch die aufwändige Handarbeit wegfallen würde und somit Arbeitsplätze überflüssig würden.

Lehrplanbereich	Wirtschaftliche Zielsetzungen in der Sozialen Marktwirtschaft (Kurshalbjahr 11/1)
Thema des Referats	Bestimmungsgrößen betriebswirtschaftlicher Entscheidungen

Aufgabenstellung

Erklären Sie am Beispiel der Horseneers AG die verschiedenen Kostenarten in einem Unternehmen, indem Sie die Gleichungen für die Kostenfunktionen im laufenden Geschäftsjahr angeben und in diesem Zusammenhang wichtige Begriffe definieren.
Berechnen und erläutern Sie kritische Kostenpunkte für die Horseneers AG und nehmen Sie Stellung zu der geplanten Aktion im folgenden Geschäftsjahr.

Begleitmaterial: Text M 1

M 1   Unternehmenssituation: Horseneers AG

Die Horseneers AG mit 45 Mitarbeitern stellt Tränken für Pferdekoppeln her. Die Fixkosten betragen pro Monat 100 000 Euro, die proportionalen variablen Kosten belaufen sich auf 50 Euro pro Tränke. Die maximale Produktionsmenge liegt bei 1 250 Anlagen pro Monat. Das Produkt kann zu einem Preis von 200 Euro auf dem Markt abgesetzt werden.
Ab dem nächsten Geschäftsjahr werden die Fixkosten wegen einer groß angelegten Werbeaktion, mit der die Attraktivität des Produkts gesteigert werden soll, um 10 % ansteigen. Gleichzeitig soll der Preis um 5 % erhöht werden.

Autorentext

Lösungsvorschlag

Dieses Thema gliedert sich in drei größere Teilbereiche. Die verwendeten Operatoren beinhalten bereits weitere Einteilungsmöglichkeiten. Die Schwierigkeit bei dieser Aufgabenstellung besteht darin, die zahlenmäßigen Informationen des Unternehmens **aufzubereiten** und in Verbindung mit dem **gelernten Wissen** in einem **logischen Vortrag** zu präsentieren.

Bereits beim **Einstieg** ist es ratsam, das Thema „Kosten" in den Zusammenhang des übergeordneten Themas „Wirtschaftliche Zielsetzungen in der Sozialen Marktwirtschaft" zu bringen. So erkennt der Prüfer, dass Sie sich umfassend vorbereitet haben.

Zunächst geht es darum, den Begriff „Kosten" in der BWL zu **definieren** und, eventuell anhand einer Tabelle, eine **Untergliederung der Kostenarten** vorzunehmen. Beim weiteren Vorgehen haben Sie zwei Möglichkeiten. Entweder Sie nennen die **Kostenart**, geben die **Kostenfunktion** für die Horseneers AG an und **ergänzen dabei weitere Informationen**. Oder Sie nehmen erst die komplette mathematische Abhandlung vor und informieren dann, mit Bezug auf die Tabelle, über die Besonderheiten der Kosten bzw. Kostenverläufe. Hierbei dürfen Sie Ihre Ausführungen gerne auch mit **selbst erstellten Grafiken** veranschaulichen.

Im nächsten Gliederungspunkt sollen Sie **kritische Kostenpunkte** für die Horseneers AG berechnen und erläutern. Dazu zählen der **Break-even-Point** und das **Gewinnmaximum**. In diesem Zusammenhang empfiehlt es sich, die genannten Begriffe zuerst allgemein zu erklären. Danach erfolgt die **Berechnung** für das laufende und das folgende Geschäftsjahr.

Der letzte Operator im Hauptteil der Aufgabenstellung gehört zum Anforderungsbereich III. Hier sollen Sie **geeignete Begründungen** auswählen und zu einer **persönlichen Schlussfolgerung** gelangen, ob und unter welchen Umständen die geplante Aktion, die sowohl die Kosten- als auch die Erlösstruktur des Unternehmens beeinflusst, erfolgreich sein kann/wird. Die hier aufgezeigte Lösung hat keinen Ausschließlichkeitscharakter, d. h., sie stellt nur eine Möglichkeit der Bearbeitung dar. Jede andere passende Stellungnahme kann genauso zur Erfüllung dieses Operators beitragen.

Zum **Schluss** können Sie, um das Thema abzurunden, nochmals auf die Kosten- und Erlosstruktur eines Unternehmens **im Allgemeinen** eingehen.

Einstieg:

- Gliederung der Unternehmensziele nach verschiedenen Aspekten; je nach Branche eines Betriebs unterschiedliche Bedeutsamkeit

- Beeinflussung der Zielgewichtung auch durch die Wirtschaftsordnung eines Landes: Zentralverwaltungswirtschaft versus freie Marktwirtschaft, d. h. Planerfüllung versus Gewinnstreben

- in Deutschland: Soziale Marktwirtschaft

- auch in deutschen Unternehmen Gewinnstreben an oberster Stelle der Zielhierarchie: Erreichung dieses Ziels u. a. durch Verbesserung der Kostenstruktur

- Kosten als wichtiger Einflussfaktor auf das Gewinnziel

- Vorstellen des Referataufbaus: Erläuterung der Kostenarten, Definition und Darstellung kritischer Kostenpunkte, Stellungnahme zur geplanten Aktion, Schluss

Hauptteil:

- **Erläuterung der verschiedenen Kostenarten**
  - **Definition Kosten (BWL):** geldmäßig bewerteter Verbrauch von Gütern (materiell oder immateriell) bei der Produktion, unabhängig, ob Endergebnis Dienstleistung oder Sachgut

KOSTEN			
Gesamtkosten		Stückkosten	
variable Gesamtkosten	fixe Gesamtkosten	variable Stückkosten	fixe Stückkosten
K_v	K_f	k_v	k_f

- **Gesamtkosten:**

$K(x) = K_v + K_f$ hier: $K(x) = 50x + 100\,000$
  - variable Gesamtkosten: hier: $K_v(x) = 50x$
  - fixe Gesamtkosten: hier: $K_f(x) = 100\,000$

- **Stückkosten:**

$k(x) = \dfrac{K(x)}{x}$ hier: $k(x) = \dfrac{50x + 100\,000}{x}$
  - variable Stückkosten: hier: $k_v(x) = 50$
  - fixe Stückkosten: hier: $k_f(x) = \dfrac{100\,000}{x}$

- **wichtige Begriffe**
  - **Fixkosten**
    - fallen immer in gleicher Höhe an, unabhängig davon, ob eine Produktion stattfindet oder nicht
    - können auch bei rückläufiger Produktion nicht sofort an die neuen Bedingungen angepasst werden, da häufig erst Verträge (Mietverträge, Arbeitsverträge) gekündigt werden müssen → **Kostenremanenz**
    - „springen" bei Ausweitung der Produktion auf eine höhere Stufe (z. B. infolge Anstellung einer neuen Arbeitskraft) → **sprungfixe Kosten**
    - Verteilung der Fixkosten bei steigender Produktionsmenge auf eine immer höhere Stückzahl → sinkender Anteil der Fixkosten pro Stück → **Kostendegression**
  - **variable Kosten**
    - **proportionale Kosten** (hier): Kosten steigen im gleichen Maß wie die Stückzahl
    - **überproportionale Kosten:** Kostenanstieg ist größer als Anstieg der produzierten Menge; Beispiel: Beschäftigte arbeiten wegen eines Nachfrageanstiegs neuerdings am Sonntag und erhalten deshalb Lohnzuschläge
    - **unterproportionale Kosten:** Kosten steigen in geringerem Maße als die produzierte Menge, etwa weil bei hohen Abnahmemengen Rabatte gewährt werden, beispielsweise bei Rohstoffen
- **kritische Kostenpunkte**
  - **Break-even-Point** (Gewinnschwelle oder Nutzenschwelle): ab dieser Schwelle Eintritt in die **Gewinnzone**, d. h. das Unternehmen erwirtschaftet Gewinn
    Allgemeine Darstellung:

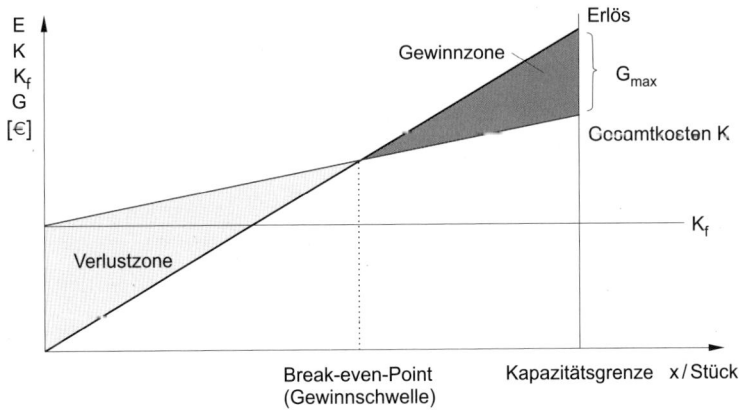

Hier:

$$E(x) = K(x) \qquad\qquad E(x) = p \cdot x \qquad \text{hier: } E(x) = 200 \cdot x$$

$$200x = 50x + 100\,000 \qquad x = 100\,000 : 150 = 666,\overline{66}$$

Ab einer Menge von **667** verkauften Tränken erwirtschaftet die Horseneers AG Gewinn.

– **Gewinnmaximum:** Gewinnhöhe wird bei linearem Kostenverlauf (wie hier angenommen) nur durch die maximale Produktionsmenge begrenzt: **Kapazitäts-grenze** (hier: 1 250 Stück)

$$G(x) = E(x) - K(x) \qquad \text{hier: } G(1\,250) = 250\,000 - 162\,500 = 87\,500$$

Der maximale Gewinn beträgt **87 500 €**.

- **Stellungnahme zur geplanten Aktion**

  $K(x) = 110\,000 + 50x$ (K_f und Gesamtkostenkurve verschieben sich nach oben)

  $E(x) = 210x$ (Erlöskurve wird steiler)

  Break-even-Point neu = **687,5 Stück** (höher)

  Gewinnmaximum neu = **90 000 €** (höher)

  Der Erfolg der Aktion hängt zunächst von der **Planung und Durchführung** der Aktion selbst ab:

  – zeitliche Komponente: Positionierung der Kampagne im April/Mai

  – Platzierung der Werbung in analogen und digitalen Medien, um möglichst viele potenzielle Kunden zu erreichen

  – Absatzmöglichkeiten: Ladengeschäfte, Internet, Handelsvertreter

  → Erfolg dieser Aktion zeitverzögert in der Reaktion der Kunden auf den höheren Preis sichtbar

Schluss:

- ständige Veränderungen auf den Märkten für Produktionsfaktoren bedingen Änderungen in der Kosten- und Erlösstruktur eines Unternehmens

- eine schwer beeinflussbare Größe ist auch das Kundenverhalten und damit der Absatzmarkt für ein Produkt

- Kosten- und Gewinnbetrachtungen müssen immer wieder erneuert und angepasst werden; allenfalls kurzfristige Determinante

Unternehmensziele lassen sich nach verschiedenen Aspekten gliedern und erlangen je nach **Branche** eines Betriebs und je nach **Betriebsgröße** (endogene Bedingungen) unterschiedliche Bedeutsamkeit. Allerdings wird die Zielgewichtung auch von außen (exogene Bedingungen), d. h. von der **Wirtschaftsordnung** des jeweiligen Landes, beeinflusst. In der Reinform stehen sich hier die **Zentralverwaltungswirtschaft** und die **freie Marktwirtschaft** gegenüber. Während die Betriebe in der zentralverwaltungswirtschaftlichen Wirtschaftsordnung vor allem die **Planerfüllung** anstreben, verfolgen die Betriebe in der Marktwirtschaft vorrangig das **Ziel der Gewinnerzielung**. Auch in der Sozialen Marktwirtschaft steht an der Spitze der **Zielhierarchie** der Unternehmen das Streben nach Gewinn, ergänzt durch **soziale** und **ökologische Zielsetzungen**. Verbessert ein Betrieb seine Kostenstruktur, dann kommt er seinem Gewinnziel näher, da Kosten ein **zentraler Einflussfaktor** im Hinblick auf das Gewinnziel sind.

Einstieg
endogene und exogene Einflussfaktoren auf Unternehmensziele

Im folgenden Referat werde ich zunächst allgemein und dann in Bezug auf die Horseneers AG verschiedene Kostenarten und kritische Kostenpunkte erklären. Anschließend nehme ich Stellung zu der vom Unternehmen geplanten Aktion im nächsten Geschäftsjahr.

Gliederung des Referats

Die allgemeine Definition des Begriffs „Kosten" lautet in der BWL folgendermaßen: Unter Kosten versteht man den geldmäßig **bewerteten Verbrauch** von Gütern materieller oder immaterieller Art bei der Produktion, unabhängig davon, ob das Endergebnis eine Dienstleistung oder ein Sachgut ist.

Hauptteil
Definition „Kosten"

1. Erläuterung der verschiedenen Kostenarten

Die Kosten in einem Unternehmen werden in Gesamtkosten und Stückkosten unterteilt. Diese setzen sich wiederum aus **variablen** und **fixen Kosten** zusammen. Für die **Gesamtkosten** gilt also diese Funktion:

$$K(x) = K_v + K_f$$

Gesamtkosten

Setzt man die gegebenen Werte ein, ergibt sich für die Horseneers AG die folgende Gleichung: $K(x) = 50x + 100\,000$
Die variablen Gesamtkosten werden also als $K_v(x) = 50x$ definiert, die fixen Gesamtkosten als $K_f(x) = 100\,000$.

Um die **Stückkosten** zu erhalten, teilt man die Gesamtkosten durch die produzierte Menge. Für die Stückkosten gilt also diese Funktion:

Stückkosten

$$k(x) = \frac{K(x)}{x}$$

Setzt man die gegebenen Werte ein, ergibt sich für die Horseneers AG die folgende Gleichung:

$$k(x) = \frac{50x + 100\ 000}{x}$$

Die variablen Stückkosten werden also als $k_v(x) = 50$ definiert, die fixen Stückkosten als $k_f(x) = \dfrac{100\ 000}{x}$.

2. Wichtige Begriffe

Bei den fixen Kosten ist zu beachten, dass sie immer in **gleicher Höhe** anfallen, unabhängig davon, ob eine Produktion stattfindet oder nicht. Ist die Produktion rückläufig, müssen beispielsweise erst Verträge (Arbeitsverträge, Mietverträge, Leasingverträge usw.) gekündigt werden, um die fixen Kosten den neuen Gegebenheiten anzupassen. Man spricht deshalb von **Kostenremanenz.**

fixe Kosten

Gleichzeitig „**springen**" die fixen Kosten bei Ausweitung der Produktion auf eine höhere Stufe. Gründe hierfür könnten z. B. die Anstellung einer neuen Arbeitskraft verbunden mit einem Leasingvertrag für einen Geschäftswagen sein. Bei den fixen Kosten geht man folglich immer auch von sprungfixen Kosten aus. Eine weitere Besonderheit der fixen Kosten besteht darin, dass sich die Fixkosten bei steigender Produktion auf eine höhere Stückzahl verteilen. Der Anteil der fixen Kosten pro Stück sinkt. Dies wird als **Kostendegression** bezeichnet.

sprungfixe Kosten

Die **variablen Kosten** teilt man in proportionale, überproportionale und unterproportionale Kosten ein. Bei der Horseneers AG liegt eine **proportionale Kostenstruktur** vor, d. h., die Kosten steigen in gleichem Maß wie die Stückzahl. Wenn in einem Unternehmen wegen eines unerwarteten Nachfrageanstiegs die Belegschaft auch an Sonn- und Feiertagen arbeitet, dann steigen die Kosten in höherem Maß als die produzierte Menge. Die Belegschaft erhält Lohnzuschläge. Diese variablen Kosten nennt man **überproportionale Kosten. Unterproportionale Kosten** beobachtet man z. B. infolge von Rabatten, die bei hohen Abnahmemengen gewährt werden. Die Kosten steigen in geringerem Maße als die produzierte Menge.

variable Kosten

3. Kritische Kostenpunkte

Ein wichtiger Kostenpunkt ist der **Break-even-Point**. Ab dieser Schwelle tritt das Unternehmen in die **Gewinnzone** ein (vgl. Skizze), d. h., es erwirtschaftet Gewinn. Der Break-even-Point wird auch Gewinnschwelle oder Nutzenschwelle genannt. Der Erlös $E(x)$ deckt die Kosten. Den Erlös errechnet man, indem man den Preis mit der Menge multipliziert. Es gilt:

Break-even-Point im laufenden Geschäftsjahr

$$E(x) = K(x) \qquad\qquad E(x) = p \cdot x \qquad\qquad E(x) = 200 \cdot x$$

$$200\,x = 50\,x + 100\,000 \qquad x = 666,\overline{66}$$

Die Horseneers AG erwirtschaftet ab einer Menge von **667 verkauften Tränken** Gewinn.

Außerdem ist das **Gewinnmaximum** interessant. Bei einem **linearen Kostenverlauf**, wie bei der Horseneers AG angenommen, liegt es an der **Kapazitätsgrenze**. Die Kapazitätsgrenze gibt die Menge an, die ein Unternehmen maximal produzieren kann. Bei der Horseneers AG liegt sie bei **1 250 Stück**.

Gewinnmaximum im laufenden Geschäftsjahr

Den Gewinn $G(x)$ für eine bestimmte produzierte Stückzahl errechnet man, indem man die Kosten von den Erlösen subtrahiert.

$$G(x) = E(x) - K(x)$$

$$G(1\,250) = 250\,000 - 162\,500 = 87\,500$$

Der **maximale Gewinn** beträgt also **87 500 €**.

4. Stellungnahme zur geplanten Aktion

Im folgenden Geschäftsjahr verändern sich die Kosten- und Erlösfunktion:

Break-even-Point und Gewinnmaximum im folgenden Geschäftsjahr

$$K(x) = 110\,000 + 50\,x \qquad\qquad E(x) = 210\,x$$

Die Fixkosten- und Gesamtkostenkurve verschieben sich nach oben, die Erlöskurve wird steiler. Durch die geplante Aktion **steigen der Break-even-Point** auf **687,5 Stück** und das **Gewinnmaximum** auf **90 000 Euro**. Das bedeutet, dass das Unternehmen zunächst mehr absetzen muss, um überhaupt die Gewinnzone zu erreichen. Ab dem Break-even-Point erwirtschaftet es dann aber einen höheren Gewinn pro verkauftem Stück.

Der Erfolg der Aktion hängt zunächst von der **Planung und Durchführung der Aktion** selbst ab. Hier spielt vor allem die **zeitliche Komponente** eine wichtige Rolle. Empfehlenswert wäre es, eine Werbekampagne für dieses Produkt im April/Mai, also vor der Koppelsaison, beginnen zu lassen. Außerdem muss die Werbung so **platziert** werden, dass möglichst viele potenzielle Kunden jeden Alters erreicht werden können. Eine Mischung von analogen (Plakate, Anzeigen in Fachzeitschriften) und digitalen Medien (Online-Video-Werbekampagnen) erscheint sinnvoll. Als effektive **Absatzmöglichkeit** bietet sich neben dem Angebot des Produkts in Ladengeschäften bzw. im Internet auch der Einsatz eines Handelsvertreters an. Letzten Endes zeigt sich der Erfolg solcher Marketingmaßnahmen erst in der **Reaktion der Kunden** auf die Werbung und den höheren Preis. Entscheidend ist, ob der neue Break-even-Point **über die höhere Stückzahl** erreicht und das Gewinnmaximum angestrebt werden kann.

Abschließend kann man sagen, dass sich die Kosten- und Erlösstruktur eines Unternehmens **ständig wandelt**. Die Ursache dafür liegt meistens auf den Märkten für Produktionsfaktoren, wird aber auch durch **innerbetriebliche Entscheidungen** beeinflusst. Schwer vorherzusagen und damit oft unberechenbar ist die Reaktion der Kunden auf Werbeaktionen und Preisveränderungen. Deshalb müssen Kosten- und Gewinnbetrachtungen immer wieder **erneuert und angepasst** werden. Sie stellen oft nur eine **kurzfristige Determinante** dar.

1 *Das Unternehmen erreicht Ende des folgenden Jahres durch die erfolgreiche Werbeaktion das Gewinnmaximum. Berechnen Sie die Eigenkapitalrentabilität bei einem Eigenkapital von 900 000 Euro.*

- Eigenkapitalrentabilität = (Gewinn : Eigenkapital) x 100 %
- (90 000 : 900 000) · 100 % = 0,10 · 100 % = 10 %
- Die Eigenkapitalquote liegt bei 10 %.

2 *Beurteilen Sie das Ergebnis vor dem Hintergrund der folgenden Grafik.*

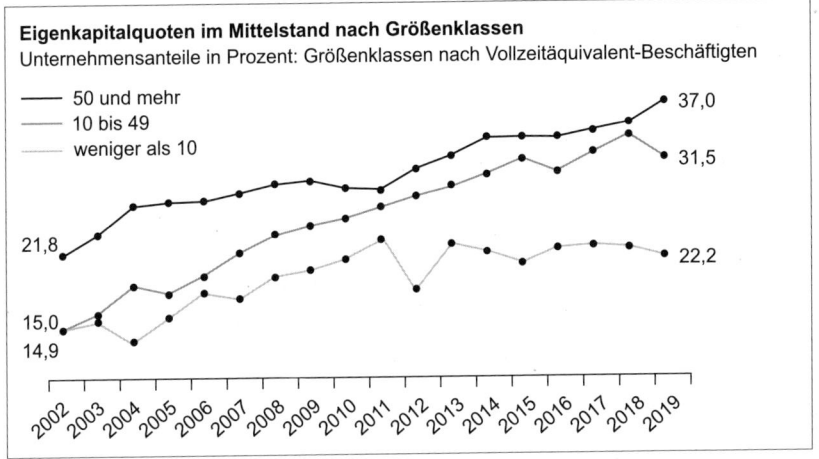

Eigenkapitalquoten im Mittelstand nach Größenklassen
Unternehmensanteile in Prozent: Größenklassen nach Vollzeitäquivalent-Beschäftigten

——— 50 und mehr
——— 10 bis 49
········ weniger als 10

37,0
31,5
21,8
22,2
15,0
14,9

2002 2003 2004 2005 2006 2007 2008 2009 2010 2011 2012 2013 2014 2015 2016 2017 2018 2019

KfW-Mittelstandspanel 2003 – 2020, Eigenkapitalquoten im Mittelstand nach Größenklassen, S. 18

- Die Eigenkapitalquote mittelständischer Unternehmen in der entsprechenden Größenklasse lag im Jahr 2019 bei durchschnittlich 31,5 %.
- Davon ist die Horseneers AG weit entfernt.
- Eine hohe Eigenkapitalquote bedeutet Stabilität. Im Falle einer Krise ist das Unternehmen mit genügend Barmitteln ausgerüstet, um die Krise zu überstehen.
- Für die genaue Beurteilung der Eigenkapitalquote der Horseneers AG wären noch weitere Kennzahlen, zum Beispiel Gesamtkapital- und Umsatzrentabilität, Cashflow und Shareholder-Value, nötig.

3 *Auf lange Sicht möchte die Horseneers AG in umweltschonende Produktionsverfahren investieren. Diskutieren Sie, inwieweit die Erfüllung dieser ökologischen Zielsetzung zur Erreichung des Gewinnziels beitragen kann.*

- Die Erreichung von ökologischen Zielen ist zunächst mit höheren Kosten für den Betrieb verbunden. Diese Kosten schmälern den Gewinn.
- Auf lange Sicht bedingen diese Kosten allerdings häufig eine Verbesserung der Kostenstruktur. Insofern besteht eine komplementäre Zielbeziehung.

- Ökologische Maßnahmen führen beispielsweise zu Einsparungen beim Energieverbrauch und damit langfristig zu einer Kostensenkung.
- Gerade in dieser Branche beachten die Kunden eventuell die ökologische Ausrichtung des Unternehmens und fragen bewusst solche Produkte nach. Dies hätte eine Umsatzsteigerung und höhere Erträge zur Folge.
- Fazit: Kurzfristig betrachtet schmälert diese Investition wegen höherer Kosten den Gewinn. Langfristig gesehen kann ein solider Gewinn die Folge sein.

Lehrplanbereich	Analyse volkswirtschaftlicher Schwankungen und grund- legende Konzepte der Wirtschaftspolitik (Kurshalbjahr 11/1)
Thema des Referats	Italien in Zeiten der Corona-Krise

Aufgabenstellung

Das Coronavirus trifft die Weltwirtschaft hart. Die globalen Warenströme werden unterbrochen, in den betroffenen Regionen bleiben Fabriken und Geschäfte geschlossen, das wirtschaftliche Leben kommt nahezu zum Stillstand. Ein besonders heftig von der Krise betroffenes Land ist Italien.

Analysieren Sie die konjunkturelle Situation Italiens und zeigen Sie auf, inwiefern infolge der Corona-Krise erhebliche Risiken für das Land und damit auch für die Europäische Union bestehen (M 1 bis M 3). Gehen Sie dabei auch auf Genese und Grenzen ökonomischer Prognosen ein.

Begleitmaterialien: Text M 1, Tabellen M 2 und M 3

M 1   Italien: „Unsere dunkelste Stunde"

[…] Kein Land in Europa trifft das Virus in einer gefährlicheren Ausgangslage. Hinter Italien liegen zwei Jahrzehnte Stagnation. Seit 2008 hat es nacheinander eine Finanzkrise, eine Schuldenkrise und die tiefste Wirtschaftskrise seiner Geschichte durchgemacht. […] Wegen seiner horrenden Staatsschulden ist Italien das schwächste Glied der
5 Euro-Zone, von ihm geht das höchste Risikopotenzial für die Währungsunion aus. Das Virus wütet in Italien – das ist das Worst-Case-Szenario für Europa. Premier Giuseppe Conte sprach von „unserer dunkelsten Stunde". Am Abend weitete die Regierung die Sperrungen und Einschränkungen der Bewegungsfreiheit auf das ganze Land aus.
     Schlimmer konnte es nicht kommen, auch weil das Epizentrum der Lungenkrank-
10 heit ausgerechnet in der Region Lombardei rund um Mailand liegt, dem Motor der italienischen Wirtschaft. Das Kraftzentrum steht ebenso unter Quarantäne wie das ganze Land. Die lombardischen Unternehmen beschäftigen ein Viertel der Mitarbeiter der italienischen Industrie. Sie stellen 27 Prozent der Exportwaren her. Und sie sind am engsten verflochten mit den Firmen in Deutschland und Frankreich. […]
15   Anders als Deutschland hat Italien keine Reserven, um auf den externen Schock zu reagieren. Das Land schlägt sich mit hohen Schulden und niedriger Produktivität herum. Ihm fehlen damit die Antikörper, um mit den Virusfolgen fertigzuwerden. Ist die gesundheitliche Gefahr irgendwann gebannt, wird die konjunkturelle Erholung wegen

des niedrigen Wachstumspotenzials schleppend verlaufen. Bereits im vierten Quar-
20 tal 2019 schrumpfte die Wirtschaftsleistung um 0,3 Prozent. [...]
Die Italiener haben das Trauma des Jahres 2008 nie überwunden. Was damals weit
weg mit der amerikanischen Subprime-Krise begann, hat das Land ein Viertel seiner
Industrieproduktion, eine Pleitewelle unter den Banken und die Explosion der Staatsverschuldung gekostet. Heute muss es sich einer neuen Krisenspirale entgegenstem-
25 men. Die Risikoprämie auf italienische Staatsanleihen ist am Montag in wenigen Stun-
den von 1,8 Prozentpunkten auf 2,3 Punkte hochgeschnellt. [...]

"'Unsere dunkelste Stunde'", Ulrike Sauer, SZ.de vom 10.03.2020

| M2 | **Konjunkturelle Entwicklung Italiens – Herbstprognose der EU-Kommission 2019** |

(in %)	2016	2017	2018	2019	2020*
Wirtschaftswachstum	+1,3	+1,7	+0,8	+0,1	+0,4
Arbeitslosigkeit	11,7	11,2	10,6	10,0	10,0
Verbraucherpreise	−0,1	1,3	1,2	0,6	0,8
Leistungsbilanzsaldo (Mrd.)	+3,5	+3,3	+2,7	+3,0	+3,1
Schuldenstand in % des BIP	134,8	134,1	134,8	136,2	136,8

* Prognosewerte

Daten nach: European Commission 2019

| M3 | **Die Top 10 der Handelspartner Italiens 2019** |

Exporte Italiens (in %)		**Importe Italiens** (in %)	
Deutschland	12,2	Deutschland	16,4
Frankreich	10,5	Frankreich	8,7
USA	9,6	China	7,5
Schweiz	5,5	Niederlande	5,4
Vereinigtes Königreich	5,2	Spanien	5,1
Spanien	5,1	Belgien	4,6
Belgien	3,0	USA	4,0
Polen	2,5	Russland	3,4
China	2,7	Schweiz	2,6
Niederlande	2,5	Vereinigtes Königreich	2,5

Daten nach: OEC

Lösungsvorschlag

Als **Einstieg** in die Thematik könnten Sie allgemein auf die „Corona-Krise", die weite Teile der Welt erfasst und zu erheblichen ökonomischen Problemen führt, Bezug nehmen. Im nächsten Schritt sollten Sie sich dem vorliegenden **Fallbeispiel Italien** zuwenden. Sofern Ihnen detaillierte Kenntnisse über die Entwicklung in Italien aus den Medien bekannt sind, können Sie diese hier sinnvoll einbringen. Alternativ lässt sich auch der letzte Teil der Aufgabenstellung als Einstieg nutzen. So könnte geschildert werden, von wem Konjunkturprognosen zu welchem Zweck erstellt werden und wie dabei vorgegangen wird.

Die vorliegende Aufgabenstellung setzt eine **Dreiteilung im Hauptteil** des Referats voraus. Zunächst soll die konjunkturelle Lage Italiens **analysiert** werden. Dafür stehen Ihnen zum einen umfangreiche statistische Daten (M 2, M 3) sowie ein kurzer Artikel über die aktuelle Lage Italiens (M 1) zur Verfügung. Hier gilt es, die aktuelle Situation (Stand März 2020) zu erfassen. Anhand der Vorjahre lässt sich eine Verortung der italienischen Wirtschaft im mittelfristigen Konjunkturzyklus vornehmen. Die Sichtung der journalistischen Quelle (M 1) kann den gewonnenen Eindruck bestärken. Bezüge zum Text belegen die eigene Analyse. An dieser Stelle lässt sich auch **zusätzliches Wissen** einbringen, indem auf den zeitlichen Bezug der Indikatoren zur Konjunkturentwicklung eingegangen und dabei klargestellt wird, dass die Höhe der Staatsverschuldung kein Konjunkturindikator ist.

Im zweiten Abschnitt des Hauptteils müssen Sie die **Risiken** für die italienische und die europäische Wirtschaft **aufzeigen**. Die binnenwirtschaftlichen Probleme finden sich vor allem in der journalistischen Quelle (M 1), Gefahren für die Europäische Union können aus den Verflechtungen der italienischen Wirtschaft mit Europa (M 3) aufgezeigt werden. Die **Auswertung von Statistiken und Grafiken** ist eine Kompetenz aus dem Anforderungsbereich II, da hier methodische Fertigkeiten gezeigt sowie sinnvolle Bezüge zur Fragestellung hergestellt werden müssen. Hier unterstützen **klare Ursache-Wirkungs-Ketten** die Argumentation. Wenn Sie neben handelspolitischen auch finanzwirtschaftliche Risiken, z. B. für den Euro oder den Zusammenhalt in der Eurozone, aufzeigen, vermitteln Sie den Prüfenden eine hohe fachliche Kompetenz.

Der letzte Teil der Aufgabenstellung umfasst die Genese und die Grenzen ökonomischer Prognosen. Die Formulierung „**gehen Sie** dabei auf … **ein**" deutet an, dass diese Fragestellung auch **an anderer Stelle** des Referats eingebunden werden kann. Neben dem vorab schon geschilderten Einstieg in die Thematik könnten Sie auch bei der Auswertung von M 2 auf mögliche Probleme einer exakten Prognose der wirtschaftlichen Entwicklung eingehen. Allerdings bietet sich die Behandlung dieser Fragestellung als **Schlussteil** des Referats an.

Das Beispiel Italien zeigt, dass unvorhersehbare externe Effekte wie das Corona-virus der Verlässlichkeit ökonomischer Prognosen Grenzen setzen. Mit dieser Feststellung in Verbindung mit einer **persönlichen Wertung**, wie es ökonomisch mit Italien weitergehen könnte, runden Sie das Referat sinnvoll ab.

| **Gliederung des Kurzreferats**

Einstieg:
- **Eingehen auf die Corona-Krise und deren ökonomische Auswirkungen weltweit**
  - Ausbruch im Dezember 2019, zunächst in der chinesischen Provinz Wuhan
  - Ausbreitung über ganz China, Maßnahmen der chinesischen Regierung
  - globale Weiterverbreitung des Virus ab Januar 2020
  - infolge Verflechtungen der italienischen Textilindustrie mit der chinesischen ist Oberitalien in Europa erster Brennpunkt
  - Verbreitung des Virus durch (Ski-)Urlauber über ganz Europa; insbesondere Süddeutschland stark betroffen
  - Reaktion Bayerns ab März 2020: zunächst Schulschließungen, dann Ausgangs-beschränkung
  - weltweite Abschottung von Staaten, Ausgangssperren und Kontaktverbote
  - deutliches Runterfahren der Weltwirtschaft, da alle wichtigen Industrieregionen betroffen
  - staatliche Konjunktur- und Hilfspakete, um Privatpersonen und Unternehmen zu unterstützen; Schuldenregeln werden außer Kraft gesetzt; Zentralbanken stellen Kredite zur Verfügung, um den Schaden durch das Virus möglichst aufzufangen

Hauptteil:
- **Kurzvorstellung des mittelfristigen Konjunkturzyklus**
  - ggf. mit einer Skizze, später kann dann die Position Italiens dort verortet werden
  - Phasen des mittelfristigen Konjunkturzyklus: Aufschwung, Boom, Rezession, Depression
  - Dauer des mittelfristigen Konjunkturzyklus: vier bis sieben Jahre

Analyse der konjunkturellen Lage Italiens anhand von M 1 und M 2
- **Analyse der konjunkturellen Lage Italiens anhand von M 2**
  - Auswertung der vorhandenen Daten (Verlauf der jeweiligen Werte)
  - Bewertung der aktuellen Situation anhand von Schwellenwerten, z. B. Vorgaben der EU
  - Fazit für die aktuelle Situation; Verortung im mittelfristigen Konjunkturzyklus
  - minimales Wachstum kurz vor massiver Rezession, ggf. unterer Wendepunkt
  - Höhe der Staatsverschuldung kein Konjunkturindikator, schränkt aber den Handlungsspielraum der Regierung stark ein

- **Exkurs: Eingehen auf den zeitlichen Bezug der Indikatoren zur konjunkturellen Lage**
  - Früh-, Präsenz- und Spätindikatoren und ihr zeitlicher Bezug zum Konjunkturzyklus
  - Einordnen der in M 2 verwendeten Indikatoren mit kurzer Begründung
  - Ansprechen der Problematik eines fehlenden Frühindikators
- **Analyse der aktuellen Situation anhand von M 1**
  - Folgen der Finanz- und Staatsschuldenkrise von 2008 noch nicht überwunden
  - Verlust von einem Viertel der Industrieproduktion, Pleitewelle von Banken
  - hohe Staatsverschuldung Italiens, schwache wirtschaftliche Entwicklung
  - Ausfall weiter Teile der italienischen Industrie durch das Coronavirus
  - fehlende finanzielle Reserven des Staates
  - Aufschläge für italienische Staatsanleihen, „Krisenspirale"
  - ggf. Bezug zu M 2, Bestätigung der eigenen Einschätzung

Risiken angesichts der aktuellen wirtschaftlichen Lage Italiens

- **Risiken für die italienische Binnenwirtschaft**
  - hohe Staatsverschuldung engt Spielraum für Konjunkturmaßnahmen ein
  - Wirtschaftsentwicklung ist bisher schwach, kaum endogene Wachstumsimpulse
  - Verlust an Wettbewerbsfähigkeit durch Stillstand der italienischen Industrie
  - Wegbrechen von Außenhandelskontakten, da ggf. andere Nationen einspringen
  - starke, lang anhaltende Rezession bedroht italienische Wirtschaft
  - Aussage des italienischen Premierministers: „unsere dunkelste Stunde"
- **Mögliche Risiken für die europäische Wirtschaft**
  - starke Verknüpfung der italienischen mit der europäischen Wirtschaft
  - knapp 40 % der Im- und Exporte Italiens finden mit Partnern der EU statt (Analyse von M 3)
  - Italien als Eurostaat belastet die Währungsunion, insbesondere im Fall einer drohenden Insolvenz (Inanspruchnahme von Geldern aus diversen Rettungsschirmen etc.)
  - Aufschläge für italienische Staatsanleihen belasten Geldpolitik des ESZB

Problematik exakter Konjunkturprognosen

- unzureichende Datenlage
- zeitliche Verzögerungen (Timelags): Zeitpunkt und Häufigkeit der Datenerhebung, Notwendigkeit langwieriger und komplexer Modellrechnungen
- Corona-Krise als externer Schock: verlässliche Prognose der wirtschaftlichen Entwicklung nahezu unmöglich

Schluss:

Fazit: auch aufgrund der wirtschaftlichen Situation Italiens vor der Corona-Krise lange und schwere Rezession zu erwarten

Kurzreferat

Als im **Dezember 2019** die Welt vom Aufkommen des Coronavirus in der chinesischen **Provinz Wuhan** erfuhr, ahnte noch niemand, welche weitreichenden Folgen dieses scheinbar lokale Ereignis auf die Menschheit haben würde. Auch nachdem sich das Virus über ganz China verbreitet hatte, vertraute die Weltgemeinschaft darauf, dass die Maßnahmen der chinesischen Regierung zur Eindämmung ausreichen würden, und schränkte nicht einmal den weltweiten Flugverkehr ein. Erst als die ersten Fälle auch in Europa und den USA auftraten, begann langsam ein Umdenken.

Das **europäische Land**, das zunächst vom Coronavirus **am stärksten betroffen** war, ist **Italien**. Mögliche Gründe dafür könnten die enge Verflechtung der italienischen Modeindustrie mit chinesischen Zulieferern oder auch der unglückliche Zufall sein, dass die ersten Fälle vermutlich kurz vor den Frühjahrsferien auftraten und viele Urlauber sich in den italienischen Alpen zum Skifahren aufhielten, von wo aus das Virus eine rasche Verbreitung erfuhr. Entsprechend war auch Deutschland, vor allem der Süden, schnell von dem Virus betroffen. Der Freistaat Bayern reagierte ab März zunächst mit Schulschließungen, dann mit einer Ausgangsbeschränkung.

Nach und nach schotteten sich die Staaten ab, verhängten Ausgangssperren und Kontaktverbote. Die **Weltwirtschaft kühlte sich merklich ab**, da alle wichtigen Industrieregionen betroffen waren bzw. sind. Zahlreiche **Konjunktur- und Hilfspakete** sollen nun Privatpersonen und Unternehmen unterstützen, **Schuldenregeln** werden **außer Kraft gesetzt** und Zentralbanken stellen Kredite zur Verfügung, um den Schaden durch das Virus möglichst aufzufangen.

Im Folgenden möchte ich nun konkret auf die Auswirkungen für Italien und damit verknüpft für die Europäische Union eingehen. Dafür werde ich zunächst die wirtschaftliche Lage Italiens mittels der Materialien analysieren und anschließend die möglichen Risiken für das Land selbst und für die Europäische Union aufzeigen. Abschließend werde ich auf die Genese und die Probleme von Konjunkturprognosen, insbesondere im vorliegenden Fall, eingehen.

Ziel einer Konjunkturanalyse ist es, die Position eines Landes im Rahmen des **mittelfristigen Konjunkturzyklus** zu verorten und dann Aussagen über die mögliche künftige Entwicklung zu treffen. Der mittelfristige Konjunkturzyklus besteht aus **vier Phasen** *(Skizze zeichnen und beim Erklären beschriften)*. Die **Aufschwungphase** ist von einem langsamen Anstieg der wirtschaftlichen Aktivität gekennzeichnet, wobei die Effekte am Arbeitsmarkt nur in geringem Umfang zu spüren sind, da die vorhandenen Kapazitäten und Arbeitskräfte noch nicht ausgelastet sind. Der Aufschwung geht dann in die

42

Boom-Phase mit sehr hohen Wachstumsraten des BIPs und einem hohen Beschäftigungsstand über. Die Wirtschaft beginnt sich zunehmend zu überhitzen, d. h., Produktionsfaktoren werden knapper, das Preisniveau steigt an. Nach Überschreiten eines Maximums folgt eine **Rezession**, d. h., das Wachstum kühlt sich merklich ab. Allerdings ist die Beschäftigung zunächst noch sehr hoch, da die Betriebe ihre Arbeitskräfte halten und abwarten, ob der Abschwung längerfristig ist oder ob es sich nur um eine kurze „Delle" in der Konjunktur handelt. Die Rezession geht nach einiger Zeit in eine **Depression** über. Hier ist das Wachstum negativ, d. h., die Wirtschaft schrumpft. Die Arbeitslosigkeit steigt, da Unternehmen mangels Aufträgen Entlassungen vornehmen. In der Phase der Depression liegt dann der untere Wendepunkt. Ab diesem Zeitpunkt beginnen einige Unternehmen wieder optimistischer in die Zukunft zu blicken, tätigen ggf. erste Investitionen. Insgesamt dauert ein kompletter **Zyklus vier bis sieben Jahre**.

Nun zur konkreten **Situation in Italien:** Die Statistik M 2 enthält die vier Indikatoren Wirtschaftswachstum, Arbeitslosigkeit, Verbraucherpreise und Leistungsbilanzsaldo. Der Schuldenstand des Staates ist kein Indikator, da dieser sich auch unabhängig von der konjunkturellen Lage verändern kann.

Analyse der Situation in Italien (M 2)

Grundsätzlich unterscheidet man zwischen **Früh-, Präsenz- und Spätindikatoren**, je nachdem in welchem zeitlichen Verhältnis der Indikator zur konjunkturellen Lage steht. Das **Wirtschaftswachstum**, gemessen durch die Veränderung des realen BIPs, wird dabei meist als **Präsenzindikator** angesehen, da es unmittelbar das Wachstum einer Volkswirtschaft erfasst. Allerdings erfolgt die Erhebung zeitlich verzögert, meist nur auf Quartalsbasis, sodass dieser Wert teilweise auch als Spätindikator eingestuft wird. Dennoch ist meist die Wachstumsrate des realen BIPs gemeint, wenn man von „der Konjunktur" spricht. Eine ähnliche Einordung gilt auch für den **Leistungsbilanzsaldo**. Hier werden die Ex- und Importe eines Landes saldiert. Bei der **Arbeitslosigkeit** und den **Verbraucherpreisen** handelt es sich um **Spätindikatoren**. Diese werden zwar monatlich erfasst, aber da Regelungen zum Kündigungsschutz verhindern, dass unmittelbar in einer Krise Entlassungen stattfinden, und viele Unternehmen ihre qualifizierten Arbeitskräfte zunächst auch halten möchten, finden Kündigungen erst mit einer gewissen zeitlichen Verzögerung statt. Auch Preise werden bei einem Nachfragerückgang nicht sofort angepasst. Viele Preise, wie Mieten, Versicherungsbeiträge und auch die Preise für langlebige Konsumgüter, sind relativ starr und eine Anpassung findet ggf. nur einmal pro Jahr statt.

Exkurs: zeitlicher Bezug der Indikatoren

Betrachtet man nun die konkreten **Daten für Italien**, kann man beim **Wirtschaftswachstum** ein Maximum im Jahr 2017 (+1,7 %) und ein Minimum im Jahr 2019 (+0,1 %) feststellen. D. h., Italien scheint sich ab dem Jahr 2018 in einer Rezession und 2019 in einer Depression befunden zu haben. Auch die Prognose für 2020 ist mit 0,4 % sehr niedrig, sodass das Land, wenn überhaupt, erst unmittelbar am Anfang eines möglichen Aufschwungs steht. Die **Arbeitslosigkeit** weist über den gesamten Betrachtungszeitraum einen Rückgang von 11,7 auf 10,0 % auf. Infolge der Rezession stagniert aber ab 2019 die Arbeitslosenquote bei 10,0 %. Idealtypisch sollte diese in einer Depression steigen. Hier können ggf. demografische Effekte den Anstieg verhindern. Dennoch ist die Arbeitslosenquote sehr hoch und liegt deutlich über der Quote, bei der man von Vollbeschäftigung spricht. Die **Verbraucherpreise** steigen zunächst von einer Deflation im Jahr 2016 (–0,1 %) auf 1,3 % im Jahr 2017 an, um dann bis 2019 auf +0,6 % zu sinken und im Jahr 2020 wieder leicht zu steigen. Dies entspricht weitgehend den Erwartungen, da in einer Rezession und Depression die Nachfrage sinkt und somit auch kein Spielraum für Preiserhöhungen besteht. Mit 0,8 % ist die Inflationsrate von dem von der EZB anvisierten Ziel (nahe bei, aber unter 2 %) weit entfernt. Die **Leistungsbilanz** weist über den gesamten Zeitraum einen Überschuss von etwa 3 % auf. D. h., die italienische Wirtschaft exportiert mehr Waren und Dienstleistungen, als sie importiert. In Bezug auf die wirtschaftliche Entwicklung ist dies eigentlich positiv zu bewerten, da so Arbeitsplätze im Inland geschaffen oder erhalten werden und der Außenhandel zu einer positiven Entwicklung beiträgt.

Fasst man die **Ergebnisse** zusammen, so dürfte sich **Italien Anfang 2020** gerade **am Ende einer Depressionsphase** befinden, wobei aber noch kein deutlicher Aufschwung zu erkennen ist. Leider fehlt in der Übersicht ein **Frühindikator**, wie z. B. Auftragseingänge der Industrie, der aufzeigen könnte, wie sich die italienische Wirtschaft ggf. im Jahr 2021 entwickeln wird.

Ungünstig ist auch die **hohe Staatsverschuldung** mit 136,8 % des BIPs, da sie den **Handlungsspielraum** der italienischen Regierung **stark einschränkt**. Bei ausreichenden finanziellen Ressourcen könnte z. B. durch eine expansive Fiskalpolitik die wirtschaftliche Entwicklung unterstützt werden. Der für die Staatsverschuldung vorgesehene Zielwert der EU liegt bei 60 % Staatsverschuldung.

Bezieht man nun die Quelle M 1 in die Betrachtungen mit ein, so ist zweifelhaft, ob es überhaupt zu einem Aufschwung kommen wird. Schon die Überschrift „**Unsere dunkelste Stunde**" legt nahe, dass das Coronavirus die italienische Wirtschaft stark belastet. Im Text wird klar angesprochen, dass Italien, anders als z. B. Deutschland,

---

Seitenrandglossen:

Wirtschaftswachstum

Arbeitslosigkeit

Preisniveau

Außenhandel

Bewertung der Situation in Italien

Staatsverschuldung

Analyse der Situation in Italien (M 1)

die **Folgen der Finanz- und Staatsschuldenkrise** von 2008 noch nicht überwunden hat. Die **Wirtschaft** wurde **massiv geschwächt.** So ist von dem Verlust eines Viertels der Industrieproduktion und einer massiven Pleitewelle italienischer Banken die Rede. Die wirtschaftliche Entwicklung des Landes war in den letzten Jahren schwach und die hohen Staatsschulden schränken den staatlichen Handlungsspielraum stark ein. Auch die **Produktivität wird als gering eingestuft,** sodass nicht auf ein endogenes Wachstum gehofft werden kann.

Wenn man die Risiken der Corona-Krise für Italien abschätzen möchte, muss man sich bewusst machen, dass weite Teile der italienischen **Industrie zum Stillstand gekommen** sind und auch der **Tourismus am Boden** liegt. Daher dürfte die wirtschaftliche Entwicklung im Jahr 2020 wohl deutlich geringer ausfallen und das bisher prognostizierte Wachstumsplus von 0,4 % wird sich vermutlich in eine Schrumpfung der italienischen Wirtschaft umkehren. Gleiches gilt für die Arbeitslosigkeit. **Infolge der Krise** werden erneut viele Unternehmen von der **Insolvenz** bedroht sein. Da zahlreiche Firmen ohnehin noch von der Finanzkrise angeschlagen sind, droht ggf. sogar eine Pleitewelle und die Anzahl der Arbeitslosen wird sich drastisch erhöhen. Dies belastet den italienischen Staat zusätzlich, da einerseits Steuereinnahmen verloren gehen und andererseits die Unterstützungszahlungen zunehmen. Durch Neuverschuldung werden diese Ausgaben nicht zu decken sein, da die Schuldenquote sehr hoch ist und bei einer weiteren Erhöhung **möglicherweise der Staatsbankrott** droht. Die Aufschläge für italienische Staatsanleihen am internationalen Finanzmarkt signalisieren, dass seitens der Anleger dieses Risiko erkannt wurde. Auch der Text spricht von einer „**Krisenspirale**", die die Gefahr einer Selbstverstärkung beinhaltet, was für die italienische Wirtschaft verheerend wäre.

Aber die Krise in Italien könnte auch massive **Auswirkungen auf den Rest Europas** haben. Die Statistik M 3 zeigt die außenwirtschaftliche Verflechtung des Landes. Rund 40 % des italienischen **Außenhandels** finden mit anderen Staaten Europas, insbesondere der Europäischen Union, statt. Ein Zusammenbruch der italienischen Wirtschaft hätte somit auch massive Folgen für die Partnerländer. Insbesondere Unternehmen in Deutschland und Frankreich würden mit Italien einen wichtigen Handelspartner verlieren. Daher könnten auch hierzulande Arbeitsplätze bedroht sein, wenn die italienische Wirtschaft in eine tiefe Krise rutscht. Italien ist zudem Teil der Eurozone und somit auch **geldpolitisch mit den anderen EU-Staaten eng verknüpft**. Im Zuge der Finanzkrise wurden ab 2008 diverse Rettungsschirme und andere Maßnahmen ergriffen, um angeschlagene Eurostaaten zu retten. Ob die finanziellen Möglichkeiten ausreichen, die

Folgen der Corona-Krise

mögliche Konsequenzen für Europa: Außenhandel und Eurosystem

45

italienische Wirtschaft vor einem Zusammenbruch zu retten, ist stark zu bezweifeln. Daher besteht sogar das **Risiko eines Ausscheidens Italiens aus der Eurozone**. Die Signale des Finanzmarktes deuten an, dass dieses Szenario bereits als realistisch angesehen wird. Daher könnten die nächsten Monate und sogar Jahre tatsächlich zur „**dunkelsten Stunde**" Italiens und ggf. auch Europas werden.

„dunkelste Stunde"

Das vorliegende Beispiel zeigt deutlich auf, welche Grenzen Konjunkturprognosen gesetzt sind. **Konjunkturprognosen** werden von Wirtschaftsforschungsinstituten, Regierungen, überstaatlichen Organisationen und Zentralbanken erstellt, um die wirtschaftliche Entwicklung möglichst präzise vorherzusagen. In Deutschland sind dies vor allem fünf **Wirtschaftsforschungsinstitute**, darunter z. B. das ifo Institut in München und die Deutsche Bundesbank. Überstaatlich erstellen die OECD, die EZB und die Europäische Kommission solche Prognosen. Dafür werden diverse Konjunkturindikatoren, ggf. auch eigene Vorhersageindikatoren (z. B. der ifo-Geschäftsklimaindex), analysiert. Auf Basis dieser Daten, die meist der Vergangenheit entspringen, wird der Versuch einer zeitlichen Fortschreibung unternommen. Besonders schwierig ist es, nicht messbare sowie zufällige Risiken (z. B. Innovationen, Klimaphänomene) zu berücksichtigen. Daher gibt es meist auch eine Frühjahrs- und eine Herbstprognose, um die Einschätzung revidieren zu können.

Entstehung von Konjunkturprognosen

Warum ist es so **schwierig, eine exakte Prognose zu erstellen**? Zum einen müssen Daten für die Vorhersage überhaupt verfügbar und dann auch verlässlich sein. Während moderne, demokratische Industriestaaten wie die USA und auch die Europäische Union solche Daten gezielt erheben und auch der Öffentlichkeit zur Verfügung stellen, ist in vielen anderen Staaten die **Datenlage** meist unzureichend und/oder wenig verlässlich. Zum anderen gibt es **zeitliche Verzögerungen**, sogenannte Timelags. Manche Daten werden monatlich, manche nur auf Quartalsbasis, einige auch nur jährlich erhoben. Selbst wenn ein aktueller Datensatz vorliegt, kosten die Auswertung und das Erstellen der Prognose Zeit. Es müssen zahlreiche Daten ausgewertet und in **komplexe Modellrechnungen** umgesetzt werden, um Ergebnisse zu erlangen. In diesem Zeitraum können bereits weitere **Ereignisse** auftreten, **die nicht vorhersehbar waren**. So spielte das Coronavirus zum Zeitpunkt der Erstellung der Herbstprognose der EU-Kommission noch keine Rolle. Wenige Wochen nach der Veröffentlichung hätte man die Situation ggf. schon ganz anders bewertet. Diese **externen Effekte oder Schocks** machen die Prognose so schwierig. Auch die Wirkung der Eingriffe des Staates lässt sich nur schwer abschätzen.

Problematik einer exakten Prognose

Bezug zur aktuellen Prognose (M 2)

In der aktuellen Situation (März 2020) ist eine **verlässliche Prognose** der wirtschaftlichen Entwicklung **nahezu unmöglich**. Wie sich die Bedrohung infolge des Coronavirus weiter entwickeln wird und wann die Weltwirtschaft wieder zur „Normalität" zurückkehren wird, ist nicht absehbar. Letztlich auch, weil Erfahrungswerte der Vergangenheit, wie sie normalerweise für Konjunkturprognosen verwendet werden, fehlen.

Schwierigkeit in der aktuellen Lage

Dennoch wage ich auf Basis der verfügbaren Informationen die Prognose, dass Italien auf eine **schwere und lange Rezession** zusteuert. Das Land war zum Zeitpunkt des Beginns der Corona-Epidemie bereits wirtschaftlich stark angeschlagen und der Handlungsspielraum der Regierung ist stark begrenzt. Daher wird es vermutlich lange dauern, bis die italienische Wirtschaft aus eigener Kraft die Folgen der Krise überwinden kann. Im eigenen Interesse sollte auch Europa bzw. die Europäische Union Italien dabei helfen, die Folgen der Krise einzudämmen, um die Währungsunion nicht zu gefährden.

begründetes Fazit zu Italien

Mögliche Fragen zum Schwerpunktthema

1 *Erläutern Sie vor dem Hintergrund des Modells des Wirtschaftskreislaufs, inwiefern es infolge der Corona-Krise in Italien zu einem kontraktiven Effekt kommen kann.*

> **TIPP**
>
> Die Aufgabe ist bewusst offen gestaltet, damit der Prüfling zeigen kann, dass es hier sehr **unterschiedliche Ansatzpunkte** gibt. Denkbar wären z. B. der Anstieg der Arbeitslosigkeit infolge der Krise, der Wegfall von Exporten oder die eingeschränkten staatlichen Handlungsmöglichkeiten. Wichtig ist, dass in sich stimmige **Ursache-Wirkungs-Argumentationsketten** entwickelt werden, die logische Verknüpfungen zwischen den verschiedenen Sektoren des Wirtschaftskreislaufs herstellen.

– Es könnte zu einem massiven Anstieg von Unternehmensinsolvenzen in Italien infolge der Krise kommen.

– Damit einhergehend würde die Arbeitslosigkeit steigen.

– Das Einkommen der privaten Haushalte würde sinken, da das gezahlte Arbeitslosengeld geringer als das vorherige Einkommen ist.

– Dies würde ein Absinken des privaten Sparens und des privaten Konsums nach sich ziehen.

– Sinkt der Konsum der Haushalte, kommt es zu einem Rückgang der Produktion in weiteren Bereichen (z. B. Luxusgüter, höherpreisige Produkte).

– Der sinkende Umsatz in diesen Branchen könnte auf mittlere Sicht zu einem weiteren Anstieg der Arbeitslosigkeit führen (Selbstverstärkungseffekt).

– Eine steigende Arbeitslosigkeit hat auch Auswirkungen auf den Staat.

– Einerseits fallen Einnahmen aus direkten Steuern weg, da Arbeitslose keine Einkommensteuer zahlen, und andererseits hat der Staat Mehrausgaben infolge von Transferzahlungen an Arbeitslose.

– Dies könnte zu einem Anstieg der Staatsverschuldung führen, da Einnahmen fehlen und die Ausgaben des Staates steigen.

– Um dies zu verhindern, könnte der Staat den eigenen Konsum einschränken.

– In der Folge würden den Unternehmen staatliche Aufträge wegbrechen, was erneut zu Unterbeschäftigung und ggf. Arbeitslosigkeit führen könnte.

– Zugleich würde auf mittlere Sicht die öffentliche Infrastruktur darunter leiden, wenn staatliche Investitionen in Straßen, digitale Netze etc. unterbleiben, was die Wettbewerbsfähigkeit der italienischen Industrie einschränken könnte.

2 *Beschreiben und interpretieren Sie die folgende Karikatur.*

© *Jürgen Janson*

Beschreibung:
– Zwei Männer in Anzügen stehen vor einem Kurs-Chart, der einen Anstieg zeigt.
– Der Chart ist mit „Atemschutzmasken AG" betitelt. Der Verlauf überschreitet sogar den Chart und muss mit zwei zusätzlich angeklebten Zetteln verlängert werden.
– Beide Männer halten ein Glas Sekt in der Hand, einer raucht eine Zigarre. Sie sehen sehr zufrieden mit der Entwicklung aus.
– Der linke Mann äußert sich: „Das Virus hat wirtschaftliche Folgen", der andere reagiert mit: „Is' was dran!"
– Die Karikatur trägt den Untertitel „Je nach Standpunkt".

Deutung:
– Die beiden Männer in den Anzügen scheinen die Vorstände oder Inhaber der Atemschutzmasken AG zu sein.
– Die dargestellte Entwicklung könnte der Umsatz oder der Aktienkurs des Unternehmens sein, der sich infolge der Corona-Krise extrem positiv entwickelt hat.
– Die Sektgläser deuten an, dass die Männer die dargestellte Entwicklung feiern.
– Der Untertitel „Je nach Standpunkt" macht deutlich, dass nicht alle Wirtschaftszweige unter der Krise leiden, sondern einzelne Unternehmen infolge der Krise auch Rekordumsätze einfahren.

- Die Kritik richtet sich gegen das egoistische Verhalten einzelner Wirtschaftssubjekte in der Krise. Die Corona-Krise hat viele Volkswirtschaften massiv getroffen und die langfristigen wirtschaftlichen, aber auch gesellschaftlichen Folgen sind noch nicht absehbar. Anstatt solidarisch zusammenzuhalten, bereichern sich einige (in diesem Fall Unternehmer) auf Kosten der Gemeinschaft. Dieses unmoralische Verhalten möchte der Karikaturist kritisieren.

3 *Beziehen Sie zu der folgenden Aussage begründet Stellung.*

> „Konjunkturforschung ist die Kunst, am Ende präzise zu erklären, warum eine vorausgesagte Entwicklung nicht eingetreten ist."

Hans-Armin Weirich

- Der Verfasser des Zitats, Hans-Armin Weirich, drückt zunächst einmal aus, dass er nicht daran glaubt, dass die Konjunkturforschung immer sinnvolle Prognosen erstellt.
- Dies wird dadurch deutlich, dass er in der Aussage „am Ende" verwendet. Offensichtlich tritt die vorausgesagte Entwicklung nicht ein.
- Wenn im Nachhinein erklärt werden kann, warum eine vorausgesagte Entwicklung nicht eingetreten ist, dann zeigt das allerdings, dass die nötige Kenntnis über die relevanten Kausalitäten seitens der Ökonomen vorhanden ist. Es scheinen lediglich einzelne Faktoren falsch gewichtet oder gedeutet worden zu sein.
- Diese Erkenntnisse liefern damit neue Erfahrungswerte, die mit dazu beitragen, künftig bessere Vorhersagen zu treffen.

Lehrplanbereich	Strafrecht und Gerechtigkeit (Kurshalbjahr 11/2)
Thema des Referats	Sind illegale Raser Mörder?

Aufgabenstellung

„Illegale Autorennen sind kein Kavaliersdelikt. Wer mit 160 Kilometern pro Stunde durch eine 50er-Zone rast, der hat mehr verdient als eine Geldbuße und ein paar Monate Fahrverbot. Es muss weh tun."

Julia Barth: Illegale Autorennen Härtere Strafen für Raser – richtig so!, Tagesschau.de vom 29.06.2017, https://www.tagesschau.de/inland/raser-gesetz-101.html

Diskutieren Sie das Thema und die zugehörige Aussage juristisch fundiert mithilfe von M 1 bis M 4 und beurteilen Sie unter Einbezug von M 5 sowohl das Urteil als auch das 2017 eingeführte neue Gesetz in § 315 d StGB vor dem Hintergrund der Gerechtigkeit.

Begleitmaterialien: Text M 1, Lexikonauszug M 2, § 211 StGB M 3, § 315d StGB M 4, Text M 5

M 1   Fall – Illegale Raser

28. März 2019: Das LG Berlin verurteilte im Februar 2017 erstmals zwei Raser wegen Mordes und nicht bloß wegen fahrlässiger Tötung. Die zwei Männer, inzwischen im Alter von 29 und 26 Jahren, wurden nach einem tödlichen Autorennen durch die Innenstadt Berlins zu lebenslanger Haft verurteilt. Darüber hinaus wurde ihnen auch der
5 Führerschein lebenslang entzogen. Der BGH kippte die Entscheidung dann aber mangels erwiesenen Vorsatzes. Seit dem 19. November 2018 wurde das Verfahren vor dem LG neu aufgerollt. Und das LG verurteilte die Raser nun erneut wegen Mordes.
Zum Hintergrund: In der Nacht zum 1. Februar 2016 führten die damals 24 und 26 Jahre alten Angeklagten am 1. Februar 2016 gegen 0:30 Uhr in Berlin entlang des
10 Kurfürstendamms und der Tauentzienstraße ein spontanes Autorennen durch. In dessen Verlauf fuhren sie nahezu nebeneinander bei Rotlicht zeigender Ampel und mit Geschwindigkeiten von 160 bis 170 km/h in den Bereich der Kreuzung Tauentzienstraße/Nürnberger Straße ein. Im Kreuzungsbereich kollidierte der auf der rechten Fahrbahn fahrende Angeklagte mit einem Pkw, der bei grünem Ampellicht aus der
15 Nürnberger Straße von rechts kommend in die Kreuzung eingefahren war. Dessen Fahrer erlag noch am Unfallort seinen schweren Verletzungen.

In seinem neuen Urteil begründete das LG, es sei angesichts der Tatumstände überhaupt nicht nachvollziehbar, inwiefern die Täter noch davon ausgehen konnten, dass niemand zu Schaden kommen würde. Sie seien mitten durch eine der Hauptverkehrs-
20 straßen Berlins gerast und es sei gerade Teil des „Kicks" gewesen, das Rennen genau dort durchzuführen. Es lasse sich aus einem Gutachten rekonstruieren, dass der Täter bei Bemerken der roten Ampel zunächst kurz vom Gas gegangen sei, dann das Pedal aber wieder voll durchgedrückt habe. Laut Richter habe der Todesfahrer in diesem Moment erkannt, dass er den Kausalverlauf noch stoppen könne. Dennoch gab er wie-
25 der Vollgas.

eigene Zusammenstellung nach: WBS-Law, https://www.wbs-law.de/strafrecht-2/illegales-autorennen-raser-wegen-mordes-verurteilt-71820/ (Auszug, modifiziert für Prüfungszwecke)

| **M2** | **Rechtslexikon: Vorsatz** |

Unter dem Begriff „Vorsatz" versteht man im juristischen Bereich das Wissen und Wollen, etwas Verbotenes zu tun. Ein Täter handelt also vorsätzlich, wenn er zum einen weiß, was er tut, d. h., in Kenntnis der Tatbestandsmerkmale vorgeht, und zum andern den Willen zur Verwirklichung der Tat hat. Es gibt den Vorsatz in drei ver-
5 schiedenen Arten: Absicht, direkter Vorsatz und bedingter Vorsatz.

Von Absicht spricht man, wenn der Täter die Verwirklichung des betreffenden Tatbestands gezielt anstrebt, wenn z. B. ein gedungener Mörder den Tod seines Opfers herbeiführt, indem er es aus nächster Nähe mit einer Pistole erschießt.

Direkter Vorsatz liegt vor, wenn der Täter weiß, dass er mit seiner Handlung einen
10 Straftatbestand verwirklicht, und dies auch will – z. B. wenn er bei einem Einbruch den zufällig heimkehrenden Wohnungsinhaber erschießt.

Bedingter Vorsatz ist gegeben, wenn der Täter es für möglich hält, dass er den betreffenden Straftatbestand, z. B. die Tötung eines Menschen, verwirklicht, und diese Folge billigend in Kauf nimmt, etwa wenn er aus Wut einen Stein von einer Autobahn-
15 brücke auf eine vielbefahrene Straße wirft.

Hermann Schlüter: Vorsatz, http://www.rechtslexikon.net/d/vorsatz/vorsatz.htm

| **M3** | **Auszug Strafgesetzbuch: § 211 StGB Mord** |

§ 211 StGB Mord

(1) Der Mörder wird mit lebenslanger Freiheitsstrafe bestraft.

(2) Mörder ist, wer aus Mordlust, zur Befriedigung des Geschlechtstriebs, aus Habgier oder sonst aus niedrigen Beweggründen, heimtückisch oder grausam oder mit gemeingefährlichen Mitteln oder um eine andere Straftat zu ermöglichen oder zu verdecken, einen Menschen tötet.

§ 315d StGB Verbotene Kraftfahrzeugrennen

(1) Wer im Straßenverkehr

1. ein nicht erlaubtes Kraftfahrzeugrennen ausrichtet oder durchführt,
2. als Kraftfahrzeugführer an einem nicht erlaubten Kraftfahrzeugrennen teilnimmt oder
3. sich als Kraftfahrzeugführer mit nicht angepasster Geschwindigkeit und grob verkehrswidrig und rücksichtslos fortbewegt, um eine höchstmögliche Geschwindigkeit zu erreichen,

wird mit Freiheitsstrafe bis zu zwei Jahren oder mit Geldstrafe bestraft.

(2) Wer in den Fällen des Absatzes 1 Nummer 2 oder 3 Leib oder Leben eines anderen Menschen oder fremde Sachen von bedeutendem Wert gefährdet, wird mit Freiheitsstrafe bis zu fünf Jahren oder mit Geldstrafe bestraft. […]

(5) Verursacht der Täter in den Fällen des Absatzes 2 durch die Tat den Tod oder eine schwere Gesundheitsschädigung eines anderen Menschen oder eine Gesundheitsschädigung einer großen Zahl von Menschen, so ist die Strafe Freiheitsstrafe von einem Jahr bis zu zehn Jahren, in minder schweren Fällen Freiheitsstrafe von sechs Monaten bis zu fünf Jahren.

| M5 | Lebenslänglich – Was bedeutet das in Deutschland?

[…] Anders als der Wortlaut vermuten lässt, bedeutet „lebenslänglich" nicht, dass ein solchermaßen Verurteilter zwangsläufig sein restliches Leben bis zum Tod in der Strafvollzugsanstalt verbringen wird – wobei es im Ausnahmefall dazu kommen kann. Wer in Deutschland zu lebenslanger Freiheitsstrafe verurteilt wird, verbringt im
5 Durchschnitt 18 Jahre hinter Gittern. […]

Verhängt das Gericht eine lebenslange Strafe, so kann nach 15 Jahren ein Antrag darauf gestellt werden, vorzeitig auf Bewährung entlassen zu werden. […] Eine gute Führung und eine günstige Sozialprognose begünstigen die Aussichten auf Erfolg […]
– maßgeblich ist, ob der Strafgefangene eine Gefahr für die Allgemeinheit darstellt.
10 Mit dem wörtlichen Begriff der lebenslangen Freiheitsstrafe stimmt die tatsächliche Rechtslage also nur bedingt überein. Aus gutem Grund: Denn mit Blick auf die Menschenwürde hat das Bundesverfassungsgericht entschieden, dass grundsätzlich jedem Verurteilten die Perspektive gegeben werden muss, sich wieder in die Gesellschaft eingliedern zu können. Etwas anderes kann nur dann gelten, wenn das Gericht die „besondere Schwere der Schuld" festgestellt hat. Der Täter kann dann nur noch in Ausnahmefällen vorzeitig freikommen, beispielsweise aufgrund einer schweren Erkrankung oder weil der Strafgefangene ein sehr hohes Alter erreicht hat.

Dr. Heiko Granzin – Rechtsanwälte: Lebenslänglich – Was bedeutet das in Deutschland?
(19.09.2017), https://www.granzin-rechtsanwaelte.de/de/news/lebenslaenglich-was-bedeutet-das-in-
deutschland/

Lösungsvorschlag

TIPP *Hinweise zur Themenerschließung*

Die Aufgabenstellung für das Referat ist **zweiteilig**.

Im **ersten Teil** soll das Thema „Sind illegale Raser Mörder?" vor dem Hintergrund der Aussage, dass illegale Rennen kein „Kavaliersdelikt" sind, **diskutiert** werden. Der Operator „Diskutieren" erfordert eine Pro-/Kontra-Herangehensweise. In diesem Fall soll das **Spannungsverhältnis** zwischen Autorennen als Spaß und Kavaliersdelikt einerseits und andererseits als Veranstaltung, bei der Menschen getötet werden, kritisch betrachtet werden.

Um dies juristisch fundiert tun zu können, müssen die Materialien M 1 bis M 4 **einbezogen** werden:

- Das Fallbeispiel M 1 gibt nicht nur einen konkreten Sachverhalt als Beispiel, sondern enthält auch die urteilsrelevante Begründung zum Thema „Vorsatz".
- Was „Vorsatz" bedeutet, wird in M 2 erläutert.
- M 3 enthält die Strafrechtsnorm „Mord", bezieht sich also direkt auf das Thema und muss entsprechend überprüft werden.
- M 4 ist die 2017 neu eingeführte Strafrechtsnorm zu „Illegalen Kraftfahrzeugrennen", die der Norm zum „Mord" gegenüberzustellen ist.

Jede Diskussion ist mit einem **Fazit** abzuschließen.

Der **zweite Teil** der Aufgabenstellung erfordert eine **Beurteilung** der neuen Rechtsnorm (M 4) und des Urteils aus M 1 vor dem Hintergrund der Gerechtigkeit. M 5 bietet dabei eine Argumentationshilfe. Darin wird erläutert, was eine „lebenslange" Haftstrafe bedeutet und unter welchen Umständen eine Reststrafaussetzung nach 15 Jahren möglich ist. Die **Schwere der Schuld** hat im Sinne der Gerechtigkeit Einfluss auf die zu verbüßende Strafe.

Der Operator „Beurteilen" erfordert eine **begründete Stellungnahme**. Die Argumente aus dem ersten Teil des Referats können und sollen eine Basis für diese Begründung sein, es kann aber darüber hinaus auch die persönliche Meinung eingebracht werden.

Jede Beurteilung ist mit einem **Fazit** abzuschließen.

Gliederung des Kurzreferats

Einleitung: persönliche Haltung
Mord als besonders verabscheuenswürdige Tat, nämlich absichtliches Töten eines anderen Menschen → Gleichstellung von Rasern mit Mördern?

Überleitung: Das Thema „Sind illegale Raser Mörder?" kann durchaus kontrovers diskutiert werden.

Hauptteil:

1. Teil: Normenanalyse § 211 StGB

- Tatbestandsmerkmale des § 211 StGB
  - Tötungsdelikt und
  - niedere Beweggründe und
  - Heimtücke oder Grausamkeit oder gemeingefährliche Mittel oder Ermögli-chung/Verdeckung einer anderen Straftat
- nur Tötungsdelikt faktisch feststellbar, andere Tatbestandsmerkmale auslegungs- und kommentierungsbedürftig (z. B. Heimtücke, Grausamkeit)

2. Teil: Subsumtion des Sachverhalts (M 1)

- Prüfung: Vorliegen einer Straftat: Tatbestandsmäßigkeit, Rechtswidrigkeit, Schuld
- **Objektive Tatbestandsmäßigkeit:**
  - Tötung eines Menschen: Unfallopfer verstirbt
  - niedere Beweggründe: Suchen eines „Kicks" beim Autorennen
  - Tat erfolgt mit gemeingefährlichem Mittel: mit einem Auto mit überhöhter Ge-schwindigkeit in der Innenstadt → Gefahr für die Allgemeinheit
- **Subjektive Tatbestandsmäßigkeit:**
  - Vorsatz vgl. M 2 („Wissen und Wollen", Absicht, direkter oder bedingter Vor-satz): Tötung eines Menschen als Folge des Rennens billigend in Kauf genom-men (= bedingter Vorsatz); erst Abbremsen, dann Beschleunigung und mit Ab-sicht Rasen über rote Ampel; auch für den anderen Fahrer Vorsatz in diesem Sinne gegeben: Beteiligung als Voraussetzung für das Rennen
- **Rechtswidrigkeit:** kein Rechtfertigungsgrund wie z. B. Notwehr
- **Schuld:** beide Fahrer voll strafmündig als Erwachsene, volle Schuldfähigkeit, schuldhaftes Handeln und Unrechtsbewusstsein

Ergebnis: Vorliegen einer Straftat und Erfüllung des Tatbestands des Mordes

3. Teil: Diskussion des Themas und der zugehörigen Aussage

- Rasen als Spiel bzw. Kavaliersdelikt?
- **keine Tötungsabsicht, aber:**
  - Risiko eines Rennens in der Stadt jedem bewusst, auch wenn es nachts stattfindet
  - Rennen müssen auf dafür vorgesehenen Rennstrecken stattfinden, dann Risiko auf die Teilnehmer begrenzt
  - daher: **Inkaufnahme der Tötung/Verletzung** Unbeteiligter und damit letztlich Mord nach geltender Rechtsauffassung
- **neu eingeführter Strafrechtparagraf 315 d StGB:**
  - Abgrenzung verbotener Kraftfahrzeugrennen von Mord als Straftatbestand: Raser keine Mörder mehr im Sinne des StGB
  - Übereinstimmung mit allgemeinem Rechtsgefühl davon unabhängig

4. Teil: Eingrenzung der „Gerechtigkeit"

- Definition des Begriffs Gerechtigkeit problematisch, da subjektiv
- juristisch: Differenzierung in Gleichheit und Billigkeit
  - **Gleichheit:** allen das Gleiche (*omnibus idem*), d. h. gleiche Folgen bei gleichem Verhalten
  - **Billigkeit:** „jedem das Seine (*suum cuique*)", d. h., Berücksichtigung der Umstände des Einzelfalls, also der Rahmenbedingungen der Tat

5. Teil: Beurteilung des Urteils und des neuen § 315 d StGB

- nur bedingter Vorsatz der Raser, daher erscheint die Gleichsetzung mit heimtückischen Mördern mit dem Ziel des *omnibus idem* ungerecht
- **Billigkeit im Rahmen des Urteils:** Je nach **Schwere der Schuld** Aussetzung der lebenslangen Freiheitsstrafe nach 15 Jahren zur Bewährung oder nicht (vgl. M 5)
- neu eingeführter Strafrechtparagraf **315 d StGB** als **Reaktion** auf als **ungerecht empfundene Einschätzung von Rasern als Mörder**
  - niedrigeres Strafmaß als lebenslänglich
  - **Differenzierung des Strafmaßes** anhand der Folgen der Straftat: je schwerer die Folgen, desto höher das Strafmaß
  - Freiheitsstrafe von „bis zu zwei Jahren" bis „bis zu zehn Jahren" möglich
  - Differenzierung des Strafmaßes kann als gerecht angesehen werden
  - **Abschreckung:** Kraftfahrzeugrennen als Straftatbestand

Schluss/Fazit

- Verurteilung des Rasers als Mörder als Signal: **Kein Kavaliersdelikt!**
- durch 315 d StGB: Strafmaß künftig geringer
- keine Verurteilung von Rasern als „Mörder" mehr möglich: „lex specialis" bricht „lex generalis"; aber dennoch hohe Bestrafung, die „weh" tut, möglich

---

Kurzreferat

Mit dem Wort „Mord" verbindet sicher jeder von uns eine besonders verabscheuenswürdige Tat, nämlich das **absichtliche Töten** eines anderen Menschen. Raser grundsätzlich mit Mördern gleichzustellen und auch entsprechend zu verurteilen, birgt daher auch **gesellschaftlichen Zündstoff.**

Einleitung

Zerlegt man den Text der Rechtsnorm § 211 StGB in seine **Tatbestandsmerkmale**, so müssen für den Tatbestand Mord folgende **Voraussetzungen** erfüllt sein:
1. Ein Mensch wird getötet.

Hauptteil
1. Teil:
Normenanalyse
§ 211 StGB

2. Dies geschieht aus niederen Beweggründen wie z. B. aus Mordlust, zur Befriedigung des Geschlechtstriebs, aus Habgier oder Ähnlichem.

3. Die Tat erfolgt heimtückisch oder grausam oder mit gemeingefährlichen Mitteln oder um eine andere Straftat zu ermöglichen oder zu verdecken.

Nur wenige dieser Tatbestandsmerkmale lassen sich **rein faktisch** einschätzen, wie z. B. das Tötungsdelikt oder das Ermöglichen bzw. Verdecken einer anderen Straftat. Andere Tatbestandsmerkmale sind **auslegungs- und damit kommentierungsbedürftig**. Was z. B. ist „heimtückisch" oder „grausam"? Allein dadurch entstehen abweichende Einschätzungen bei der Anwendung dieser Strafrechtsnorm.

Um zu entscheiden, ob § 211 StGB auf den Sachverhalt in M 1 angewendet werden kann, ist nicht nur die Subsumtion des Sachverhalts unter die Rechtsnorm erforderlich, sondern die grundsätzliche Prüfung, ob überhaupt eine Straftat vorliegt. **2. Teil:** Subsumtion des Sachverhalts aus M 1

Dazu sind die Elemente einer Straftat zu prüfen: Tatbestandsmäßigkeit, Rechtswidrigkeit und Schuld.

Bei der **Tatbestandsmäßigkeit** unterscheidet man zwischen objektivem und subjektivem Tatbestand. Tatbestandsmäßigkeit

Objektive Tatbestandsmäßigkeit ist gegeben, wenn die Tatbestandsmerkmale aus § 211 StGB erfüllt sind. objektiver Tatbestand

Auf M 1 angewandt ganz konkret:

- *Ein Mensch wird getötet*: Trifft zu, da der am Rennen unbeteiligte und in seinem Fahrzeug gerammte Fahrer noch am Unfallort seinen Verletzungen erlag.
- *Die Tat geschieht aus niederen Beweggründen*: Bei derartigen Rennen geht es den Fahrern ausschließlich um den „Kick", das Risiko und den damit verbundenen hohen Adrenalinpegel. Dies kann als niederer Beweggrund gewertet werden.
- *Die Tat erfolgt heimtückisch oder grausam oder mit gemeingefährlichen Mitteln oder um eine andere Straftat zu ermöglichen oder zu verdecken*: Dies trifft zu, da ein Auto, das entgegen jeder Vorschrift in der Innenstadt mit weit überhöhter Geschwindigkeit fährt, als gemeingefährlich, d. h. als eine Gefahr für die Allgemeinheit, einzuschätzen ist.

Der objektive Tatbestand ist also gegeben.

Der **subjektive Tatbestand** bezieht sich darauf, dass laut § 15 StGB nur dann eine Straftat vorliegt, wenn die Tat mit **Vorsatz** geschieht, es sei denn, das Gesetz bezieht auch Fahrlässigkeit mit ein. subjektiver Tatbestand

Laut M 2 lässt sich Vorsatz definieren als *„das Wissen und Wollen, etwas Verbotenes zu tun. Ein Täter handelt also vorsätzlich, wenn er* Vorsatz *zum einen weiß, was er tut, d. h., in Kenntnis der Tatbestandsmerkmale vorgeht, und zum andern den Willen zur Verwirklichung der Tat hat."*

M 2 differenziert dabei zwischen drei Arten des Vorsatzes: Absicht, direkter Vorsatz und bedingter Vorsatz.

Auch wenn die Raser den Tod des anderen Fahrers weder mit Absicht noch mit Tötungswillen, also mit direktem Vorsatz, verursacht haben, musste jeder der beiden es für möglich halten, *„dass er den betreffenden Straftatbestand, z. B. die Tötung eines Menschen, verwirklicht"*, und beide haben *„diese Folge billigend in Kauf"* genommen.

Wenn man den Ablauf des Unfallhergangs betrachtet, ist Vorsatz als Wissen und Wollen der Tat unter **Inkaufnahme aller möglichen Folgen** für beide Fahrer gegeben: Dass der Fahrer das Tatfahrzeug vor der Kreuzung erst kurz verzögerte, dann aber doch wieder beschleunigte, zeigt deutlich, dass er mit voller Absicht bei roter Ampel in die Kreuzung raste. Die möglichen Folgen dieser Tat sind jedem Fahrzeugführer bewusst. Das gleiche gilt für den Fahrer des zweiten Wagens, ohne dessen Zutun das Rennen gar keine Grundlage gehabt hätte. Hätte dieser gebremst, wäre das Rennen zu Ende gewesen. Für beide ist daher der subjektive Tatbestand gegeben.

Rechtswidrigkeit ist dann gegeben, wenn der Täter keinen Rechtfertigungsgrund wie z. B. Notwehr oder Nothilfe vorzuweisen hat. Für derartige Rennen gibt es keinerlei Rechtfertigungsgrund.

Rechtswidrigkeit

Schuld liegt vor, wenn zum einen die Schuldfähigkeit und zum anderen schuldhaftes Handeln und Unrechtsbewusstsein gegeben sind. Beide Fahrer waren zum Zeitpunkt der Tat älter als 20 Jahre, nämlich 24 und 26 Jahre, und damit **voll strafmündig** als Erwachsene. Es gibt gemäß M 1 keinerlei Gründe, die für eine eingeschränkte Schuldfähigkeit sprechen. Beide haben, wie bereits festgestellt, mit Vorsatz und damit **schuldhaft gehandelt**. Unrechtsbewusstsein ist bei einer bewussten und unbegründeten Geschwindigkeitsüberschreitung und bei Überfahren einer roten Ampel immer gegeben.

Schuld

Als Ergebnis kann also festgestellt werden, dass eine Straftat vorliegt, die subjektiv und **objektiv den Tatbestand des Mordes** gemäß § 211 StGB erfüllt.

Warum also die Diskussion in den Medien und der Gang durch alle Instanzen? Die Geister scheiden sich zum einen daran, dass das Rasen als eine Art Spiel und damit als *„**Kavaliersdelikt**"* betrachtet wird, und zum anderen daran, dass man davon ausgehen darf, dass keiner der beiden Fahrer absichtlich einen Menschen töten wollte.

3. Teil: Diskussion des Themas und der zugehörigen Aussage

Die Einschätzung einer Freizeitaktivität, die nicht nur das eigene, sondern auch das Leben anderer Menschen bedroht, als „Kavaliersdelikt" ist nicht nur fragwürdig, sondern abwegig und eine Haltung, die **gesellschaftlich nicht tolerierbar** ist. Selbst wenn das Rennen mitten in der Nacht stattfand, nämlich um 0:30 Uhr, sind die Straßen auch zu dieser Zeit nicht für den übrigen Verkehr gesperrt. Wie fatal die Folgen sind, haben schon mehrere schwere Unfälle mit unschuldigen Todesopfern gezeigt. Wer ein Rennen fahren will, muss auf eine Rennstrecke gehen. Dort gefährdet er nur sich selbst und diejenigen, die bewusst das Risiko eines Rennens auf sich nehmen.

Der zweite Diskussionspunkt ist die **fehlende Absicht** zu töten. Die geltende Rechtsauffassung im Rechtskommentar stellt allerdings klar, dass nicht nur das aktive, absichtliche Tun, sondern auch die wissentliche und **willentliche Inkaufnahme** von Folgen, die einen Straftatbestand darstellen, als Vorsatz zu werten sind. Insoweit weicht der tägliche Sprachgebrauch von der grundsätzlich gut zu heißenden juristischen Regelung ab. Auch wenn niemand den jungen Männern eine Tötungsabsicht unterstellen wird, haben sie bewusst die Folgen ihres Tuns in Kauf genommen. Dass an der roten Ampel erst nach einer Verzögerung nochmals Vollgas gegeben wurde, macht dies ganz deutlich. Solches Verhalten ist nicht tolerierbar. Der Aussage, dass „illegale Autorennen kein Kavaliersdelikt sind und dass jemand, der „mit 160 Kilometern pro Stunde durch eine 50er-Zone rast, […] mehr verdient als eine Geldbuße und ein paar Monate Fahrverbot", ist daher zuzustimmen. Ja, „*es muss weh tun*".

Von daher wäre es legitim, Raser als Mörder zu betrachten. Der **neu eingeführte Strafrechtsparagraf** 315 d StGB grenzt verbotene Kraftfahrzeugrennen aber explizit vom Mord als Straftatbestand ab. Der Gesetzgeber setzt Raser ungeachtet der Argumentation oben ganz bewusst **nicht mit Mördern** gleich. Von daher verbietet es sich, Raser als „Mörder" im Sinne des StGB zu bezeichnen.

Man kann also sagen, dass ungeachtet des Rechtsgefühls und der „alten" Rechtssystematik vor 2017 mit der Einführung des § 315 d StGB Raser legitimerweise nicht mehr als Mörder im strafrechtlichen Sinne bezeichnet werden dürfen. Dass der auf dem Rechtsgefühl beruhende tägliche Sprachgebrauch davon abweichen kann, ist davon unbenommen.

Wie lassen sich diese neue Rechtsnorm und das Urteil aus M 1 vor dem Hintergrund der Gerechtigkeit beurteilen? Der Begriff der **Gerechtigkeit** ist höchst problematisch, da Gerechtigkeit stets etwas **subjektiv Empfundenes** ist und mit der individuellen Perspektive komplett wechseln kann. Deshalb muss sich eine Einschätzung am **juristischen Begriff** der Gerechtigkeit orientieren, der zwischen **Gleichheit** und **Billigkeit** differenziert.

Gleichheit, lateinisch auch mit *omnibus idem* beschrieben, zu Deutsch „allen das Gleiche", bedeutet, dass bei gleichem Verhalten auch die gleichen Folgen auf jeden zukommen.

Fazit der Diskussion

Zweiter Teil der Aufgabenstellung

1. Teil: Eingrenzung „Gerechtigkeit"

Gleichheit und Billigkeit

Demgegenüber erfolgt unter dem Grundsatz der **Billigkeit**, lateinisch *„suum cuique"*, zu Deutsch „jedem das Seine", eine Einschätzung unter Berücksichtigung aller Umstände des Einzelfalls, also der individuellen Rahmenbedingungen einer Tat.

Betrachtet man das Urteil vor dem Hintergrund des juristischen Gerechtigkeitsbegriffs, erscheint es im ersten Moment im **Sinne des** *omnibus idem* **ungerecht**, dass die beiden jungen Fahrer mit einem heimtückischen Mörder, der aus Habgier mordet, oder einem Auftragskiller mehr oder weniger gleichgestellt werden. Allerdings erfüllen sie den Tatbestand des Mordes, auch wenn ihr Vorsatz nicht die Absicht, sondern „nur" der indirekte Vorsatz durch die wissentliche und willentliche Inkaufnahme der Folgen ihrer Tat war.

5. Teil:
Beurteilung des Urteils und des neuen § 315 d StGB

Gleichheit im Rahmen des Urteils

Und genau hier setzt die **Billigkeit** an: Im Rahmen des Urteils wird nicht nur festgestellt, ob ein Mord vorlag, sondern auch die **Schwere der Schuld** beurteilt. Das Gericht konnte wegen § 211 StGB zwar nicht unter das Strafmaß der lebenslangen Freiheitsstrafe gehen, aber diese kann im Strafvollzug bei guter Führung nach frühestens 15 Jahren zur Bewährung ausgesetzt werden. Wird allerdings die besondere Schwere der Schuld festgestellt, ist diese Aussetzung nur bei Krankheit oder Alter möglich. An dieser Stelle kann das Urteil über die Höhe der festgesetzten Strafe also den Grundsatz der Billigkeit (*suum cuique*) einbeziehen.

Billigkeit im Rahmen des Urteils

Die Einführung des neuen § 315 d StGB lässt darauf schließen, dass der Gesetzgeber auf diese Situation – zwangsweise Einschätzung von Rasern als Mörder aufgrund der gegebenen Tatbestandsmäßigkeit – **reagieren** wollte, sodass nicht ebenso zwangsweise das Urteil „lebenslänglich" fallen muss.

Einführung des § 315 d StGB als Reaktion des Gesetzgebers

§ 315 d StGB konkretisiert nicht nur den **Tatbestand des verbotenen Kraftfahrzeugrennens**, z. B. als Ausrichter, Teilnehmer oder Individual-Raser, sondern **differenziert** auch das **Strafmaß** anhand der **Folgen der Straftat:** Je schwerwiegender die Folgen, desto höher das Strafmaß. Es wird unterschieden zwischen dem reinen Tatbestand der „Raserei", dem Tatbestand mit Gefährdung und dem Tatbestand mit Todesfolge oder schwerer Gesundheitsschädigung als Folge, wobei die Freiheitsstrafe von „bis zu zwei Jahren" über „bis zu fünf Jahren" auf „bis zu zehn Jahren" ansteigt. Diese Differenzierung an sich kann als gerecht betrachtet werden.

Inhalt des § 315 d StGB

Allerdings bleibt selbst bei Todesfolge die Strafe **deutlich hinter der Strafe „lebenslang"** zurück. Ob dies in diesem Extremfall gerecht ist, kann man durchaus diskutieren. Ein Tötungsdelikt z. B. mit einer Schusswaffe, die wissentlich und willentlich in gemeingefährlicher Weise – auch ohne Tötungsabsicht – gehandhabt wird, wird jetzt deutlich höher bestraft als das gemeingefährliche Benutzen

Strafmaß des § 315 d StGB

eines Fahrzeugs. Das gilt sogar dann, wenn die Raserei *„eine Gesundheitsschädigung einer großen Zahl von Menschen"* zur Folge hat. Dies wird nicht von jedem als gerecht angesehen werden.

Der neue Paragraf gibt jedoch der Rechtsprechung eine Grundlage, schon **Kraftfahrzeugrennen an sich** unter Strafe zu stellen, selbst wenn gar nichts dabei passiert, sodass man hoffen darf, dass eine gewisse **Abschreckung** entsteht, weil bereits die Verursachung eines potenziellen Risikos unter Strafe gestellt wird. Dies ist definitiv gerecht gegenüber allen, die gefährdet werden können. Abschreckung

Im Sinne der **Rechtssicherheit** – einem weiteren Element der Gerechtigkeit – ist die Konkretisierung des Tatbestands in einer eigenen Rechtsnorm auf jeden Fall positiv einzuschätzen.

Die nochmalige Verurteilung der Raser als Mörder nach Aufhebung des Urteils durch den BGH war ein **deutliches Signal** an alle Raser, dass derartige Rennen, die im Extremfall das Leben und die Gesundheit unschuldiger Menschen kosten, „kein[e] Kavaliersdelikt[e]" sind. Auch wenn mit dem neuen § 315 d StGB die Bestrafung in Zukunft geringer als bei Mord ausfallen wird, hat der Gesetzgeber die **Notwendigkeit der strafrechtlichen Regelung** des Tatbestands dieser verbotenen Rennen erkannt und geklärt. Der Tatbestand des Mordes ist damit allerdings nicht mehr anwendbar, da nach dem Grundsatz „lex specialis bricht lex generalis" der neue Paragraf auf illegale Autorennen anzuwenden ist. Raser sind jetzt zwar keine Mörder mehr, müssen aber dennoch mit Strafen rechnen, die „weh tun". Schluss

1 *Diskutieren Sie, ob das Urteil „gerecht" ist, angesichts der Tatsache, dass zwar zwei Fahrer unterwegs waren, der eine Fahrer das Rennen aber nur mitgefahren ist, den Unfall jedoch nicht verursacht hat.*

- Auch der Fahrer, der nicht mit dem Fahrzeug des Unfallopfers kollidiert ist, wurde vom Gericht zu lebenslanger Haft verurteilt.

- Im Sinne des oben genannten *omnibus idem* ist dies zu befürworten, da ohne das Fahrzeug mit dem zweiten Fahrer gar kein Rennen hätte stattfinden können, sodass es vermutlich auch nicht zu dem Unfall gekommen wäre.

- Außerdem hatte dieser Fahrer vermutlich einfach nur Glück, dass er nicht auch in den Crash verwickelt war, weil er auf der linken Spur fuhr. Bei einem von links kommenden Fahrzeug wäre vermutlich er der Unfallgegner gewesen.

- Im Sinne des *suum cuique* könnte man anders argumentieren, da dieser Fahrer mit seinem Fahrzeug das Auto des unschuldig Beteiligten nicht einmal getroffen hat.

- Dennoch sind beide Raser als „Einheit" zu betrachten, da nur zwei Fahrzeuge gemeinsam ein Rennen fahren können und somit die Ursache für den tödlichen Unfall bei beiden zu suchen ist.

2 *Beschreiben Sie, welche Gründe der Strafzumessung der Richter bei seiner Urteilsfindung berücksichtigt haben könnte (Urteil des Landgerichts im Prozess; M 1 Absatz 1).*

In § 46 StGB sind die Gründe der Strafzumessung geregelt. Dabei wird vom Gericht abgewogen, was für und was gegen den Täter spricht.
Infrage kommen:

- die Beweggründe und die Ziele des Täters, besonders auch rassistische, fremdenfeindliche oder sonstige menschenverachtende Ziele: Ein Autorennen auf einer öffentlichen Straße mit ganz bewusstem Überfahren einer roten Ampel kann – aufgrund des Wissens, dass ein Unfall möglich ist – als menschenverachtend eingeschätzt werden.

- die Gesinnung, die aus der Tat spricht, und der bei der Tat aufgewendete Wille: Die Gesinnung ist rein lustbetont gewesen, es ging den Rasern nur um den „Kick", dabei wurde willentlich gehandelt, da nach einer kurzen Verzögerung wegen der roten Ampel dann trotzdem das Gaspedal voll durchgetreten wurde.

- das Maß der Pflichtwidrigkeit: Ein Rotlichtverstoß ist ein überaus risikobehafteter Verstoß gegen die Straßenverkehrsordnung.

- die Art der Ausführung und die verschuldeten Auswirkungen der Tat: Das bewusste, nochmalige Gasgeben nach der Verzögerung wegen der roten Ampel ist erschwerend zu werten. Die Todesfolge beim Unfallopfer ist die schlimmste denkbare Folge, da das Leben eines Menschen das höchste Rechtsgut ist.

- das Vorleben des Täters, seine persönlichen und wirtschaftlichen Verhältnisse: Darüber erfährt man im Text nichts.

– sein Verhalten nach der Tat, besonders sein Bemühen, den Schaden wiedergutzumachen, sowie das Bemühen des Täters, einen Ausgleich mit dem Verletzten zu erreichen: Auch darüber findet man in M1 keine Angaben.

3 *Der Gesetzgeber hat auf die Fälle von illegalen Rennen durch den § 315 d StGB reagiert. Beschreiben Sie andere Gründe für Anpassungen der Rechtsordnung anhand von Beispielen aus der jüngeren Vergangenheit.*

Gesellschaftliche, politische, technische und wissenschaftliche Veränderungen erfordern auch immer wieder eine Fortentwicklung des Rechts.

Verschiedene Beispiele aus der jüngeren Vergangenheit sind:

– Die Anpassung des Vebraucherrechts an die neuen Möglichkeiten des Online-Shoppings: Die Regelungen für den Fernabsatz wurden in den letzten Jahren mehrfach modifiziert, z. B. im Bereich des Widerrufsrechts, der Informationspflichten oder der Gestaltung des „Kaufen"-Buttons.

– Die Anpassung des Infektionsschutzgesetzes aufgrund der Corona-Pandemie: Im Verlauf der Pandemie wurden das Infektionsschutzgesetz und die damit verbundenen Verordnungen der einzelnen Länder und des Bundes mehrfach geändert, z. B. durch die Einführung einer allgemeinen Maskenpflicht in Bayern oder die Schließung von Kinos, Restaurants und Bars in den Lockdown-Phasen.

– Die Anpassung des Datenschutzrechts an die technischen Möglichkeiten der digitalen Medien: Die Datenschutzgrundverordnung regelt umfassend den Umgang mit personenbezogenen Daten bei der digitalen Verarbeitung.

– Die Anpassung der Bayerischen Schulordnung durch §§ 18 a und 19 BaySchO, die den Einsatz digitaler Medien für Beratungen, Abstimmungen und Distanzunterricht regelt.

Lehrplanbereich	Rechtstechnische Grundlagen (Kurshalbjahr 11/2)
Thema des Referats	Schuldverhältnisse, Kaufhandlung, Abstraktionsprinzip

Aufgabenstellung

Erläutern Sie die Stufen der Geschäftsfähigkeit und untersuchen Sie auch mithilfe des Abstraktionsprinzips die Wirksamkeit der in M 1 angesprochenen Rechtsgeschäfte am 19. Mai, am 20. Mai sowie am 21. Mai. Arbeiten Sie zudem die Intention des Gesetzgebers in Bezug auf den § 110 BGB („Taschengeldparagraf") heraus.

Begleitmaterial: Text M 1

M 1   Die Rechtsgeschäfte des Friedrich M.

Am 2. Juni wird Friedrich M. 18 Jahre alt. Seine Patentante Katrin verspricht ihm bereits zwei Wochen vor seinem Geburtstag (19. Mai) 100 Euro. Sie will ihm das Geldgeschenk am 4. Juni zu seiner Geburtstagsfeier mitbringen. Friedrich freut sich sehr darauf, denn er möchte sich im Sommer seinen Wunsch erfüllen und auf das Festival
5 „Rock im Wald" gehen. Deswegen ruft er am 20. Mai beim Fanartikelshop des S an und fragt, ob eine Cap mit dem Aufdruck seiner Lieblingsband „Greenmonth" vorrätig sei. S bejaht dies. Er ergänzt, dass sie 30 Euro kostet. Friedrich ist einverstanden und kauft die Cap. S legt sie für ihn zurück. Am 21. Mai holt Friedrich die Cap ab und bezahlt sie mit dem Taschengeld, das er monatlich zur freien Verfügung von seinen
10 Eltern auf sein Konto überwiesen bekommt.

Autorentext

Lösungsvorschlag

Hinweise zur Themenerschließung

Die Aufgabenstellung gliedert sich in drei große Teilbereiche. Die verwendeten Operatoren beinhalten bereits weitere Einteilungsmöglichkeiten. Die Schwierigkeit liegt vor allem darin, den Fall so aufzubereiten, dass das gelernte Wissen anhand des Sachverhalts erklärt und ein in sich logischer Vortrag präsentiert werden kann.

Bereits beim Einstieg ist es ratsam, das Thema „Geschäftsfähigkeit" in den Zusammenhang mit dem **übergeordneten Thema „Lebensaltersstufen"** zu bringen. Werden dabei auch die Begriffe „**Strafmündigkeit**" und „**Deliktsfähigkeit**" kurz angesprochen, erkennt die prüfende Lehrkraft die umfassende inhaltliche Vorbereitung auf diese Thematik. Nach der Definition der Geschäftsfähigkeit sollte kurz auf die **Gliederung des Vortrags** eingegangen werden.

Zunächst geht es darum, die Stufen der Geschäftsfähigkeit zu erläutern (AFB II). Hier kann mit einem **Zeitstrahl** die Alterseinteilung sehr gut veranschaulicht werden. Danach ist auf die **Wirksamkeit der Willenserklärungen** in der jeweiligen Altersstufe einzugehen. Bei der beschränkten Geschäftsfähigkeit sollten Sie nur kurz zentrale Paragrafen nennen, denn die genauere Abhandlung wird dann bei der Untersuchung des Falls vorgenommen.

Da in diesem Zusammenhang die Begriffe „Willenserklärung" und „Abstraktionsprinzip" fallen, sollten diese auch erklärt werden. Bei der Untersuchung des Falls können Sie sich dann wieder darauf beziehen.

Im nächsten Schritt sollen die Rechtsgeschäfte des Falls auf ihre **Wirksamkeit** hin untersucht werden (AFB III). Hierbei handelt es sich um den **Schwerpunkt der Aufgabe**. In Bezug auf das Zeitmanagement können Sie sich zunutze machen, dass bei der juristischen Prüfung einzelne Begrifflichkeiten oder Zusammenhänge vorkommen, auf die nicht mehr detailliert eingegangen werden muss, da sie bereits erläutert wurden.

Der letzte Operator aus dem Anforderungsbereich II verlangt, die **Erziehungs- und Schutzfunktion** des Rechts aus § 110 BGB herauszuarbeiten und einen Zusammenhang zum Fall herzustellen.

Zum Schluss können Sie zur Abrundung des Themas **§ 108 III BGB** anführen. Im vorliegenden Fall befindet sich Friedrich M. aufgrund seines Alters zeitlich sehr nah an der vollen Geschäftsfähigkeit. Der Gesetzgeber hat auch diese Eventualität berücksichtigt. Volljährige können rückwirkend ihre Rechtsgeschäfte, die sie als beschränkt Geschäftsfähige getätigt haben, **selbst genehmigen.**

Einstieg:

- Altersstufen der **Strafmündigkeit**, der **Deliktsfähigkeit** und der **Geschäftsfähigkeit** zur Berücksichtigung der Entwicklung der Kinder und Jugendlichen bis zum Erwachsenenalter in rechtlichen Belangen

- **Strafmündigkeit:** strafrechtliche Verantwortung

- **Deliktsfähigkeit:** zivilrechtliche Pflicht, einen verursachten Schaden aus unerlaubter Handlung zu ersetzen

- **Geschäftsfähigkeit** (mit fast gleicher Alterseinteilung wie Deliktsfähigkeit): Fähigkeit, Rechtsgeschäfte vollständig wirksam abzuschließen

- Vorstellen des Referataufbaus: Erläuterung der Stufen der Geschäftsfähigkeit und Klärung zentraler Begriffe, Prüfung der Rechtsgeschäfte, Intention des Gesetzgebers, Schluss

Hauptteil:

Erläuterung der Entwicklung der Geschäftsfähigkeit und Definition zentraler Begriffe:

- **Die Stufen der Geschäftsfähigkeit:**
    - 0–7 Jahre: Geschäftsunfähigkeit (§ 104 BGB); keine wirksamen Willenserklärungen (§ 105 BGB); Erziehungsberechtigte müssen für das Kind handeln; Kind kann allerdings als Bote tätig sein und Willenserklärungen überbringen
    - 7–18 Jahre: beschränkte Geschäftsfähigkeit (§§ 106, 2 BGB); voll wirksame Willenserklärungen nur unter bestimmten Voraussetzungen (§§ 107, 108, 110, 112, 113 BGB)
    - Volljährigkeit: volle Geschäftsfähigkeit, d. h., alle abgegebenen Willenserklärungen sind wirksam (§ 2 BGB)

- **Wichtige Begriffe: Willenserklärung, Abstraktionsprinzip**
    - Definition Willenserklärung:
        - keine Definitionsnorm im BGB
        - erfolgt immer mit Bezug auf ein zivilrechtliches Rechtsverhältnis
        - rechtlich wirksame Äußerung zur Erzielung eines Rechtserfolgs
    - Definition Abstraktionsprinzip:
        - Trennung eines rechtlichen Vorgangs des täglichen Lebens (z. B. Kauf, Tausch, Schenkung) in juristisch selbstständige, voneinander unabhängige Geschäfte
        - Bedeutung: unwirksames Verpflichtungsgeschäft bedingt nicht ein unwirksames Verfügungsgeschäft

Prüfung der Rechtsgeschäfte:
Grundsätzliche Einordnung:

- Friedrich ist vor dem 2. Juni 17 Jahre alt; beschränkte Geschäftsfähigkeit (§§ 106, 2 BGB)

19. Mai: Schenkung:

- Schenkungsvertrag §§ 145 (Antrag), 147 (Annahme), 516 I BGB (Schenkungsvertrag)

- keine Handschenkung (vollzogene Schenkung nach § 518 II BGB), sondern Schenkungsversprechen; Notwendigkeit notarieller Beurkundung (§ 518 I BGB).

- keine notarielle Beurkundung, deshalb Willenserklärung und Schenkungsvertrag wegen Formmangels (§ 125 BGB) nichtig

- bei Übereignung der 100 Euro am 4. Juni würde der Formmangel durch das Bewirken der Leistung geheilt werden

20. und 21. Mai: Kauf:

- **A:** Verpflichtungsgeschäft (20. Mai):
  - §§ 145, 147, 433 BGB Kaufvertrag
  - § 107 BGB: Notwendigkeit der Einwilligung des gesetzlichen Vertreters; liegt laut Sachverhalt nicht vor
  - kein lediglich rechtlicher Vorteil (§ 107 BGB), da durch den Kaufvertrag (§ 433 BGB) Rechte und Pflichten entstehen → Kaufvertrag schwebend unwirksam nach § 108 I BGB
  - Zahlung der Cap von „Greenmonth" vom Taschengeld (§ 110 BGB); Taschengeld zur freien Verfügung → Kaufvertrag wirksam von Anfang an

- **B:** Verfügungsgeschäft I, Übereignung der Cap (21. Mai):
  - §§ 145, 147, 929 BGB (Einigung)
  - keine Einwilligung gesetzlicher Vertreter
  - lediglich rechtlicher Vorteil durch Einigung (§ 107 BGB) → Willenserklärung und Einigung voll wirksam von Anfang an
  - Übergabe (§§ 929 i. V. m. 854 I BGB) Realakt; Geschäftsfähigkeit unerheblich
  - juristisches Ergebnis: Friedrich wird Eigentümer der Cap

- **C:** Verfügungsgeschäft II, Übereignung der 30 Euro (21. Mai):
  - §§ 145, 147, 929 BGB (Einigung)
  - keine Einwilligung des gesetzlichen Vertreters
  - durch Einigung nicht lediglich rechtlicher Vorteil (§ 107 BGB) (Bezahlung bzw. Verlust des Eigentums) → Einigung schwebend unwirksam
  - aber· Bezahlung mit Taschengeld → Wirksamkeit von Anfang an (§ 110 BGB)
  - Übergabe (§§ 929 i. V. m. 854 I BGB) Realakt → Geschäftsfähigkeit unerheblich
  - juristisches Ergebnis: Verkäufer der Cap wird Eigentümer des Geldes

Taschengeldparagraf § 110 BGB – Intention des Gesetzgebers:

- **Schutzfunktion:** Ausschluss von Ratengeschäften, die für Jugendliche auf lange Sicht schwer kalkulierbare Verpflichtungen bedeuten könnten

- **Erziehungsfunktion:**
  - bei Geldgeschenken gilt dieses Geld nur dann als Taschengeld, wenn gesetzliche Vertreter der freien Verfügung oder dem bestimmten Zweck zustimmen
  - abgeschlossene Rechtsgeschäfte außerhalb des Taschengeldparagrafen sind in einem schwebend unwirksamen Zustand bis zur Genehmigung oder Verweigerung der Eltern
  - Unterstützung der Eltern in ihrer Erziehungsarbeit; schrittweise Heranführung des Jugendlichen an den Abschluss von Verträgen und an den Umgang mit Geld

Schluss:
- Dauer beschränkter Geschäftsfähigkeit beträgt elf Jahre
- § 108 III BGB: Möglichkeit, dass Jugendliche nach dem 18. Geburtstag zuvor abgeschlossene Geschäfte rückwirkend selbst genehmigen

---

Kurzreferat

Die **gesetzlichen Altersstufen** der Strafmündigkeit, der Deliktsfähigkeit und der Geschäftsfähigkeit sind Altersstufen, die der Gesetzgeber vorsieht, um die Entwicklung der Kinder und Jugendlichen bis zum Erwachsenenalter zu begleiten und bei rechtlichen Angelegenheiten zu berücksichtigen.

Einstieg

Bei der **Strafmündigkeit** geht es darum, für Handlungen strafrechtlich zur Verantwortung gezogen werden zu können. Die **Deliktsfähigkeit** beschreibt die zivilrechtliche Pflicht, einen verursachten Schaden aus unerlaubter Handlung zu ersetzen. Unter der **Geschäftsfähigkeit**, die fast der gleichen Alterseinteilung unterliegt wie die Deliktsfähigkeit, versteht man die Fähigkeit, Rechtsgeschäfte **vollständig wirksam** abzuschließen.

Definition Strafmündigkeit, Deliktsfähigkeit und Geschäftsfähigkeit

Im folgenden Referat werde ich zunächst die **Stufen der Geschäftsfähigkeit** nennen und allgemein erklären, welche **Konsequenzen** die Altersstufe für die Wirksamkeit der abgegebenen Willenserklärungen beinhaltet. Danach werde ich die Begriffe „**Willenserklärung**" und „**Abstraktionsprinzip**" definieren. Anschließend prüfe ich die Rechtsgeschäfte vom 19. Mai, 20. Mai und 21. Mai im Fallbeispiel. Ich schließe mein Referat mit Informationen über die Ziele, die der Gesetzgeber mit dem § 110 BGB (**Taschengeldparagraf**) verfolgt.

Gliederung des Referats

Die Stufen der Geschäftsfähigkeit:

Vollendung des 7. Lebensjahres ⟶		⟵ Vollendung des 18. Lebensjahres
geschäftsunfähig (§ 104 Nr. 1 BGB)	beschränkt geschäftsfähig (§§ 106, 2 BGB)	unbeschränkt geschäftsfähig (§ 2 BGB)
minderjährig		**volljährig**

Die Geschäftsfähigkeit gliedert sich in drei Stufen. Von der Geburt bis zur Vollendung des 7. Lebensjahres ist ein Kind **geschäftsunfähig** (§ 104 BGB) und kann **keine wirksamen Willlenserklärungen** abgeben. Die Erziehungsberechtigten müssen für das Kind handeln. Allerdings kann das Kind als Bote tätig sein und die Willlenserklärung, z. B. der Mutter, überbringen. Ein klassischer Fall ist hier der Zettel, auf dem die Mutter die Einkaufsliste für den Bäcker schreibt. Der Kaufvertrag kommt dann zwischen dem Bäcker und der Mutter zustande.

Geschäftsunfähigkeit

Von sieben bis 18 Jahren sind Minderjährige **beschränkt geschäftsfähig.** Beschränkt Geschäftsfähige können nur unter **bestimmten Voraussetzungen** voll wirksame Willenserklärungen abgeben (§§ 107, 108, 110, 112, 113 BGB).

beschränkte Geschäftsfähigkeit

Mit der Volljährigkeit (§ 2 BGB) erlangt man die **volle Geschäftsfähigkeit,** d. h., alle abgegebenen Willenserklärungen sind wirksam.

volle Geschäftsfähigkeit

Wichtige Begriffe:
Zunächst möchte ich zwei Begriffe definieren, die ich bereits verwendet habe bzw. noch verwenden werde: die **Willenserklärung** und das **Abstraktionsprinzip.** Das BGB kennt keine Definitionsnorm, in der erklärt wird, was man unter einer **Willenserklärung** versteht. Fest steht, dass sich eine Willenserklärung immer auf ein **zivilrechtliches Rechtsverhältnis** bezieht. Folglich ist eine Willenserklärung eine **rechtlich wirksame Äußerung,** die auf die Erzielung eines Rechtserfolges gerichtet ist.

Willenserklärung

Das **Abstraktionsprinzip** trennt einen rechtlichen Vorgang des täglichen Lebens, wie z. B. Kauf, Tausch und Schenkung, in **juristisch selbstständige, voneinander unabhängige Geschäfte.** Ein unwirksames Verpflichtungsgeschäft führt nicht zwingend zu einem unwirksamen Verfügungsgeschäft

Abstraktionsprinzip

Prüfung der Rechtsgeschäfte:
Zunächst finden alle hier angesprochenen Rechtsgeschäfte vor dem 2. Juni statt. Friedrich ist also bis zum 2. Juni **minderjährig** und nach §§ 106, 2 BGB in seiner **Geschäftsfähigkeit beschränkt.**

Am 19. Mai verspricht Katrin ihrem Patensohn Friedrich 100 Euro zu seinem Geburtstag. Friedrich ist begeistert. Antrag (§ 145 BGB) und Annahme (§ 147 BGB) liegen also vor. Allerdings handelt es sich hierbei nicht um eine Handschenkung oder eine sogenannte vollzogene Schenkung nach §§ 516, 518 II BGB, sondern um ein **Schenkungsversprechen**. Die Willenserklärung des Schenkers bedarf deshalb der Form der notariellen Beurkundung nach § 518 I BGB. Katrin hat ihre Willlenserklärung nicht notariell beurkunden lassen. Der Schenkungsvertrag ist folglich wegen **Formmangels** nichtig nach § 125 BGB.

19. Mai: Schenkung (§ 516 BGB)

Sollte Tante Katrin die 100 Euro am 4. Juni tatsächlich übereignen, würde der Formmangel durch das **Bewirken der Leistung** geheilt werden (§ 518 II BGB).

Am 20. und 21. Mai findet ein **Kauf** statt.

Das **Verpflichtungs- oder Kausalgeschäft** schließt Friedrich mit S am Telefon, am 20. Mai, ab. Der Kaufvertrag (§ 433 BGB) kommt durch Antrag (§ 145 BGB) und Annahme (§ 147 BGB) zustande.

20. Mai: Kaufvertrag (§ 433 BGB) Verpflichtungsgeschäft

Nach § 107 BGB benötigt Friedrich für seine Willenserklärung die **Einwilligung des gesetzlichen Vertreters**. Diese hat er laut Sachverhalt nicht. Er erlangt auch **keinen lediglich rechtlichen Vorteil** (§ 107 BGB), da er durch den Kaufvertrag (§ 433 BGB) nicht nur berechtigt, sondern auch verpflichtet wird. Er muss die Sache abnehmen und den vereinbarten Kaufpreis zahlen. Der Kaufvertrag wäre folglich **schwebend unwirksam** nach § 108 I BGB. Das Geld für die Cap von „Greenmonth" nimmt Friedrich aber von seinem **Taschengeld** (§ 110 BGB). Das Taschengeld erhält er zur freien Verfügung von seinen Eltern. Deshalb darf er sich die Cap kaufen und der Kaufvertrag gilt als **wirksam von Anfang an**.

Am 21. Mai erfüllen S und Friedrich ihre Pflichten aus dem Kaufvertrag. Zunächst findet die **Übereignung** der Cap statt (**Erfüllungs-/Verfügungsgeschäft I**). Diese besteht aus der Einigung und der Übergabe. Für die Einigung nach § 929 BGB sind wieder Antrag (§ 145 BGB) und Annahme (§ 147 BGB) nötig. Friedrich hat keine Einwilligung der Eltern. Er erhält allerdings die Cap und damit einen **lediglich rechtlichen Vorteil** (§ 107 BGB). Die Übergabe (§§ 929 i. V. m. 854 BGB) ist ein **Realakt**. Die Geschäftsfähigkeit spielt keine Rolle. Als Ergebnis dieses Geschäfts erwirbt Friedrich das Eigentum.

Erfüllungs-/Verfügungsgeschäft I

Das **zweite Verfügungsgeschäft** betrifft die Übereignung der 30 Euro. Das Geschäft läuft zunächst wie das vorherige ab. Allerdings hat Friedrich weder die Einwilligung des gesetzlichen Vertreters noch einen lediglich rechtlichen Vorteil (§ 107 BGB), weil er das Eigentum am Geld verliert. Diese Einigung ist deshalb zunächst

Erfüllungs-/Verfügungsgeschäft II

schwebend unwirksam (§ 108 I BGB). Seine Eltern überweisen ihm aber monatlich Taschengeld zur freien Verfügung, wovon er die 30 Euro begleicht (§ 110 BGB). Die Übergabe findet danach statt. Das Verfügungs- bzw. Erfüllungsgeschäft II ist folglich wirksam von Anfang an und *S* erwirbt das Eigentum am Geld.

Wäre dieses Geschäft schwebend unwirksam, würde das nicht automatisch bedeuten, dass die vorherigen Geschäfte ebenso schwebend unwirksam sind. Diese Tatsache ergibt sich aus dem **Abstraktionsprinzip**, das bereits näher erklärt wurde.

rechtliches Eigenleben der drei Geschäfte (Abstraktionsprinzip)

Der Taschengeldparagraf § 110 BGB:
Mit dem Taschengeldparagraf bezweckt der Gesetzgeber zwei Funktionen des Rechts.

Funktionen des Rechts

Auf der einen Seite erlaubt der Gesetzgeber den Jugendlichen, Geschäfte im Rahmen des verfügbaren Taschengeldes abzuschließen. Auf der anderen Seite nimmt er aber z. B. Ratengeschäfte aus, die auf lange Sicht **schwer kalkulierbare Verpflichtungen** bedeuten könnten (Gesetzeslaut: *„mit Mitteln bewirkt"*). Solche Geschäfte sind schwebend unwirksam bis zur Genehmigung oder Ablehnung durch den gesetzlichen Vertreter. So schützt der Gesetzgeber Minderjährige. Man spricht auch von der **Schutzfunktion** des Rechts.

Schutzfunktion

Eine weitere Funktion des Rechts, die im § 110 BGB deutlich wird, ist die **Erziehungsfunktion**. Sollten Jugendliche zum Geburtstag oder zu Weihnachten von Verwandten oder Bekannten Geld erhalten, so gilt dieses Geld nur dann als Taschengeld, wenn die gesetzlichen Vertreter der freien Verfügung oder dem bestimmten Zweck zugestimmt haben. Ansonsten befinden sich die abgeschlossenen Rechtsgeschäfte auch hier in einem **schwebend unwirksamen Zustand**, bis die Eltern genehmigt oder verweigert haben. Sie haben das letzte Wort. So unterstützt der Staat die Eltern in ihrer **Erziehungsarbeit** und Jugendliche werden schrittweise **an den Abschluss von Verträgen und an den Umgang mit Geld herangeführt**.

Erziehungs-funktion

Friedrich befindet sich aufgrund seines Alters **zeitlich sehr nah an der vollen Geschäftsfähigkeit**. Hätte es im vorliegenden Fall Probleme mit der Wirksamkeit seiner Willlenserklärungen und somit mit der Wirksamkeit der Verträge gegeben, hätte Friedrich sich nach § 108 III BGB selbst – nach seinem 18. Geburtstag (!) – die vorher abgeschlossenen Rechtsgeschäfte **rückwirkend genehmigen** können. Der Gesetzgeber trägt hier der Tatsache Rechnung, dass die beschränkte Geschäftsfähigkeit in Summe elf Jahre andauert und Jugendliche **kurz vor der Volljährigkeit** bereits über eine **hohe geistige Reife** verfügen.

Schluss

1 *Entwerfen Sie einen Fall, bei dem der Passus „[...] mit Mitteln bewirkt [...]", § 110 BGB, nicht zutrifft.*

Minderjährige schließen ein Ratengeschäft ab, zum Beispiel:

– *K* (16-jährig) kauft von seinem gesparten Geld ein gebrauchtes Fahrrad für 300 Euro.

– *K* gibt an, volljährig zu sein.

– *K* bekommt monatlich 50 Euro von seinen Eltern zur freien Verfügung.

– *K* zahlt 100 Euro an.

– *V* lässt sich auf ein Ratengeschäft ein: vier Raten zu je 50 Euro.

2 *Erklären Sie, was V (vgl. Frage 1) tun muss, damit der schwebend unwirksame Vertrag dennoch voll wirksam werden könnte.*

– *V* müsste die Eltern des *K* zu einer Genehmigung auffordern, § 108 II BGB.

– Nach dem Empfang der Aufforderung haben die Eltern zwei Wochen Zeit zu genehmigen.

– Reagieren die Eltern nicht, gilt dies als Verweigerung der Genehmigung.

– Der Kaufvertrag ist dann von Anfang an unwirksam.

3 *Erklären Sie kurz die Inhalte der §§ 112 und 113 BGB mit je einem Beispiel.*

– § 112 BGB: Der gesetzliche Vertreter ermächtigt Minderjährige mit Genehmigung des Familiengerichts dazu, das eigene Familienunternehmen zu leiten. Für Geschäfte, die im Zusammenhang mit diesem Familienunternehmen stehen, sind die Minderjährigen somit voll geschäftsfähig und können wirksame Verträge abschließen, ohne dass die Eltern jedes Mal einwilligen oder genehmigen müssen.

– § 113 BGB: Hat der gesetzliche Vertreter einer Bankausbildung des Minderjährigen zugestimmt, so darf der Minderjährige sich beispielsweise angemessene Kleidung von seinem Gehalt kaufen. Die Eltern müssen nicht jedes Mal um Erlaubnis gefragt werden. Die Verträge, die der Minderjährige im Zusammenhang mit seiner Ausbildung abschließt, sind voll wirksam.

Lehrplanbereich	Eigentumsordnung (Kurshalbjahr 11/2)
Thema des Referats	Gutgläubiger Eigentumserwerb

Aufgabenstellung

Erklären Sie den Sachverhalt und die dazugehörigen Rechtsverhältnisse zunächst anhand einer geeigneten Skizze. Prüfen Sie anschließend im Gutachtenstil einen Herausgabeanspruch von Herrn Schmidt und Herrn Bernhard (vgl. M 1, Z. 24). Untersuchen Sie, ob Richie im Falle einer Festnahme gem. § 816 I 1 BGB zur Herausgabe der 7 500 € verpflichtet ist, und beurteilen Sie abschließend Ihre Ergebnisse aus Sicht von Herrn Schmidt, auch vor dem Hintergrund eines gerechten Interessenausgleichs.

Begleitmaterialien: Text M 1, Definition M 2, Auszug StGB M 3

M 1   Wem gehört die Rolex-Uhr?

Harald Schmidt erwarb im Mai 2008 für 12 000 € eine Herrenarmbanduhr der Marke Rolex im Onlineshop des Unternehmens. Die dazugehörige Garantiekarte wies ihn als Erstkäufer der Uhr aus und zertifizierte ihre Echtheit. Ein Jahr später wollte Herr Schmidt die Uhr wieder verkaufen. Hierzu traf er sich im Mai 2009 mit einem unter
5 dem Namen Richie auftretenden Unbekannten in einem Hotel in Düsseldorf. Dieser wollte sich von einem angeblich in der Nähe befindlichen Experten die Echtheit der Uhr bestätigen lassen. Zu diesem Zweck übergab Herr Schmidt ihm die Uhr, behielt aber die Garantiekarte bei sich. Richie verließ daraufhin das Hotel und kehrte nicht wieder zurück. Herr Schmidt erstattete Strafanzeige. Doch die Suche nach dem Trick-
10 dieb verlief im Sande und die Staatsanwaltschaft stellte das Ermittlungsverfahren ein, weil sie den Täter nicht ermitteln konnte.
Sieben Jahre später …
Im Februar 2016 kaufte Klaus Bernhard für 14 000 € bei einem Kölner Gebrauchtuhrenhändler die Rolex ohne dazugehörige Garantiekarte. Dieser hatte die Uhr vor
15 einem halben Jahr zu einem Preis von 7 500 € von Richie in seinem Geschäft in Zahlung genommen. Uhren dieser Preisklasse werden regelmäßig zur Wartung (Revision) an den Hersteller geschickt, so auch in diesem Fall. Dabei stellte der Hersteller fest, dass die Uhr zur Sachfahndung ausgeschrieben war, woraufhin die Polizei sie im September 2016 beschlagnahmte. Die zuständige Staatsanwaltschaft gab die Uhr schließ-
20 lich bei der Justizkasse NRW (heute: Zentrale Zahlstelle Justiz) in Verwahrung. Als mögliche Empfangsberechtigte der Uhr benannte die Staatsanwaltschaft den Kölner

Uhrenkäufer Herrn Bernhard und den Erstkäufer der Rolex Herrn Schmidt. Beide beanspruchten das Eigentumsrecht an der wertvollen Rolex und beide hatten für sie viel Geld bezahlt. Sie verlangen jeweils die Herausgabe der Uhr an sich selbst.

eigene Zusammenstellung nach: Freiwillige Herausgabe einer Sache – Wem gehört die Rolex-Uhr?, https://www.rechtsindex.de/recht-urteile/6345-freiwillige-herausgabe-einer-sache-wem-gehoert-die-rolex-uhr (bearbeitet und verändert)

| **M2** | **Definition „Abhandenkommen"** |

Der Begriff des Abhandenkommens bezeichnet den unfreiwilligen Verlust des unmittelbaren Besitzes an einer Sache durch den Eigentümer. Unfreiwillig bedeutet, dass der Verlust gegen den Willen des Eigentümers erfolgt oder es an dem Wollen zur Besitzaufgabe des Eigentümers fehlt.

Juraforum, https://www.juraforum.de/lexikon/abhandenkommen

| **M3** | **Auszug Strafgesetzbuch: § 263 StGB Betrug** |

§ 263 StGB Betrug

(1) Wer in der Absicht, sich oder einem Dritten einen rechtswidrigen Vermögensvorteil zu verschaffen, das Vermögen eines anderen dadurch beschädigt, dass er durch Vorspiegelung falscher oder durch Entstellung oder Unterdrückung wahrer Tatsachen einen Irrtum erregt oder unterhält, wird mit Freiheitsstrafe bis zu fünf Jahren oder mit Geldstrafe bestraft.

[…]

Lösungsvorschlag

TIPP *Hinweise zur Themenerschließung*

Die Aufgabenstellung lässt sich anhand der Operatoren in vier Teilaufgaben zerlegen.

1. **Erklären** Sie den Sachverhalt und die dazugehörigen **Rechtsverhältnisse** zunächst anhand einer geeigneten **Skizze**.
2. **Prüfen** Sie **im Gutachtenstil** einen **Herausgabeanspruch** von Herrn Schmidt **und** Herrn Bernhard.
3. **Untersuchen** Sie, ob Richie im Falle einer Festnahme gem. § 816 I 1 BGB zur **Herausgabe der 7 500 €** verpflichtet ist.
4. **Beurteilen** Sie abschließend Ihre **Ergebnisse** vor dem Hintergrund eines **gerechten Interessenausgleichs**.

Die Abfolge der Teilaufgaben ist bereits logisch aufgebaut, sodass Sie Ihren Vortrag auch in dieser Reihenfolge gliedern können.

Als **Einstieg** in das Fallbeispiel sollen Sie den Sachverhalt durch die Darstellung der Rechtsverhältnisse zwischen den beteiligten Personen anhand einer Skizze erklären (Teilaufgabe 1). Dabei sind vorhandene Informationen, die für die Bearbeitung des Falls wichtig sind, z. B. Daten, Vereinbarungen oder Orte, ebenfalls in die Skizze aufzunehmen. So erhalten Sie einen vollständigen, strukturierten Überblick. Eine Skizze eignet sich besonders dann, wenn mehrere Personen an einem Sachverhalt beteiligt sind und die daraus resultierenden Rechtsbeziehungen zunehmen.

Das Prüfen der Herausgabeansprüche und damit verbunden die Prüfung des gutgläubigen Eigentumserwerbs vom Nichtberechtigten (Teilaufgabe 2) sind der **zentrale Inhalt** des Vortrags, da sich diese Aufgabe mit der entscheidenden Frage nach den Eigentumsverhältnissen befasst. Der Operator „**Prüfen Sie im Gutachtenstil**" erfordert von Ihnen die strukturierte Bearbeitung des Falls im Gutachtenstil nach folgendem Schema:

- *[Aufsuchen der entsprechenden anwendbaren Rechtsvorschriften, hier: §§ 985, 932, 929 BGB]*
- Bilden des Obersatzes (*Wer will was von wem woraus?*)
- Festlegen der Tatbestandsmerkmale / Voraussetzungen mithilfe der entsprechenden Paragrafen
- ggf. Definition von Rechtsbegriffen

- Subsumtion (= Überprüfen der Voraussetzungen am Fallbeispiel)
- Ergebnis / Rechtsfolge (alle Tatbestandsmerkmale müssen erfüllt sein)

In Teilaufgabe 3 sollen Sie nun anhand des § 816 I 1 BGB einen Anspruch aus **ungerechtfertigter Bereicherung** (Bereicherungsrecht) **untersuchen**. Dabei müssen Sie die Voraussetzungen der Rechtsnorm festlegen (Normenanalyse), den Sachverhalt subsumieren und das Ergebnis formulieren; auf einen Obersatz kann hier verzichtet werden.

Zum **Abschluss Ihres Vortrags** sollen Sie Ihre Ergebnisse aus den Teilaufgaben 2 und 3 vor dem Hintergrund eines **gerechten Interessenausgleichs** aus Sicht von Herrn Schmidt beurteilen. Der Operator „**Beurteilen**" erfordert von Ihnen die Gegenüberstellung von Argumenten, anhand derer Sie die abschließende Situation von Herrn Schmidt als gerecht/ungerecht bzw. angemessen/unangemessen beurteilen sollen. Sowohl der Eigentumsverlust von Herrn Schmidt an Herrn Bernhard als auch die Herausgabe der 7 500 € (unter Wert!) sollen beurteilt werden. Die verschiedenen Dimensionen der Gerechtigkeit müssen an dieser Stelle nicht ausführlich thematisiert werden.

Im Allgemeinen sollten Sie die Fachsprache (**Fachterminologie**) beherrschen. Bei der juristischen Prüfung von Sachverhalten kommt der exakten Formulierung von Aussagen, ja sogar bei der Interpretation einzelner Begriffe, eine wichtige, gar entscheidende Rolle zu. Überzeugen Sie bei Ihrem Vortrag mit der **Beherrschung rechtstechnischer Grundlagen** (v. a. Normenanalyse und -verknüpfung, Zitiertechnik). Arbeiten Sie auch während Ihres Vortrags mit dem Bürgerlichen Gesetzbuch (BGB), indem Sie einzelne Paragrafen oder Definitionen zitieren.

| **Gliederung des Kurzreferats**

Abkürzungen:
Herr Schmidt: *S*, Richie: *R*, Herr Bernhard: *B*, Gebrauchtuhrenhändler: *G*, Zentrale Zahlstelle Justiz: *ZZJ*

Einstieg (Teilaufgabe 1):
- Darstellung des Sachverhalts und der Rechtsverhältnisse zwischen den beteiligten Personen mithilfe einer Skizze

Hauptteil (Teilaufgabe 2 und 3):
- Herausgabeanspruch von *S* gegenüber *ZZJ* gem. § 985 BGB?
- *S* noch Eigentümer der Rolex-Uhr? → Verlust des Eigentums an der Uhr?
- **Gutgläubiger Eigentumserwerb von *G* gem. §§ 932 I 1, 929 1 BGB?**
  Voraussetzungen § 929 1 BGB:
  – bewegliche Sache [ja]
  – Eigentumserwerb durch Rechtsgeschäft:
    R und *G* waren sich einig (anzunehmen), dass das Eigentum auf *G* übergehen

76

soll → Übergabe der Uhr gem. § 854 I BGB; rechtliche Grundlage war ein Kaufvertrag gem. §§ 145, 147, 433 BGB [ja]

Voraussetzungen § 932 I 1 BGB:

– Veräußerer ist nicht Eigentümer:
  R war zum Zeitpunkt der Übereignung kein Eigentümer der Uhr, sondern lediglich unmittelbarer Besitzer (vgl. § 854 I BGB: tatsächliche Herrschaft über eine Sache); [durch Betrug erlangt (vgl. M 3, § 263 StGB)] [ja]
– Gutgläubigkeit des *G*:
  • Eigentumsvermutung gem. § 1006 I 1 BGB (Rechtsscheintatbestand), da *R* vermutlich im Besitz der Uhr war [ja]
  • „guter Glaube" (= nicht bösgläubig) von *G* (Legaldefinition in § 932 II BGB):
    – keine Kenntnis, dass *R* nicht Eigentümer ist [ja]
    – grob fahrlässige Unkenntnis von *G*? D. h., wurde die im Verkehr erforderliche Sorgfalt in besonders schwerem Maße verletzt?
      ■ Wurden naheliegende Überlegungen nicht gemacht, die Rückschlüsse hätten ziehen lassen, dass R nicht Eigentümer war? [nein]
      ■ Hätte sich *G* durch das Vorzeigen der Garantiekarte überzeugen müssen? [nein] (Garantiekarte weist nur den Erstkäufer aus)
      ■ Außer der Garantiekarte und dem Kaufvertrag (kann als Eigentumsschutz dienen) gibt es kein weiteres Dokument, das *G* für seine Gutgläubigkeit überprüfen könnte/müsste? [ja]
      ■ Müsste man ggf. bei teuren Sachen größere Anstrengungen unternehmen, um den Eigentümer zu ermitteln? [nein]
      ■ Keine grobe Fahrlässigkeit des *G*? [ja]

Zwischenergebnis: *G* war gutgläubig

– Kein Ausschluss gem. § 935 I BGB:
  • kein gutgläubiger Eigentumserwerb bei gestohlenen, verloren gegangenen oder sonst abhandengekommenen Sachen:
    – Die Uhr von *S* ist nicht verloren gegangen. [ja]
    – Fraglich ist, ob sie gestohlen oder sonst abhandengekommen ist:
      ■ Gestohlen wurde die Uhr nicht, da *S* dem *R* die Uhr freiwillig gegeben hat (Besitzaufgabe), *R* taucht im Anschluss nicht mehr auf. [nein]
      ■ Ist die Uhr „sonst abhandengekommen"?
        Übergabe der Uhr von *S* an *R* war willentlich und folglich **kein Abhandenkommen**. [nein]

Zwischenergebnis: *G* ist Eigentümer der Rolex-Uhr

Ergebnis: *S* kann die Uhr nicht gem. § 985 BGB herausverlangen, da er kein Eigentümer mehr ist.

• **Herausgabeanspruch von *B* gegenüber ZZJ gem. § 985 BGB:**
  Hat *B* durch den Kauf bei *G* Eigentum an der Uhr erlangt?
  – Grundlage: Kaufvertrag zwischen *B* und *G* gem. §§ 145, 147, 433 BGB

- Pflicht aus § 433 I BGB: Verschaffen des Eigentums und Übergabe an *B* gem. §§ 929 1, 854 I BGB; Einigsein: anzunehmen, dass sich beide über die Eigentumsübertragung einig waren gem. §§ 145, 147, 929 1 BGB (= dinglicher Vertrag) [ja]

Zwischenergebnis: *B* ist Eigentümer der Uhr

Ergebnis: *B* kann gem. § 985 BGB die Herausgabe der Uhr verlangen, da er der Eigentümer ist.

- **Anspruch von *S* gegen *R* gem. § 816 I 1 BGB (Bereicherungsrecht) auf Herausgabe der 7 500 €?**
  - entgeltliche Verfügung des *R*: Übereignung der Uhr gem. §§ 145, 147, 433 BGB, *R* bekommt 7 500 € [ja]
  - nichtberechtigt: *R* war kein Eigentümer, nur unmittelbarer Besitzer [ja]
  - Gegenstand: Rolex-Uhr [ja]
  - Wirksamkeit gegenüber dem Berechtigten: wirksam gegenüber *S*, da dieser das Eigentum an der Uhr verloren hat (vgl. gutgläubiger Eigentumserwerb) [ja]

  Ergebnis: *R* ist zur Herausgabe der 7 500 € verpflichtet, sofern er noch bereichert ist, ansonsten greift § 818 III BGB

Schluss (Teilaufgabe 4):
- **Eigentumsverlust an Uhr:**
  - *S* verliert gegen seinen Willen das Eigentum
  - *S* erhält zunächst weder einen Kaufpreis noch in irgendeiner Form Wertersatz
  - Dennoch: Gesetzgeber sieht *B* als schutzwürdiger (wenn gutgläubig und Besitzaufgabe des ursprünglichen Eigentümers durch freien Willen)
  - **Grund:** Vertragssicherheit (*pacta sunt servanda*), man muss auf die Gültigkeit und Einhaltung von Verträgen vertrauen können (wesentliches Merkmal der Marktwirtschaft) → ansonsten: Chaos

- **Herausgabe der 7 500 € an *S*:**
  - *S* hat weniger bekommen, als die Uhr zum damaligen Zeitpunkt wert war
  - *S* trägt eine Mitschuld, da er die Uhr im Wert von ~ 12 000 € willentlich leichtfertig aus der Hand gegeben hat
  - *R* war ihm unbekannt.
  - Mitschuld ist größer zu bewerten, als wenn *S* z. B. eine Uhr im Wert von 50 € an einen Freund verleiht
  - Lösung über § 816 I 1 BGB scheint deshalb „gerecht"

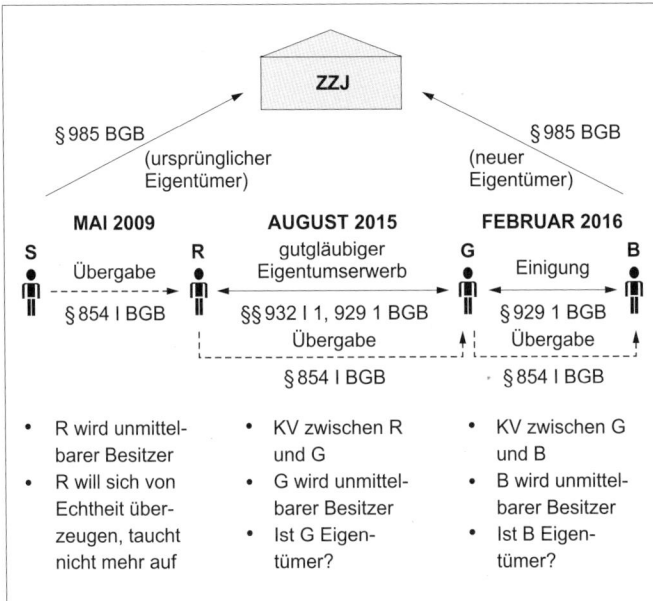

Darstellung des
Sachverhalts

Im Mai 2009 möchte der **ursprüngliche Eigentümer Herr Schmidt** seine vor einem Jahr gekaufte Herren-Armbanduhr der Marke Rolex verkaufen. Hierfür übergibt er die Uhr einem unbekannten potenziellen Käufer mit dem Namen Richie in einem Düsseldorfer Hotel. Dieser möchte sich von der Echtheit der Uhr bei einem in der Nähe befindlichen Experten überzeugen, nimmt die Uhr mit, taucht jedoch nicht mehr auf. Im August 2015 verkauft Richie die Uhr an einen Kölner Gebrauchtuhrenhändler. Dieser wurde **unmittelbarer Besitzer** der Uhr, fraglich ist, ob er durch **Gutgläubigkeit** auch das **Eigentum** an der Uhr erlangt hat. Im Februar 2016 verkauft der Gebrauchtuhrenhändler die Rolex dann an Herrn Bernhard. Zu prüfen ist, ob Herr Bernhard durch Einigung, also durch einen sachenrechtlichen Vertrag zwischen ihm und dem Gebrauchtuhrenhändler, **Eigentümer** der Uhr geworden ist. Im Zuge einer Revision wurde die Uhr beschlagnahmt und befindet sich seitdem bei der Zentralen Zahlstelle Justiz. Sowohl der ursprüngliche Eigentümer Herr Schmidt als auch Herr Bernhard wollen von ihrem **Eigentumsrecht** Gebrauch machen und **verlangen die Rolex-Uhr heraus**.

Zuerst prüfe ich, ob Herr Schmidt die Uhr von der Zentralen Zahlstelle Justiz gem. § 985 BGB herausverlangen kann. Laut § 985 BGB – **Herausgabeanspruch** – könnte der Eigentümer, also Herr Schmidt, vom Besitzer, in diesem Fall die Zentrale Zahlstelle Justiz, die Herausgabe der Sache, also der Rolex-Uhr, verlangen.

Teilaufgabe 2:
Prüfung: Herausgabeanspruch Herr Schmidt

Hierfür müsste Herr Schmidt Eigentümer der Uhr sein. Fraglich ist, ob Herr Schmidt noch Eigentümer ist, denn möglicherweise hat er das **Eigentum an der Uhr verloren**.

Prüfung Eigentumsverlust Herr Schmidt

In Betracht kommt ein **gutgläubiger Eigentumserwerb** des Kölner Uhrenhändlers nach §§ 932 I 1, 929 1 BGB. In § 932 I 1 BGB steht geschrieben: *„Durch eine nach § 929 erfolgte Veräußerung wird der Erwerber auch dann Eigentümer, wenn die Sache nicht dem Veräußerer gehört, es sei denn, dass er zu der Zeit, zu der er nach diesen Vorschriften das Eigentum erwerben würde, nicht in gutem Glauben ist."* § 932 I 1 BGB verweist auf die zusätzlichen Voraussetzungen des § 929 BGB, die ich zunächst überprüfe. § 929 1 BGB: *„Zur Übertragung des Eigentums an einer beweglichen Sache ist erforderlich, dass der Eigentümer die Sache dem Erwerber übergibt und beide darüber einig sind, dass das Eigentum übergehen soll."* Bei der Übertragung des Eigentums müsste es sich um eine **bewegliche Sache** handeln. Die Rolex-Uhr ist ein körperlicher Gegenstand im Sinne des § 90 BGB und kann tatsächlich fortgeschafft werden. Folglich ist die Uhr eine bewegliche Sache. Ferner müssten sich Richie und der Gebrauchtuhrenhändler darüber **einig** sein, dass das Eigentum übergehen soll. Es ist anzunehmen, dass sich beide Vertragsparteien einig waren. Der Eigentumserwerb erfolgte somit durch ein Rechtsgeschäft, genauer einen sachenrechtlichen (= dinglichen) Vertrag gem. §§ 145, 147, 929 1 BGB. Zudem hat Richie dem Gebrauchtuhrenhändler die Rolex gem. § 854 I BGB übergeben. Richie hat mit der Eigentumsübertragung seine Pflicht aus dem Kaufvertrag gem. § 433 I 1 BGB erfüllt.

Prüfung Eigentumserwerb des Uhrenhändlers

Eigentumsübertragung nach § 929 1 BGB

Neben den Voraussetzungen des § 929 1 BGB müssen auch die Voraussetzungen des § 932 I 1 BGB erfüllt sein, die ich im Folgenden überprüfen werde.

Prüfung § 932 I 1 BGB

Als Erstes dürfte der Veräußerer der Uhr, in diesem Fall Richie, zum Zeitpunkt der Übereignung **kein Eigentümer** der Uhr gewesen sein. Richie war, nachdem ihm die Uhr von Herrn Schmidt in einem Düsseldorfer Hotel übergeben wurde, unmittelbarer Besitzer gem. § 854 I BGB und kein Eigentümer, da eine Übereignung gem. § 929 1 BGB zwischen Herrn Schmidt und Richie laut Zeitungsartikel nicht stattgefunden hat.

Veräußerer: Nicht-Eigentümer

Zudem müsste der Gebrauchtuhrenhändler bei der Eigentumsübertragung nach § 932 I 1 BGB in **gutem Glauben** gewesen sein.

Gutgläubigkeit

Zunächst einmal darf der Gebrauchtuhrenhändler annehmen, dass der unmittelbare Besitzer, hier Richie, Eigentümer der Uhr ist (Rechtsschein). Es gilt gem. § 1006 I 1 BGB die **Eigentumsvermutung**. Der Rechtsschein darf allerdings dann nicht mehr gelten, wenn der Gebrauchtuhrenhändler nicht in **gutem Glauben** (= bösgläubig) ist. Der „gute Glaube" ist in § 932 II BGB definiert. Dort steht: „*Der Erwerber ist nicht in gutem Glauben, wenn ihm bekannt oder infolge grober Fahrlässigkeit unbekannt ist, dass die Sache nicht dem Veräußerer gehört.*" Das bedeutet, dass er seinerseits gewusst haben müsste, dass Richie nicht der Eigentümer der Uhr gewesen ist, oder es ihm infolge grober Fahrlässigkeit unbekannt geblieben ist. Im Text finden sich keine Anhaltspunkte dafür, dass der Gebrauchtuhrenhändler davon wusste, dass Richie nicht der Eigentümer ist. Fraglich ist, ob es ihm infolge **grober Fahrlässigkeit** unbekannt geblieben ist. Die Fahrlässigkeit ist in § 276 II BGB definiert: „*Fahrlässig handelt, wer die im Verkehr erforderliche Sorgfalt außer Acht lässt.*" Grob fahrlässig handelt, wer die im Verkehr erforderliche Sorgfalt in besonders schwerem Maße verletzt. Es ist also zu überlegen, ob der Gebrauchtuhrenhändler naheliegende Überlegungen nicht angestellt hat, die Rückschlüsse darauf hätten ziehen lassen, dass Richie nicht der Eigentümer der Uhr ist. Möglicherweise hätte sich der Gebrauchtuhrenhändler durch das **Vorzeigen der Garantiekarte**, die laut Text den Erstkäufer ausweist, vom Eigentum Richies überzeugen müssen. Problematisch dabei ist, dass die Garantiekarte immer nur den Erstkäufer ausweist. Folglich gibt die Garantiekarte bei mehr als einem Wiederverkauf keine Auskunft mehr über den letzten Eigentümer. Sie kann somit nicht zwingend als Eigentumsnachweis bzw. -hinweis dienen. Während man beim Autokauf durchaus davon ausgehen darf, dass diejenige Person, die im Fahrzeugbrief steht, auch Eigentümer ist (muss nicht so sein), ist das Vorzeigen der Garantiekarte als Eigentumsnachweis der Rolex hinfällig. Der Gebrauchtuhrenhändler muss somit keine Garantiekarte als Nachweis einfordern. Obwohl die Uhren von Rolex sehr teuer sind, gibt es keine Vorschriften, welche die Eigentumsübertragung besonders schützen. Der Händler hat „alles richtig" gemacht und konnte nicht erkennen, dass Richie nicht der Eigentümer ist. Es ist ihm **nichts grob fahrlässig unbekannt** geblieben. Als **Zwischenergebnis** ist festzuhalten, dass der Uhrenhändler zum Zeitpunkt der Übereignung **in gutem Glauben** war.

Zuletzt dürfte der gutgläubige Eigentumserwerb **nicht ausgeschlossen** sein. Gem. § 935 I 1 BGB ist er das, wenn die Sache dem Eigentümer gestohlen wurde, verloren gegangen oder sonst abhandengekommen ist. Die Uhr von Herrn Schmidt ist **nicht verloren ge-**

kein Ausschluss des gutgläubigen Eigentumserwerb nach § 935 I 1 BGB

81

gangen. Fraglich ist, ob die Uhr gestohlen wurde oder sonst abhandengekommen ist. **Gestohlen** wurde die Uhr trotz des Betrugs (vgl. M 3) **nicht**, da Hr. Schmidt die Uhr an Richie **freiwillig** übergeben hat. Erst danach verschwindet Richie und kommt nicht wieder zurück. Unklar ist, ob die Sache **„sonst abhandengekommen"** ist. Laut M 2 ist eine Sache abhandengekommen, wenn der unmittelbare Besitzer, in diesem Fall Herr Schmidt, ohne seinen Willen den Besitz verliert. Durch die vorherige Übergabe der Rolex gem. § 854 I BGB hat Herr Schmidt Richie den Besitz verschafft. Der Besitzverlust erfolgte somit **nicht gegen den Willen** von Herr Schmidt. Als **Zwischenergebnis** ist demnach festzuhalten, dass der Händler gem. §§ 932 I 1, 929 1 BGB **gutgläubig das Eigentum** an der Uhr erworben hat.

Ergebnis: Herr Schmidt kann die Rolex-Uhr **nicht gem. § 985 BGB herausverlangen**, da er kein Eigentümer mehr ist.

Prüfung: Herausgabeanspruch des Herrn Bernhard

Herr Bernhard könnte die Uhr gem. § 985 BGB von der Zentralen Zahlstelle Justiz herausverlangen. Dafür müsste er das **Eigentum** an der Uhr **vom Uhrenhändler erlangt** haben. In Betracht kommt ein **Kaufvertrag** zwischen Herrn Bernhard und dem Gebrauchtuhrenhändler über die Rolex-Uhr gem. §§ 145, 147, 433 BGB. Der Händler hat nach § 433 I BGB die Pflicht, Herrn Bernhard das Eigentum an der Uhr zu verschaffen. Es ist anzunehmen, dass sich beide darüber **einig** waren, dass die Uhr in das Eigentum von Herrn Bernhard gem. §§ 145, 147, 929 1 i. V. m. § 854 I BGB übergehen soll.

Ergebnis: Herr Bernhard ist **Eigentümer** der Rolex-Uhr und kann sie gem. § 985 BGB von der Zentralen Zahlstelle Justiz **herausverlangen**.

Teilaufgabe 3: Prüfung: Herausgabeanspruch nach § 816 I 1 BGB

Herr Schmidt könnte gem. § 816 I 1 BGB einen **Anspruch auf Herausgabe der 7 500 €** gegenüber Richie haben (Bereicherungsrecht). In § 816 I BGB steht: „*Trifft ein Nichtberechtigter über einen Gegenstand eine Verfügung, die dem Berechtigten gegenüber wirksam ist, so ist er dem Berechtigten zur Herausgabe des durch die Verfügung Erlangten verpflichtet.*" Erstes Tatbestandsmerkmal ist die **entgeltliche Verfügung**. Eine Verfügung ist jedes Rechtsgeschäft, das die **dingliche Rechtslage** unmittelbar ändert. Richie übereignet dem Gebrauchtuhrenhändler (= sachenrechtlicher Vertrag) die Rolex-Uhr gem. §§ 145, 147, 929 1 BGB und trifft damit eine Verfügung. Richie bekommt 7 500 € als Gegenleistung, die Verfügung ist also **entgeltlich**. Ferner müsste Richie nichtberechtigt gewesen sein. Er war **kein Eigentümer**, sondern unmittelbarer Besitzer, durfte die Uhr also nicht verkaufen. Zudem müsste die Verfügung **gegenüber dem Berechtigten**, hier also Herr Schmidt, wirksam sein. Die Verfügung war wirksam, weil Herr Schmidt das Eigentum an der Uhr an Herrn Bernhard (vgl. gutgläubiger Eigentumserwerb) verliert. Da alle Voraussetzungen erfüllt sind, hat Herr Schmidt einen **Anspruch auf Herausgabe** der 7 500 € (Surrogat) gegenüber Richie, sofern dieser noch bereichert ist. Im Falle einer Nichtbereicherung greift § 818 III BGB, dann wäre die Verpflichtung zum Wertersatz ausgeschlossen.

Abschließend möchte ich die Situation von Herrn Schmidt beurteilen. Der Eigentumsverlust von Herrn Schmidt ist insbesondere aus seiner Sicht ungerecht. Er **verliert gegen seinen Willen das Eigentum** an der Uhr. Zudem stellt der Verkauf durch Richie einen erheblichen Eingriff in die Eigentumsrechte von Herrn Schmidt dar, da gem. § 903 BGB nur der Eigentümer mit der Sache „*nach Belieben verfahren*" darf. Darüber hinaus erhält er zunächst weder den Kaufpreis noch einen Wertersatz für seine Uhr. Allerdings stellt die **Vertragssicherheit** ein wesentliches Merkmal einer funktionierenden Marktwirtschaft dar. Vertragsparteien, hier der Uhrenhändler und Herr Bernhard, müssen auf die Gültigkeit und Einhaltung von Verträgen vertrauen können (*pacta sunt servanda*). Ohne dies kann eine **marktwirtschaftliche Ordnung** nicht funktionieren. Aus diesem Grund sieht der Gesetzgeber Herrn Bernhard als **schutzwürdiger** an, besonders da die Besitzaufgabe durch Herrn Schmidt freiwillig erfolgte. Herr Bernhard konnte rechtswirksam das Eigentum an der Uhr erlangen.

Teilaufgabe 4: Beurteilung vor dem Hintergrund eines gerechten Interessensausgleichs Eigentumssituation

Bezüglich der Herausgabe der 7 500 € ist Herr Schmidt insofern **benachteiligt**, dass der **Uhrenwert** zum Zeitpunkt des Verkaufs wahrscheinlich einige Tausend Euro **höher** war. Allerdings trägt Herr Schmidt eine **wesentliche Mitschuld**, da er seine Uhr im Wert von 12 000 € willentlich und leichtfertig aus der Hand gegeben hat, auch wenn er im strafrechtlichen Sinne von Richie betrogen wurde. Richie war für Herrn Schmidt eine völlig fremde Person. In diesem Fall ist die Mitschuld seinerseits wesentlich größer zu bewerten als dies der Fall wäre, wenn er eine geringwertige Sache einem Freund geliehen hätte. Aus den genannten Gründen scheint eine Lösung nach § 816 I 1 BGB und die Herausgabe der 7 500 € **als angemessen und „gerecht"**. *[Auch andere Urteile sind vertretbar, solange sie hinreichend durch Ihre Argumente begründet sind.]*

Beurteilung: Herausgabe des Erlangten

1 *Die Herausgabe der 7 500 € empfindet Herr Schmidt als ungerecht. Möglicherweise könnte er den Differenzbetrag zum Uhrenwert als Schaden geltend machen. Prüfen Sie einen Anspruch auf Schadensersatz gem. § 823 I BGB.*

– Anspruch auf Schadensersatz gegenüber Richie in Höhe des Differenzbetrags gem. § 823 I BGB:

- **Verletzung eines Rechtsguts:** Das Eigentum von Herrn Schmidt wurde durch die Übereignung von Richie verletzt, da Herr Schmidt das Eigentum an der Uhr verloren hat. [ja]

- **Vorsatz oder Fahrlässigkeit:** Richie handelt vorsätzlich, da er die Uhr willentlich und bzgl. seiner Befugnis wissentlich an den Uhrenhändler verkauft. [ja]

- **Widerrechtlichkeit:** Richie handelt widerrechtlich, da er weder Eigentümer war noch eine Befugnis zum Verkauf der Uhr hatte. [ja]

- **Schaden (Kausalität):** Durch den Eigentumsverlust an der Rolex-Uhr entsteht Herrn Schmidt ein Schaden im Wert der Uhr (~ 12 000 €). [ja]

– **Ergebnis:**

- Herr Schmidt hat einen Anspruch auf Schadensersatz gegenüber Richie.

- Art und Umfang des Schadensersatzes gem. **§ 249 I BGB:** Richie hat den Zustand herzustellen, der bestehen würde, wenn er die Uhr nicht verkauft hätte (Differenzhypothese, positives Interesse).

- Demnach: 12 000 € abzüglich der 7 500 € (Surrogat, vgl. § 816 I 1 BGB) → **4 500 €**

2 *Erklären Sie, wie sich die Rechtslage ändert, sofern der Gebrauchtuhrenhändler die Rolex-Uhr von Richie (Annahme: beide sind befreundet) geschenkt bekommen (vgl. § 516 I BGB) und noch nicht verkauft hat.*

– Grundlage: § 816 I 2 BGB: *„Erfolgt die Verfügung unentgeltlich, so trifft die gleiche Verpflichtung denjenigen, welcher auf Grund der Verfügung unmittelbar einen rechtlichen Vorteil erlangt.“*

– **Schenkung:** Beide, Richie und der Gebrauchtuhrenhändler, waren sich einig, dass die Zuwendung (Gebrauchtuhrenhändler ist durch die Rolex-Uhr aus dem Vermögen Richies bereichert) <u>unentgeltlich</u> erfolgt; unentgeltliche Verfügung [ja]

– Gebrauchtuhrenhändler hat durch die Übereignung gem. § 929 1 i. V. m. § 854 I BGB einen rechtlichen Vorteil erlangt, nämlich die Eigentumsrechte an der Uhr. [ja]

– **Ergebnis:** Herausgabe des durch die Verfügung Erlangten, Händler ist verpflichtet, die Rolex-Uhr an Herrn Schmidt herauszugeben.

3 *Richie verkauft die Uhr unter der aufschiebenden Bedingung der vollständigen Kaufpreiszahlung (vgl. § 158 I BGB) an den Gebrauchtuhrenhändler. Neben der Anzahlung von 1 500 € sind die verbleibenden 6 000 € in sechs monatlichen Zahlungsraten zu je 1 000 € (sog. Teilzahlung) zu begleichen. Bis zur vollständigen Zahlung des Kaufpreises bleibt das Eigentum bei Richie.*

Prüfen Sie, ob Herr Schmidt die Uhr während dieser Zeit vom Gebrauchtuhrenhändler herausverlangen könnte.

- Eigentumsvorbehalt gem. § 449 BGB
- Gebrauchtuhrenhändler ist zwar zum Besitz der Uhr berechtigt, eine Übertragung des Eigentums an der Uhr erfolgt allerdings erst mit der Bezahlung des vollständigen Kaufpreises gem. §§ 158 I, 449 I.
- Herr Schmidt ist somit weiterhin Eigentümer und kann gem. § 985 BGB die Rolex-Uhr vom Gebrauchtuhrenhändler herausverlangen.

Lehrplanbereich	Beschäftigung und Einkommen (Kurshalbjahr 12/1)
Thema des Referats	Staatsverschuldung

Aufgabenstellung

Beschreiben Sie die Entwicklung der Staatsverschuldung von 1991 bis 2020 (M 1, M 2) und gehen Sie dabei auf die Ursachen ein. Beurteilen Sie anschließend die Verschuldungssituation Deutschlands vor dem Hintergrund rechtlicher und politischer Grenzen. Erläutern Sie mögliche Folgen einer Staatsverschuldung und erörtern Sie die Tragfähigkeit des deutschen Staatshaushalts. Bewerten Sie Maßnahmen, um die Staatsverschuldung in Deutschland „nach der Krise [Corona-Pandemie] auf ein vernünftiges Niveau zu senken" (M 1, Z. 11).

Begleitmaterialien: Text M 1, Grafiken M 2 und M 3, Tabelle M 4

M 1 **Rekordschulden gegen Corona-Folgen – was kann sich der Staat leisten?**

Die Corona-Pandemie und der darauffolgende Lockdown führen weltweit zu einer tiefen Wirtschaftskrise: Staaten und Notenbanken reagieren auf die Coronakrise, indem sie viel Geld bereitstellen, um die Wirtschaft zu stabilisieren. Da die Steuereinnahmen einbrechen, müssen die Hilfen für die Wirtschaft durch stark steigende Staats-
5 *schulden finanziert werden. Gleichzeitig öffnen die Notenbanken ihre Geldschleusen. Im Ergebnis finanzieren die Staaten ihre Konjunkturpakete zu einem erheblichen Anteil durch das Drucken von Geld, wobei die finanziellen Voraussetzungen, um mit den wirtschaftlichen Folgen der Corona-Pandemie umzugehen, in den europäischen Staaten sehr unterschiedlich sind. Wie tragfähig ist der deutsche Staatshaushalt? Wo*
10 *liegen die Grenzen der Staatsverschuldung? Wird es möglich sein, die öffentliche Verschuldung nach der Krise auf ein vernünftiges Niveau zu senken?*

Die Bundesregierung stellt Rekordsummen für die Bekämpfung der wirtschaftlichen Auswirkungen der Covid-19-Pandemie bereit. Im März dieses Jahres verabschiedete der Bundestag einen Nachtragshaushalt für das Jahr 2020 in Höhe von 156 Mrd. Euro.
15 Anfang Juni folgte ein Konjunktur- und Krisenbewältigungspaket, das diese Summe nochmals übertraf. Selbst wenn man bedenkt, dass nicht aufgebrauchte Mittel aus dem ersten Paket für das zweite Konjunkturpaket verwendet wurden, z. B. Liquiditätshilfen für Unternehmen, […] und einige Maßnahmen sowieso für mehrere Jahre gedacht sind und dass schließlich in der mittelfristigen Finanzplanung vorgesehene Ausgaben vor-

20 gezogen werden sollen, insbesondere öffentliche Investitionen, verbleibt doch ein an-
sehnlicher Betrag von rund 416 Mrd. Euro, der an zusätzlichen Mitteln zur Verfügung
steht. […] Der Bund plant insgesamt mit rund 218 Mrd. Euro Neuverschuldung im
Jahr 2020. […] Alles in allem erwartet der Sachverständigenrat zur Begutachtung der
gesamtwirtschaftlichen Entwicklung im Jahr 2020 einen gesamtstaatlichen Finanzie-
25 rungssaldo von −6 % des Bruttoinlandsprodukts (BIP) und einen Anstieg der Schuldenquote auf über 75 % des BIP.

Angesichts solcher Summen nimmt die Sorge um die Tragfähigkeit der öffentlichen
Finanzen in Deutschland zu. Deutschland steht vor einer Intensivierung des demogra-
phischen Wandels ab dem Jahr 2025, wenn sich die Babyboomer in den Ruhestand
30 verabschieden. Noch längere Zeit werden schwächer besetzte jüngere Alterskohorten
nachkommen und für den Ruhestand der stärker besetzten älteren Kohorten aufkommen müssen. […] Die deutsche Wirtschaft steht vor den Herausforderungen eines durch
technischen Fortschritt, namentlich die Digitalisierung, und durch die zur Bekämpfung
des Klimawandels erforderliche Klimapolitik induzierten Strukturwandels. Hinzu
35 kommt die Bedrohung der internationalisierten deutschen Wertschöpfungsketten durch
den zunehmenden Protektionismus. Dass viele Menschen sorgenvoll in die Zukunft
blicken, ist vor diesem Hintergrund verständlich. […]

Lars P. Feld: Rekordschulden gegen Corona-Folgen – was kann sich der Staat leisten?,
ifo Schnelldienst 8/2020

| M 2 | **Deutschlands Staatsschulden** |

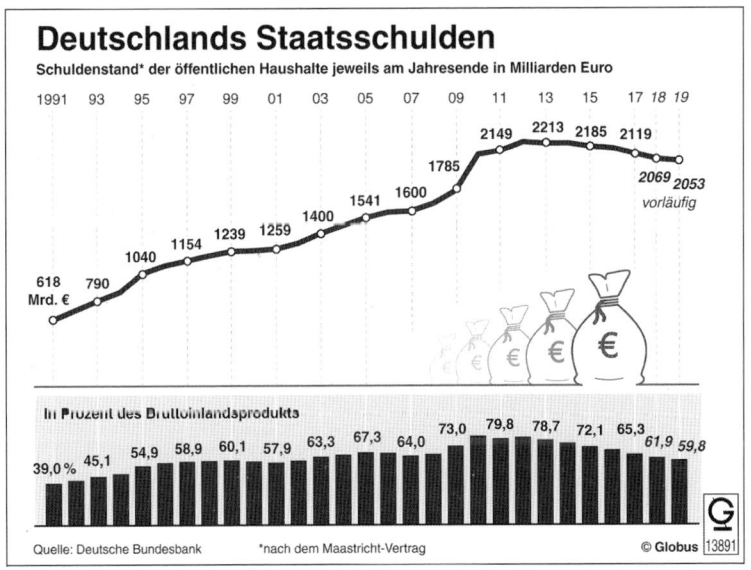

© *picture alliance/dpa/dpa-infografik GmbH*

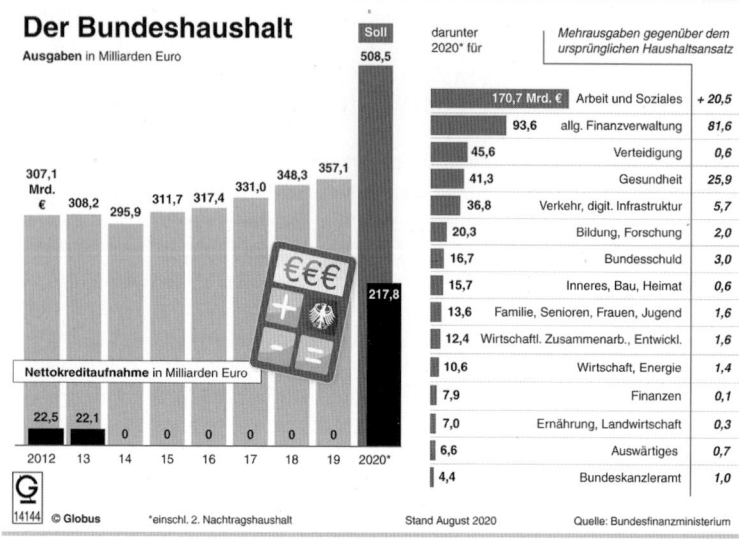

Der Bundeshaushalt

Ausgaben in Milliarden Euro

Nettokreditaufnahme in Milliarden Euro

2012	13	14	15	16	17	18	19	2020*
307,1 Mrd. €	308,2	295,9	311,7	317,4	331,0	348,3	357,1	508,5 (Soll)
22,5	22,1	0	0	0	0	0	0	217,8

darunter 2020* für		Mehrausgaben gegenüber dem ursprünglichen Haushaltsansatz
170,7 Mrd. €	Arbeit und Soziales	+ 20,5
93,6	allg. Finanzverwaltung	81,6
45,6	Verteidigung	0,6
41,3	Gesundheit	25,9
36,8	Verkehr, digit. Infrastruktur	5,7
20,3	Bildung, Forschung	2,0
16,7	Bundesschuld	3,0
15,7	Inneres, Bau, Heimat	0,6
13,6	Familie, Senioren, Frauen, Jugend	1,6
12,4	Wirtschaftl. Zusammenarb., Entwickl.	1,6
10,6	Wirtschaft, Energie	1,4
7,9	Finanzen	0,1
7,0	Ernährung, Landwirtschaft	0,3
6,6	Auswärtiges	0,7
4,4	Bundeskanzleramt	1,0

14144 © Globus   *einschl. 2. Nachtragshaushalt   Stand August 2020   Quelle: Bundesfinanzministerium

© *picture alliance/dpa/dpa-infografik GmbH*

M 4   **Deutschland: Wirtschaftswachstum, Arbeitslosigkeit und Inflation**

(in %)	2017	2018	2019	2020**
BIP_{real} *	2,5	1,5	0,6	−5,2
Arbeitslosenquote	5,7	5,2	5,0	5,9
Inflationsrate*	1,5	1,8	1,4	0,5

*   Veränderung gegenüber dem Vorjahr
** Prognosewerte

eigene Zusammenstellung, Daten nach: Statistisches Bundesamt (Destatis), 2020; ifo Institut; Bundesagentur für Arbeit

Lösungsvorschlag

TIPP *Hinweise zur Themenerschließung*

Die Aufgabenstellung gliedert sich in vier Sinnabschnitte:

1. **Beschreibung** der Entwicklung der Staatsverschuldung unter Einbeziehung der Ursachen und **Beurteilung** der Verschuldungssituation im Zeitraum 1991–2020 vor dem Hintergrund der rechtlichen/politischen Grenzen.
2. **Erläuterung** der Folgen der Staatsverschuldung/Kreditaufnahme.
3. **Erörterung** der Tragfähigkeit des deutschen Staatshaushalts.
4. **Bewertung** der Maßnahmen zur Konsolidierung nach der Corona-Pandemie.

Der Operator „**Beschreiben**" erfordert die **zusammenhängende und schlüssige Wiedergabe wesentlicher Informationen** aus M 2 unter Einbezug von Zahlenwerten. Nennen Sie aber nicht jeden einzelnen Wert, sondern wählen Sie **relevante Zahlen als Belege für Ihre Aussagen**. Zahlenwerte vermitteln auch einen **Mehrwert bezüglich der Informationsgewinnung**, da so z. B. Veränderungen in der Höhe oder der Gesamtschuldenstand besser bewertet und eingeordnet werden können. **Beispiel:** <u>Nicht</u>: Die Verschuldung ist von 1991 bis 1995 gestiegen (Von 1 Euro auf 2 Euro?). <u>Sondern</u>: Die Staatsverschuldung ist von 1991 bis 1995 von 618 Mrd. Euro auf 1 040 Mrd. Euro, also um ca. 400 Mrd. Euro gestiegen. Das ist ein Anstieg von ca. 68 % in einem sehr kurzen Zeitraum.

Die **Ursachen** sollten keineswegs getrennt von der Beschreibung benannt werden. Sie dienen vielmehr als Erklärung der von Ihnen herausgearbeiteten Entwicklungsabschnitte. Beschreiben Sie die Entwicklung in der zeitlichen Abfolge der Grafik M 2 (1991 bis 2019) und gehen Sie dann auf das Jahr 2020 (M 1) ein.

Der Operator „**Beurteilen**" verlangt von Ihnen die Prüfung der Angemessenheit der Staatsschuldenquote (vgl. M 2, M 3) angesichts der rechtlichen/politischen Grenzen. Nennen Sie zunächst die **rechtlichen Regelungen** mit ihren Defizitgrenzen und beurteilen Sie anschließend die Staatsschuldenquote anhand dieses Maßstabs. Auch hier müssen Sie nicht auf jeden einzelnen Wert eingehen.

Der nächste Abschnitt der Aufgabenstellung bezieht sich auf die **Folgen der Staatsverschuldung**. Der Operator „**Erläutern**" erfordert eine **zusammenhängende Erklärung der Folgen**, auch mit anschaulichen Beispielen.

Der Operator „**Erörtern**" leitet den dritten Sinnabschnitt ein. Die Frage nach der **Tragfähigkeit** soll durch das Abwägen von Für- und Wider-Argumenten mit einem **begründeten Urteil** beantwortet werden.

Abschließend sollen Sie darauf eingehen, was bei den nach der Krise zu ergreifenden **Maßnahmen zur Senkung der Staatsverschuldung** beachtet werden sollte. Bei der Bewertung können Sie sowohl Aussagen aus dem Text (M 1) als auch eigene Vorschläge einbringen. Diese **Maßnahmen** sind im Zusammenhang mit der Corona-Pandemie **auf ihre Angemessenheit zu überprüfen und zu beurteilen.**

Einstieg: Darstellung der gegenwärtigen Situation (Corona-Pandemie, M 1, M 4)

- wirtschaftliche Krisensituation im Jahr 2020 (M 4)
- staatliche Hilfsmaßnahmen
- Bund plant im Jahr 2020 mit einer Neuverschuldung von rund 218 Mrd. Euro (M 1)

Hauptteil:
Beschreibung der Staatsverschuldung von 1991 bis 2019 (M 2):

- starker Anstieg von 1991 bis 1995 von 618 Mrd. Euro auf 1 040 Mrd. Euro:
  Wiedervereinigung Deutschlands 1990 → Übernahme der Verbindlichkeiten des
  Staates und der Wirtschaft der früheren DDR
- geringerer Anstieg von 1995 bis 2001 um rund 220 Mrd. Euro:
  Maastricht-Kriterien (1996 /1997), vgl. Stabilitäts- und Wachstumspakt
- stärkerer Anstieg von 2001 bis 2005 um 282 Mrd. Euro:
  Konjunktureinbruch/Rezession infolge der Anschläge am 11. September 2001
- von 2005 bis 2007 geringe Zunahme der Staatsverschuldung:
  Erhöhung des Mehrwertsteuersatzes von 16 % auf 19 % zum 01. 01. 2007
- signifikanter Anstieg der Staatsverschuldung von 2007 bis 2010, weiterer Anstieg
  bis 2012 auf ~2 220 Mrd. Euro:
  Finanz- und Wirtschaftskrise, Konjunkturprogramme (*deficit spending*)
- nach 2012 sinkt Verschuldung auf 2 053 Mrd. Euro (2019):
  Konjunkturaufschwung der letzten Jahre, Schuldenbremse (vgl. Art. 109 III i. V. m
  Art. 115 GG) seit 2011

Beschreiben der Staatsverschuldung Deutschlands 2020 (M 1, M 3):

Staatsverschuldung steigt 2020 um 217,8 Mrd. Euro (Nettokreditaufnahme):

- sinkende Steuereinnahmen (M 1):
  - Lockdown: Umsätze und Gewinne der Unternehmen gehen zurück → T^{dir} sinkt
    (z. B. Körperschaftssteuer)
  - Kurzarbeit und Entlassungen: → F^e sinkt, T^{dir} und T^{ind} sinken
  - MwSt-Senkung von 19 % auf 16 % → T^{ind} sinkt, Kompensation über ansteigen-
    den Konsum fraglich
- steigende Ausgaben (2020): 508,5 Mrd. Euro durch Konjunkturpakete und Zu-
  schusszahlungen (z. B. Kinderbonus 300 Euro, Kurzarbeitergeld)

Rechtliche Grenzen der Staatsverschuldung:

Beurteilung der Staatsverschuldung: Maastricht-Kriterien (M 2):

- Stabilitäts- und Wachstumspakt für EU-Mitgliedstaaten (Art. 126 EU-Vertrag)
  - Gesamtverschuldung nicht mehr als 60 % des BIP
  - Neuverschuldung nicht mehr als 3 % des BIP
- 1991 bis 2002: Einhaltung der 60 %-Grenze mit „kleiner" Ausnahme 1999 (60,1 %)

- 2003 bis 2018: Überschreitung der 60 %-Grenze im gesamten Zeitraum
- Anstieg der Werte v. a. in den Folgejahren der Finanz- und Wirtschaftskrise 2009 bis 2012 (Gesamtverschuldung bis zu ~80 % des BIP)
- ab 2013 sinken die Werte kontinuierlich auf 59,8 % des BIP
- 2019 wurde der Grenzwert mit 59,8 % knapp unterschritten
- **Fazit:** 16 Jahre in Folge war das Kriterium der 60 %-Grenze <u>nicht</u> erfüllt
- ausgeglichener Haushalt von 2014 bis 2019 (M 3) → 3 %-Ziel erreicht
- 2020: Schuldenquote von 75 % (vgl. M 1) → deutliche Verfehlung; Haushaltsdefizit 6 % → Nettokreditaufnahme doppelt so hoch wie die Zielvorgabe

Beurteilung der Staatsverschuldung: Schuldenbremse (M 1, M 3):
- Art. 109 III, 115 GG:
  - Ausgleich von Einnahmen und Ausgaben grundsätzlich ohne Kredite; Ausgleich bis 0,35 % des BIP durch Kreditaufnahme
  - konjunkturelle Entwicklungen abweichend von der Normallage ermöglichen eine antizyklische Haushaltspolitik
  - Überschreitung bei Naturkatastrophen und „außergewöhnlichen Notsituationen"
- Ziel von 2014 bis 2019 erreicht (vgl. M 3)
- 2020 wird das Ziel nicht erreicht (6 % Defizit gemessen am BIP): Corona-Pandemie u. U. „außergewöhnliche Notsituation"

Folgen der Staatsverschuldung bzw. der staatlichen Kreditnachfrage:
- **Crowding-out** (= Verdrängungseffekt):
  - Klassische Kapitalmarkttheorie (I = S): Zinssatz (i) „steuert" die Größen „Investieren" und „Sparen" (I > S → i steigt; I < S → i sinkt)
  - steigende Zinsen am Kapitalmarkt aufgrund staatlicher Kreditnachfrage → private Nachfrage (HH, U) nach Konsum- und Investitionskrediten sinkt → Konsum C_H und I^n sinken → N_{ges} geht zurück → restriktiver Effekt
  - Sparen (HH, U) steigt infolge höherer Sparzinsen → C_H und I^n sinken → N_{ges} geht zurück → restriktiver Effekt
- **Schuldendienst** (Zinszahlungen, Tilgung): Einengung der staatlichen Finanz- und Entscheidungsspielräume
- **Risikoaufschläge** bei staatlicher Finanzierung am Kapitalmarkt → hohe Zinsen
- **Belastung künftiger Generationen** (auch Unternehmen):
  - ggf. steigende Verschuldung pro Kopf
  - Staat benötigt mehr Einnahmen (z. B. Steuererhöhung) oder senkt die Ausgaben
- **Inflationsgefahr:**
  - Finanzierung der Konjunkturpakete erheblich auch durch Gelddruck (M 1)
  - Geldmenge > Gütermenge (da z. B. Kapazitäten begrenzt) → Inflation, Kaufkraftverlust; Lohn-Preis-Spirale

- nur geringer Anstieg der Verbraucherpreise (vgl. M 4) trotz niedriger Zinsen und Erhöhung der Geldmenge durch die EZB, aber massiver Wertanstieg bei Immobilien, Aktien, Gold
- **Gefahr der „Schuldenfalle"**: Finanzierung von Zins- und Tilgungszahlungen durch neue Kreditaufnahme

Erörtern der Tragfähigkeit:

Positive Aspekte	Negative Aspekte
• Kreditwürdigkeit; Vertrauen in eine langfristige und solide Finanzpolitik • Schuldenbremse hat zur Konsolidierung der letzten Jahre beigetragen • aufgrund niedriger (Kredit-) Zinsen (vgl. Niedrigzinspolitik der EZB) günstige Finanzierungsmöglichkeit • Staat kann sich auch „günstig" an den Kapitalmärkten refinanzieren • Zins- und Tilgungszahlungen können bedient werden • angemessenes und stetiges Wirtschaftswachstum	• Dauer der Corona-Pandemie und anschließende Erholung der Wirtschaft ungewiss • BIP_{real} rückläufig (Rezession) (M 4) • sinkende Steuereinnahmen (vgl. M 1) • gute konjunkturelle Phasen hätten mehr zur Haushaltskonsolidierung (*surplus saving*) genutzt werden können • Anstieg der Ausgaben durch Sozialleistungen aufgrund des demografischen Wandels

Schluss: Bewertung künftiger Maßnahmen:
- nach Corona-Schock: (Wieder-)Einhaltung der Defizitgrenzen
- konjunkturgerechtes Rückführen der Schulden (antizyklische Fiskalpolitik)
- Staatsschuldenquote durch Wirtschaftswachstum (höhere Steuereinnahmen!) zurückführen: Wachstum durch höhere private Investitionen und Innovationen, weniger durch öffentliche Investitionen
- Belastungen für die Produktivität vermeiden → keine Steuererhöhungen (= prozyklische Wirkung!)
- Ausgabenkontrolle trotz Herausforderungen: demografische Entwicklung, Klimaschutz und Energiewende, Digitalisierung

| **Kurzreferat**

Die Corona-Pandemie und die damit verbundenen (Teil-)Lockdowns führen in Deutschland zu einem prognostizierten Einbruch des Wirtschaftswachstums von −5,2 % im Jahr 2020 im Vergleich zum Vorjahr. Die Arbeitslosenquote wird um 0,9 Prozentpunkte auf 5,9 % ansteigen. Viele Unternehmen und Beschäftigte bangen um ihre Existenz. Staaten und Notenbanken reagieren auf die Krise, um

Einstieg
aktuelle Situation

die Wirtschaft zu stabilisieren und die negativen Auswirkungen abzufedern. Kurzarbeitergeld, Kinderbonus, Corona-Soforthilfen für Unternehmen sind nur einige der erfolgten Maßnahmen zur Stabilisierung der Konjunktur. Zur Finanzierung der Corona-Maßnahmen auch über das Jahr 2020 hinaus plant der Bund 2020 mit einer **Neuverschuldung** von rund **218 Mrd. Euro.**

Hauptteil: Beschreibung der Entwicklung der Staatsverschuldung 1991 bis 2019

Die Grafik M 2 „Deutschlands Staatsschulden" zeigt die Entwicklung des Schuldenstands Deutschlands und der Staatsschuldenquote in den Jahren 1991 bis 2019.

Von **1991 bis 1995** erhöht sich die Staatsverschuldung von 618 Mrd. Euro auf 1 040 Mrd. Euro, das entspricht einem Anstieg von 68 %. Infolge der **Wiedervereinigung Deutschlands** 1990 übernahm der Staat die Verbindlichkeiten des Staates und der Wirtschaft der ehemaligen DDR, z. B. die Kosten für die Sanierung des Unternehmenssektors (vereinigungsbedingte Kreditfinanzierung).

Der **Anstieg** der Staatsverschuldung **flacht** in den Jahren von 1995 bis 2001 **ab**. Die Gesamtverschuldung steigt um 219 Mrd. Euro auf 1 259 Mrd. Euro im Jahr 2001. Ein Grund hierfür könnte der **Stabilitäts- und Wachstumspakt** sein, der mit seinen Regelungen und Vereinbarungen für finanzpolitische Stabilität in der Europäischen Wirtschafts- und Währungsunion sorgen soll.

Von 2001 bis 2005 kam es infolge der **Anschläge des 11. September 2001** zu einer Rezession und damit verbunden zu einer Erhöhung des Schuldenstands um 282 Mrd. Euro auf 1 541 Mrd. Euro in einem Zeitraum von nur vier Jahren.

Von 2005 bis 2007 war der Anstieg der Staatsverschuldung gering. Mit der **Erhöhung des Mehrwertsteuersatzes** von 16 % auf 19 % zum 01.01.2007 flossen dem Staat mehr Steuern zu.

Bis 2011 ist dann ein signifikanter Anstieg der Staatsverschuldung auf 2 149 Mrd. Euro festzustellen, ein weiterer Anstieg folgt bis 2012. Ursache ist die **Finanz- und Wirtschaftskrise 2008/2009**. Die Ausgaben für **Konjunkturprogramme zur Ankurbelung** der Konjunktur stiegen an, Stichworte sind *deficit spending* und **antizyklische Fiskalpolitik** nach Keynes.

Nach 2012 sinkt die Staatsverschuldung auf 2 053 Mrd. Euro im Jahr 2019. Der **Bundeshaushalt ist ab 2014 ausgeglichen** (vgl. M 3), man spricht auch von der „schwarzen Null". Deutschland hat die Krise relativ gut überstanden und verzeichnete ein **angemessenes Wirtschaftswachstum**. Die **Schuldenbremse** und die damit verbundene **Defizitgrenze**, die ab 2016 verpflichtend war, hatte man bei den Planungen des Bundeshaushalts zumindest im Hinterkopf.

Krisenjahr 2020

Gegenwärtig ist klar, dass die „**schwarze Null**" im Jahr 2020 **nicht mehr gehalten** werden kann. Die prognostizierten Zahlen gehen von einem Anstieg der Staatsverschuldung in Deutschland um 217,8

Mrd. Euro (= Nettokreditaufnahme, vgl. M 3) infolge der Maßnahmen zur **Bewältigung der Corona-Pandemie** und den damit verbundenen (Teil-) Lockdowns aus. Es ist anzunehmen, dass die Nettokreditaufnahme *ex post* betrachtet noch höher sein wird. Eine Ursache sind die **sinkenden Steuereinnahmen** (vgl. M 1). Durch die Schließung von Geschäften im Einzelhandel, der Gastronomie etc. und durch das Herunterfahren der Industrieproduktion gehen die **Umsätze und Gewinne der Unternehmen zurück**. Es ist davon auszugehen, dass die direkten Steuern, z. B. die Körperschaftssteuer, und die indirekten Steuern, z. B. die Mehrwertsteuer, infolge des geringeren Konsums der Haushalte während der Lockdowns sinken werden. Zudem führt der Wirtschaftseinbruch zu Kurzarbeit und Entlassungen. Das **(Faktor-)Einkommen** und damit verbunden die direkten Steuern, z. B. die Einkommensteuer, sinken. Durch das geringere verfügbare Einkommen wird der private Konsum zurückgehen und die indirekten Steuern werden sinken. Die **Senkung des MwSt-Satzes von 19 % auf 16 %** wird die Mindereinnahmen verstärken, denn eine Kompensation über einen ansteigenden Konsum und damit verbundene positive Effekte auf die Realwirtschaft sind fraglich. Bei gleichzeitig sinkenden Steuereinnahmen sind **höhere Ausgaben** vor allem für **Konjunkturpakete** zur Stabilisierung der Wirtschaft – Zuschüsse an Unternehmen und Haushalte, z. B. Kinderbonus, Kurzarbeitergeld, Wirtschaftshilfen – notwendig. Die Ausgaben belaufen sich geschätzt auf 508,5 Mrd. Euro im Vergleich zu 357,1 Mrd. Euro im Jahr 2019 (M 3).

Die rechtlichen Regelungen zu den **Grenzen der Staatsverschuldung** Deutschlands sind einerseits im **Stabilitäts- und Wachstumspakt** für die Mitgliedstaaten der Europäischen Union (vgl. Art. 126 AEU-Vertrag), darunter die EU-Konvergenzkriterien, benannt und andererseits unter dem Begriff der **Schuldenbremse** im Grundgesetz (vgl. Art. 109 Abs. 3 i. V. m. Art. 115 GG) verankert.

Beurteilung anhand rechtlicher Regelungen

Gemäß den Maastricht-Kriterien darf die **Gesamtverschuldung nicht über 60 % des BIP** liegen. Zudem darf die **Neuverschuldung** eines EU-Landes **nicht mehr als 3 % des BIP** betragen.

Stabilitäts- und Wachstumspakt

Betrachtet man die Grafik M 2, so ist zu erkennen, dass die Defizitgrenze von 60 % mit einer kleinen Ausnahme 1999 (60,1 %) von 1991 bis 2002 eingehalten wurde. In den folgenden 16 Jahren bis 2018 wurde die 60 %-Grenze überschritten. Ein Anstieg der Staatsschuldenquote ist v. a. in den Folgejahren der Finanz- und Wirtschaftskrise 2009 bis 2012 zu verzeichnen. Die Defizitquote beträgt bis zu ~80 % des BIP. Nach 2012 sinken die Werte kontinuierlich auf 59,8 % des BIP. 2019 wurde das Kriterium erstmals wieder erfüllt. Deutschland hat aber in einem **Zeitraum von über 15 Jahren** das Kriterium der 60 % Gesamtverschuldung des BIP **nicht erfüllt**.

Von 2014 bis 2019 war der Bundeshaushalt ausgeglichen und folglich das 3 %-Ziel bei der Neuverschuldung erreicht, da **keine Nettokreditaufnahme** erfolgte (vgl. M 3). Mit einer Schuldenquote von 75 % (vgl. M 1) **verfehlt** Deutschland allerdings das Ziel kleiner gleich 60 % Gesamtverschuldung im Krisenjahr 2020 deutlich. Das Haushaltsdefizit entspricht 6 %. Die Nettokreditaufnahme ist somit **doppelt so hoch** wie die Zielvorgabe von 3 %.

Gemäß der sog. **Schuldenbremse** in Art. 109 Abs. 3 i. V. m. Art. 115 GG sind die Einnahmen und Ausgaben **grundsätzlich ohne Kredite** auszugleichen. Ein **Haushaltsdefizit darf bis 0,35 % des BIP** durch Kreditaufnahme gedeckt werden. Konjunkturelle Entwicklungen, die abweichend von der Normallage sind, rechtfertigen eine antizyklische Haushaltspolitik. Eine Überschreitung der Werte bei Naturkatastrophen oder außergewöhnlichen Notsituationen ist zulässig. Das **Ziel wurde von 2014 bis 2019 erreicht** (vgl. M 3). Mit einem Haushaltsdefizit von −6 % wird das Ziel im Jahr 2020 nicht erreicht werden. Die Corona-Pandemie bedingt aber mit Sicherheit eine **von der Normallage abweichende konjunkturelle Entwicklung** oder stellt eine „außergewöhnliche Notsituation" dar, da das Virus auch Menschenleben gefährdet.

„Schuldenbremse" im GG

Als Nächstes erläutere ich die möglichen **Folgen** einer hohen Staatsverschuldung bzw. der staatlichen Kreditaufnahme. Es kann zum **Crowding-out**, also zu einer **Verdrängung der privaten Nachfrage**, kommen. Nach der klassischen Kapitalmarkttheorie steuert der Zinssatz die Stromgrößen „Sparen" und „Investieren", es gilt in der *ex post* Betrachtung I = S. Fragt der Staat hohe Mengen am Kapitalmarkt nach, führt dies zu **steigenden Zinsen.** Aufgrund höherer Zinsen sinkt die private Nachfrage der Haushalte und Unternehmen nach Konsum- und Investitionskrediten. Die Konjunktur wird „ausgebremst", da die gesamtwirtschaftliche Nachfrage zurückgeht. Aufgrund höherer Sparzinsen wird Sparen attraktiver. Durch eine höhere Sparquote sinken der Konsum der Haushalte und die Nettoinvestitionen der Unternehmen. Die gesamtwirtschaftliche Nachfrage wird dadurch weiter geschwächt – man spricht von einem **restriktiven Effekt** –, was aufgrund des Produktionsrückgangs zu Kurzarbeit oder höherer Arbeitslosigkeit führen kann.

Folgen einer hohen Staatsverschuldung
Crowding-out

Der **Schuldendienst** belastet zudem die Einnahmen, da ein Teil für Zins- und Tilgungszahlungen verwendet werden muss. In der Folge steht weniger Geld für andere staatliche Maßnahmen zur Verfügung, was den Finanz- und Entscheidungsspielraum einengt.

Schuldendienst

Hat ein Land eine sehr hohe Staatsschuldenquote, so führt dies zu **Risikoaufschlägen** bei der Refinanzierung am Kapitalmarkt, wodurch der Staat hohe Zinsen, z. B. auf Staatsanleihen, leisten muss.

Risikoaufschläge auf Staatsanleihen

Um die Einnahmenseite zu stärken, kann der Staat in Zukunft die **Steuern erhöhen** oder die **Ausgaben senken**. Beides wird zu **Lasten der Bevölkerung**, vor allem **künftiger Generationen**, gehen. Höhere Steuern reduzieren das verfügbare Einkommen und Sparprogramme können z. B. nötige Investitionen in die öffentliche Infrastruktur **zeitlich nach hinten** verschieben.

Steuererhöhung, Ausgaben-senkung

Manche Staaten geraten auch in die „**Schuldenfalle**" und finanzieren Zins- und Tilgungszahlungen durch eine neue Kreditaufnahme. Zuletzt besteht die **Gefahr einer Inflation**. „Im Ergebnis finanzieren die Staaten ihre Konjunkturpakete zu einem erheblichen Anteil durch das Drucken von Geld [...]" (M 1). Kredite können aufgrund der aktuellen **Niedrigzinspolitik** zu „günstigen" Konditionen aufgenommen werden. Dieses Geld wird dem Wirtschaftskreislauf durch staatliche Investitionen oder – wie gerade auch in der Corona-Pandemie – durch Zuschusszahlungen an die Haushalte und Unternehmen zufließen. Somit **steigt die Geldmenge** und es kommt ceteris paribus zu einem **Anstieg des Preisniveaus** (Inflation), wenn sich aufgrund begrenzter Kapazitäten die Gütermenge nicht ändert. Inflation führt zu einem **realen Kaufkraftverlust** bei unveränderten Löhnen. Fordern die Gewerkschaften immer wieder höhere Löhne und Gehälter, so kann es aufgrund einer **lohnkosteninduzierten Inflation** zu einer anhaltenden Lohn-Preis-Spirale kommen. Trotz steigender Staatsverschuldung, niedriger Zinsen und des „Gelddrucks" ist die Inflationsrate bei den Verbraucherpreisen in den Jahren vor der Corona-Krise mit Werten zwischen 1,4 % und 1,8 % moderat, die prognostizierte Rate für 2020 sogar sehr niedrig. (M 4). Anders schaut es bei den Vermögenswerten (Immobilien, Aktien, Gold) aus. Hier ist ein massiver Anstieg der Werte festzustellen.

Schuldenfalle

Inflation

Nun zu der Frage, inwieweit der deutsche Staat fähig ist, die Last erhöhter Gesamtschulden zu tragen.

Tragfähigkeit Deutschlands

Schulden sind dann tragfähig, wenn die Regierung glaubwürdig vermittelt, ihre **Schulden zurückzuzahlen**, und zugleich die Gläubiger auf eine **solide Finanzpolitik** des Staates **vertrauen**.

Die **Schuldenbremse** hat zur **Haushaltskonsolidierung** der letzten Jahre beigetragen. Sie stellt einen **rechtlichen Rahmen** dar, auf den man vertrauen darf. Aufgrund niedriger (Kredit-)Zinsen durch die **Niedrigzinspolitik** der EZB im Euroraum ist die Kreditfinanzierung kostengünstig. Zudem kann sich Deutschland auch **zu niedrigen Zinssätzen an den Kapitalmärkten** refinanzieren, da Zins- und Tilgungszahlungen bedient werden können. Dazu trägt auch ein angemessenes und stetiges Wirtschaftswachstum bei.

Die **Unsicherheit** über die Dauer der Pandemie und die wirtschaftliche Erholung könnte allerdings kurz- bis mittelfristig zu weiteren Belastungen führen. Die Wachstumsraten des BIP waren bereits in den Jahren von 2017 bis 2019 rückläufig. Der Rückgang des Wachstums 2020 mit −5,2 % wird voraussichtlich den Höhepunkt der Krise darstellen. Die sinkenden Steuereinnahmen (vgl. M 1) werden neben den erhöhten Ausgaben den Staatshaushalt belasten. Eventuell hätten die guten konjunkturellen Phasen der letzten Jahre noch stärker zur Haushaltskonsolidierung – Stichwort *surplus saving* – genutzt werden können. Daneben werden ab 2025 die Ausgaben vor dem Hintergrund der **demografischen Entwicklung** und des Renteneintritts geburtenstarker Jahrgänge steigen (vgl. M 1, Z. 30/31).

Aufgrund der **niedrigen Zinslast** und einer anzunehmenden **raschen Erholung** Deutschlands von der Krise sollte die Gesamtverschuldung, auch in Anbetracht der coronabedingten Neuverschuldung, **tragfähig** sein. Dennoch muss der Staat nach der Krise am Ziel festhalten, Schulden abzubauen. Urteil

Abschließend möchte ich mit Blick auf die Zukunft anmerken, was nach der Krise beachtet werden sollte, wenn es darum geht, die Verschuldung auf ein „vernünftiges Niveau" (vgl. M 1) zu senken. **Schluss:** Bewertung künftiger Maßnahmen
Zunächst sollte der Staat nach dem Corona-Schock sein Augenmerk auf die **(Wieder-)Einhaltung der Defizitgrenzen** legen und die Schulden in einer Phase des wirtschaftlichen Aufschwungs **konjunkturgerecht**, entsprechend der von Keynes geforderten antizyklischen Fiskalpolitik, zurückführen. Die Staatsschuldenquote kann durch **Wirtschaftswachstum** gesenkt werden. Um die Ausgabenseite zu berücksichtigen, sollte das Wachstum nicht durch öffentliche Investitionen, sondern durch **höhere private Investitionen und Innovationen** generiert werden. Durch die Erhöhung der gesamtwirtschaftlichen Nachfrage wird die Produktion angekurbelt und das führt idealerweise zu mehr Beschäftigung und Einkommen (**expansiver Effekt**, Multiplikatoreffekt). Wirtschaftswachstum führt per se zu höheren Steuereinnahmen. Das Produktionspotenzial könnte ggf. durch die demografische Entwicklung gehemmt sein, durch fortschreitende Rationalisierungsprozesse, darunter auch durch die Digitalisierung, jedoch aufgefangen werden. Sowohl 2020 als auch zumindest 2021 sollten **Belastungen für die Produktivität (und Konsum) vermieden** werden. Eine Konsolidierung über Steuererhöhungen auf der Einnahmenseite würde eine **prozyklische Wirkung** entfalten, welche die Krise noch verschärfen könnte. Wie lange die Krise und ihre Auswirkungen auf die Realwirtschaft andauern, ist Stand heute nicht vorherzusehen. Der Staat sollte in Zukunft seine Ausgaben weiter im Blick haben, auch wenn dies aufgrund der **künftigen Herausforderungen** „eines durch **technischen Fortschritt**, namentlich die Digitalisierung, und durch die zur Bekämpfung des **Klimawandels** erforderliche Klimapolitik induzierten **Strukturwandels**" (M 1) schwer umzusetzen sein könnte.

1 *Beschreiben und interpretieren Sie die Karikatur.*

© *Kostas Koufogiorgos/toonpool.com*

- Ein Mann mit Italien-Trikot (Italien-Flagge und Schriftzug) und dickem Bauch mit der Aufschrift „Schulden" steht auf einer Waage, die als EU bezeichnet ist.
- Die Waage schlägt an, weil das Maximalgewicht erreicht ist.
- Der Mann sagt: „Die Waage ist schuld."
- Der Mann repräsentiert Italien. → Italien ist hochverschuldet.
- Die Waage zeigt die Einhaltung der EU-Konvergenzkriterien zur Staatsverschuldung von EU-Ländern an. Die Grenzwerte sind erreicht (Gesamtverschuldung: maximal 60 % des BIP, Neuverschuldung maximal 3 % des BIP).
- Die Schuld für das Erreichen einer Belastungsgrenze weist Italien der EU bzw. den europäischen Vorgaben zu, Italien sieht selbst keinen Handlungsbedarf.
- Der Karikaturist spielt auf den Haushaltsstreit mit der EU an.

2 *Stellen Sie Ursachen dar, die in Zukunft zu einer ansteigenden Staatsverschuldung führen könnten.*

- Der demografische Wandel wird zu steigenden Sozialausgaben zur Finanzierung der Renten führen, da die Zahl der Rentenbezieher steigt, während die Zahl der sozialversicherungspflichtig Beschäftigten sinkt (Scheitern des Generationenvertrags).
- Die Digitalisierung erfordert Zuschusszahlungen an Unternehmen und öffentliche Einrichtungen (z. B. Schulen).
- Der Klimawandel (Klimaschutz und Energiewende) macht Ausgaben für nachhaltige Infrastruktur und Technologien notwendig.

Lehrplanbereich	Geldpolitik (Kurshalbjahr 12/2)
Thema des Referats	Die Europäische Zentralbank als Hüterin der Währung

Aufgabenstellung

„Die EZB ist die Hüterin der Währung.“

Beleuchten Sie diese Aussage ausgehend von M 1 bis M 3 kritisch. Gehen Sie dazu knapp auf die Organisation und den rechtlichen Rahmen sowie ausführlich auf die Strategie und Praxis der Geldpolitik ein.

Hinweis: Je nach Stil des Aufgabenstellers kann sich die Aufgabenstellung auch auf den ersten Satz beschränken.

Begleitmaterialien: Grafiken M 1 und M 2, Text M 3

M 1 **Leitzinsen**

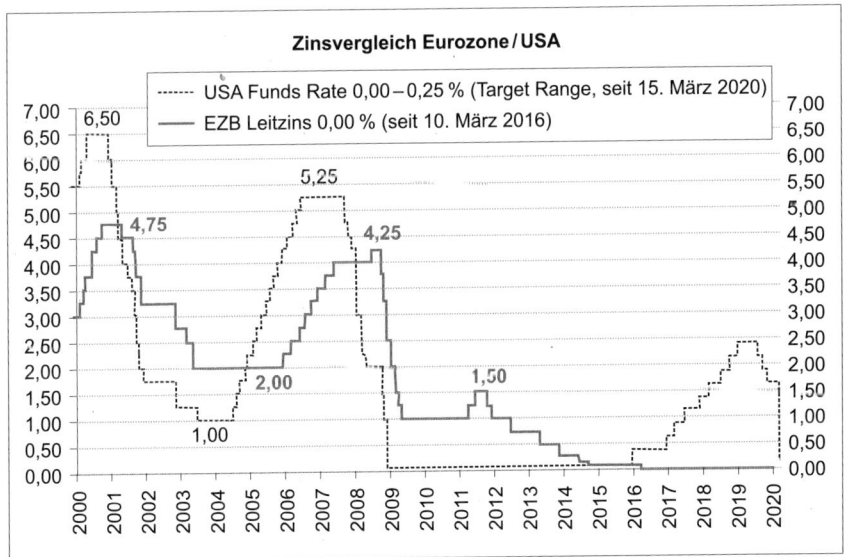

Wolfgang Kerbler: *Leitzinsen (Quelle: EZB/FED)*, http://www.leitzinsen.info/

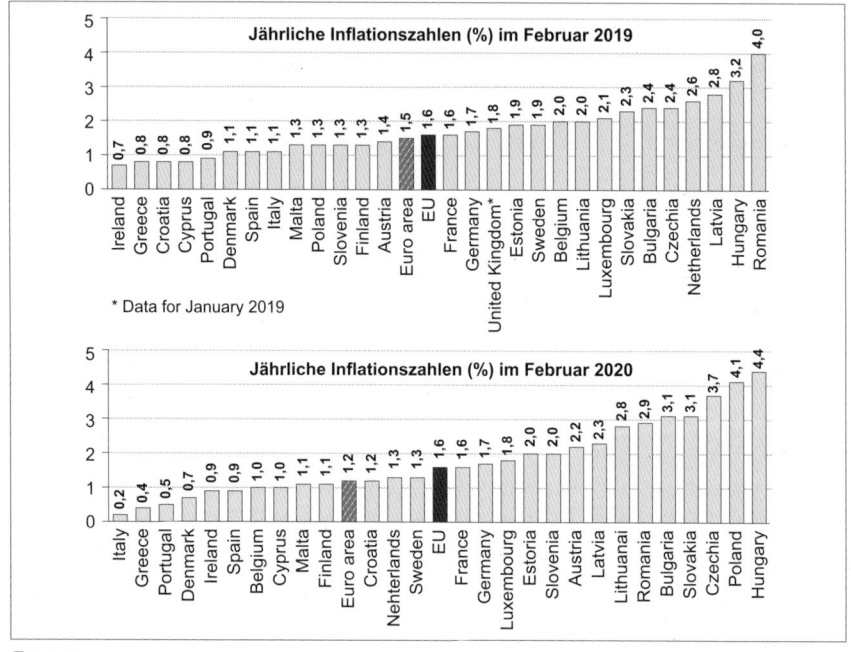

Eurostat

| M3 | **Zinswende nicht vor 2020** (Artikel vom 7.3.2019)

[…] Sparer müssen länger auf eine Zinserhöhung warten – und den Banken bietet die EZB neue Geldspritzen an: Europas Währungshüter reagieren überraschend deutlich auf gestiegene Risiken für die Konjunktur. […] Zugleich bietet die EZB Geschäftsbanken – wie in den vergangenen Krisenjahren mehrfach geschehen – erneut
5 längerfristige Kredite zu günstigen Konditionen an. Die neuen Geldspritzen sollen ab September 2019 bis März 2021 zur Verfügung gestellt werden und eine Laufzeit von jeweils zwei Jahren haben. […] Den Leitzins im Euroraum beließen die Währungshüter auf dem Rekordtief von null Prozent. […] EZB-Chef Mario Draghi sprach von einer Periode „anhaltender Schwäche und allgegenwärtiger Unsicherheit". Die Wirt-
10 schaft im Euroraum werde vor allem durch externe Faktoren belastet. […] Der Deutsche Industrie- und Handelskammertag (DIHK) warf den Währungshütern vor, es in den konjunkturell guten Jahren versäumt zu haben, die geldpolitischen Zügel zu straffen. […] Auch die Prognosen für die Entwicklung der Verbraucherpreise korrigierte die Notenbank nach unten. Danach dürfte die Teuerung in diesem Jahr bei 1,2 Prozent
15 liegen und damit deutlich niedriger als im Dezember vorhergesagt (1,6 Prozent). Für 2020 erwartet die EZB eine Inflationsrate von 1,5 Prozent (1,7 Prozent). […]

Lösungsvorschlag

TIPP Hinweise zur Themenerschließung

Kolloquien im Teilbereich Geldpolitik bieten i. d. R. eine gute Möglichkeit, sowohl mit Fachwissen als auch mit Fachmethoden und aktuellen Bezügen zu punkten. Wesentliche Kompetenzen, die von Ihnen in diesem Teilbereich erwartet werden, sind das Analysieren von Texten und Grafiken, das Herstellen von Zusammenhängen zwischen Theorie und Praxis sowie die Interpretation von Karikaturen.

Der **Operator „beleuchten Sie kritisch"** erfordert eine wertende Auseinandersetzung mit der Bezeichnung der EZB als „Hüterin der Währung". Dazu muss die Bezeichnung zunächst erklärt werden und es müssen die theoretisch damit verbundenen Aufgaben der EZB sowie deren Ziele dargestellt werden (Fachwissen!). Abschließend ist anhand der Materialien M 1 bis M 3 die Praxis kritisch zu betrachten.

Die **Grobstruktur des Referats** besteht aus der **Erläuterung** des Themas, d. h. der spezifischen Aufgabe der EZB zum Schutz der Währung und den damit verbundenen Zielen, dem **Einordnen der Materialien M 1 bis M 3** in diesen Zusammenhang, der **Analyse der Materialien M 1 bis M 3** mit Blick auf die spezifische Aufgabe der EZB und einem **abschließenden Urteil.**

Für eine **„kritische Beleuchtung"** ist eine ausführliche Darstellung, die sowohl positive als auch negative Aspekte mit berücksichtigt, notwendig. Die **Materialien M 1 bis M 3** sind zentral und explizit mit einzubeziehen. Für das Referat gelten die gleichen Regeln wie im schriftlichen Abitur: Eine **gut gegliederte Darstellung** mit **Fachwissen** als Basis unter Verwendung der einschlägigen **Fachterminologie** wird erwartet. Eine kritische Analyse ist eine qualifizierte Bewertung aus verschiedenen Perspektiven, die mit einem **Fazit** schließt.

Die Schwierigkeit bei diesem Thema besteht darin, nicht erschöpfend das gesamte Fachwissen zur EZB vorzutragen, sondern bei der Darstellung immer wieder den Fokus auf das eigentliche Thema zu richten.

Für den **Schluss** bieten sich neben dem Fazit z. B. ein Blick auf die aktuelle Situation und ggf. eine Prognose an.

Einleitung und Überleitung zum Thema:

- Diskrepanz zwischen gefühlter Inflation und statistisch ausgewiesener Inflation
- statistisch ausgewiesene Inflationsrate als zentrale Größe der Arbeit der EZB
- Überleitung: Hintergrund für eine kritische Betrachtung der EZB als „Hüterin der Währung"
- Überblick über die Struktur des Referats

Hauptteil:

1. Teil: Eingrenzung und Erläuterung der genannten Rolle der EZB (Bezeichnung „Hüterin der Währung")

- Schutz der Währung (Euro) als oberste Aufgabe der EZB
- fixiert im Primärziel der EZB: Preisstabilität
- Preisstabilität entspricht Geldwertstabilität und Stabilität der Kaufkraft
- Messung über den HVPI
- Ziel: Inflationsrate unter, aber nahe 2 %
- allerdings auch nachrangiges Ziel: Unterstützung der Wirtschaftspolitik im Eurogebiet bei gewährleisteter Preisstabilität

2. Teil: Analyse von M 1 bis M 3 und Zusammenhänge zur Rolle der EZB

- themenfokussierte Zusammenhänge zwischen den beiden Zinskurven in M 1 sowie der Daten aus M 2
- Bezüge zu vorrangigem und nachrangigem Ziel in M 1 bis M 3
- Abgrenzung der historisch bedingten Aufgabe der EZB, fixiert im vorrangigen Ziel der Preisstabilität, gegenüber der in der EWU historisch einmaligen Situation langfristig niedriger bzw. stark uneinheitlicher nationaler Inflationsraten (M 2) bei vielfach schwachem Wirtschaftswachstum (M 3)
- Erläuterung der Kritik an der EZB im letzten Absatz

3. Teil: Beurteilung der Aufgabenerfüllung der EZB

- keine Über-, sondern Unterschreitung des Inflationsziels und entsprechend expansive Geldpolitik
- zeitgleich mögliche Fokussierung auf das nachrangige Ziel
- Problem der aktuellen zinspolitischen Sackgasse auch im Vergleich zu USA (M 1)
- alternative Interpretation der Bezeichnung „Hüterin der Währung" mit Blick nicht nur auf die Kaufkraft, sondern auch auf das Vermögen der Sparer, die durch Zinsen, die unter der Inflationsrate liegen, schleichend enteignet werden

Schluss:

zusammenfassendes Urteil: beschränkte Handlungsfähigkeit der EZB

Regelmäßig hört und liest man von der **Diskrepanz** zwischen **gefühlter und statistisch ausgewiesener Inflation**. Der Blick auf die Preise für Obst, die Kraftstoff- (in Zeiten vor COVID-19) oder die Mietpreise hat manchen bei der amtlichen Statistik den Kopf schütteln lassen. Die amtlich ausgewiesene **Inflationsrate im Eurogebiet** ist die **wesentliche Maßgröße** für die Arbeit der EZB. Vor dem beschriebenen Hintergrund kann die Aufgabe der EZB als „Hüterin der Währung" einer kritischen Betrachtung unterzogen werden.

Einleitung
statistischer
Aufhänger:
gefühlte versus
amtlich
ausgewiesene
Inflation

Dazu sollen zunächst die **Aufgaben bzw. Ziele der EZB** dargestellt werden. Im Anschluss folgt eine **Analyse der Materialien** M 1 bis M 3 mit Blick auf die Rolle der EZB. Das Kernstück des Referats bildet die **Beurteilung dieser Rolle** auf der Basis des bisher Gesagten mit einem **abschließenden Fazit**.

Struktur des
Vortrags

Die Aufgaben der EZB mit Blick auf ihre Rolle als „Hüterin der Währung" lassen sich über ihre **Ziele** eingrenzen. Das Wort „Hüterin" bedeutet, dass die EZB die **Währung schützen** soll. Sie hat diese Bezeichnung von der Deutschen Bundesbank quasi geerbt. Die Bundesbank hat in den Jahrzehnten ihrer Arbeit im Vergleich zu anderen Zentralbanken mit Abstand am erfolgreichsten die Inflation in ihrem Währungsgebiet Deutschland bekämpft. Historisch gesehen geht es bei der Bezeichnung „Hüterin der Währung" also um den **Schutz vor Inflation**. Die Begründung für dieses Ziel ist der Schutz der Bürger vor Kaufkraftverlust, da nur bei stabilem Geldwert die Kaufkraft *ceteris paribus* erhalten bleibt.

Hauptteil
1. Teil:
Rolle, Aufgaben
und Ziele der EZB

Der Schutz vor Inflation ist auch im **vorrangigen Ziel** der EZB so verankert: in der **Preisstabilität**. Preisstabilität wird von der EZB so definiert, dass eine Inflationsrate von unter, aber nahe **zwei Prozent** vorliegt – wobei in jüngster Zeit auch diese Marke diskutiert wurde. Es handelt sich bei dieser Inflationsrate um die **Veränderung** des sogenannten **harmonisierten Verbraucherpreisindex**, kurz **HVPI**, der nach einheitlichen Standards die gesamteuropäische Inflationsrate beschreibt.

vorrangiges Ziel:
Preisstabilität

Nur, wenn die Preisstabilität gewährleistet ist, darf die EZB im Rahmen ihres nachrangigen Ziels die **Wirtschaftspolitik** im Eurogebiet unterstützen.

nachrangiges
Ziel:
Unterstützung der
Wirtschaftspolitik

Um das vorrangige Ziel verfolgen zu können, hat die EZB ein umfangreiches **Instrumentarium** und **weitreichende Unabhängigkeit** von den nationalen Regierungen des Eurogebiets erhalten.

Analysiert man vor diesem Hintergrund die Materialien M 1 bis M 3, erhält man folgendes Bild:

M 2 zeigt, dass in der jüngeren Vergangenheit die **Inflationsrate im Eurogebiet** deutlich unter den angestrebten 2 % lag, mit fallender Tendenz: Anfang 2019 1,5 %, Anfang 2020 1,2 %. Im gesamten EU-Gebiet lag sie selbst bei Einbeziehung von regionalen Inflationsraten von 4 % und mehr durchschnittlich bei nur 1,6 %. Das Inflationsziel wurde also nicht erreicht, aber eben nicht – wie früher – aufgrund einer Abweichung über den Grenzwert, sondern durch zu **niedrige Inflationsraten.** Auch diese können kritisch sein, da **deflationäre Tendenzen** auf eine **schwache Konjunktur** hindeuten und diese noch verstärken können, wenn Konsum oder Investitionen in der Hoffnung auf sinkende Preise verschoben werden.

M 3 bestätigt diese Vermutung, da dort von *„gestiegene[n] Risiken für die Konjunktur"* und *„einer Periode ,anhaltender Schwäche und allgegenwärtiger Unsicherheit'"* die Rede ist.

Diese Situation erfordert eine **expansive Geldpolitik** mit **sinkenden bzw. niedrigen Zinsen**, die über eine steigende Konsum- und Investitionsnachfrage auch **erhöhende Impulse** auf das Preisniveau haben kann.

Die in M 2 dargestellte **Zinsentwicklung im Eurogebiet** bestätigt dies. Die Niedrigzinspolitik wird auch bereits seit Längerem so praktiziert, da die EZB seit Anfang 2016 den Zins auf dem **historischen Zinstief** von 0 Prozent belassen hat. Hier kommt das nachrangige Ziel der EZB ins Spiel, im Rahmen einer expansiven Geldpolitik die **Wirtschaftspolitik** in der Union zu **unterstützen**. Nachdem für die Preisstabilität keine Abweichung nach oben drohte, war dies auch legitim. Nur eine **überhöhte Inflation** erfordert eine **restriktive Geldpolitik** mit steigenden Zinsen.

Dazu eine kurze Erklärung: Der **Leitzins** der EZB ist im Euroraum der Zinssatz, zu dem sich Geschäftsbanken im Rahmen des **Hauptrefinanzierungsgeschäfts der EZB** refinanzieren können, um beispielsweise an Unternehmen oder Haushalte Darlehen auszugeben. Analog gilt das auch in den USA. Bei einem Refinanzierungszinssatz von effektiv 0 Prozent dürften sich auch die Darlehenszinsen für die Nichtbanken im Euroraum auf historisch niedrigem Niveau bewegen, da die Geschäftsbanken **verpflichtet** sind, die guten Konditionen angemessen an ihre Kunden weiterzugeben. Vor dem **Hintergrund der niedrigen Inflationswerte** waren diese niedrigen Zinsen zur **Ankurbelung der Konjunktur** und damit ggf. zu **einer Steigerung des Preisniveaus** auch 2019 noch gerechtfertigt.

deflationäre Tendenzen, schwache Konjunktur

expansive Geldpolitik

Niedrigzinspolitik

Erklärung: Zusammenhang Leitzins, Inflation und Konjunktur

Allerdings wird dies in **M 3** kritisiert: Der DIHK warf bereits 2019 der EZB vor, *„es in den konjunkturell guten Jahren versäumt zu haben, die geldpolitischen Zügel zu straffen"*, d. h. den Leitzins wieder zu erhöhen, um für einen weiteren konjunkturellen Einbruch wieder einen Zinsspielraum zu haben. Ein Blick auf die Leitzinsen der USA mag diesen Vorwurf bestätigen, wenn man von einer ähnlichen Konjunkturentwicklung ausgeht: Die Fed hatte zwischen 2016 und 2019 den Leitzins schrittweise wieder deutlich auf fast 2,5 angehoben.

Kritik in M 3: zu lockere Geldpolitik

Zusammenfassend ergibt die Datenanalyse also das Bild einer **dauerhaft expansiven Geldpolitik** mit einem historischen Zinstief seit 2016, das zu den zu niedrigen Inflationsraten und zur schwachen Konjunktur passt. Allerdings scheint in der Zeit zwischen 2016 und 2019 durchaus **konjunkturelles Potenzial für Zinserhöhungen** bestanden zu haben, wenn man der Aussage des DIHK Glauben schenkt und von einer analogen Entwicklung in den USA ausgeht.

Zusammenfassung: Daten zur Konjunktur und Inflation

Stellt man diese Daten in den Zusammenhang mit der Aufgabe der EZB als Hüterin der Währung, so darf man als Ergebnis sagen, dass die **niedrigen Zinsen** angesichts **der nicht vorhandenen Inflationsgefahr** durchaus zu rechtfertigen sind. Das vorrangige Ziel der Preisstabilität war mit einer Abweichung nach unten nicht erreicht, sodass für eine **restriktive Geldpolitik** mit steigenden Zinsen **keine Veranlassung** bestand.

Wie soll man also die Aufgabe der EZB als Hüterin der Währung vor dem Hintergrund ihrer Ziele und der Informationen aus M 1 bis M 3 beurteilen?

3.Teil: Beurteilung der Aufgabenerfüllung der EZB

Stellt man das vorrangige Ziel der EZB, die Preisstabilität, in den Vordergrund, konnte sie gar nicht anders handeln, als über eine expansive Geldpolitik mit niedrigen Zinsen zu versuchen, die Nachfrage anzukurbeln und das Sparen unattraktiv zu machen, sodass über die gestiegene Nachfrage und eine gut laufende Konjunktur auch **neue Preisspielräume nach oben** entstanden. In einigen Ländern scheint dies zeitweise ja auch funktioniert zu haben, z. B. in Deutschland 2019 und 2020, in Belgien und Luxemburg 2019, in Österreich 2020. Die **regionalen Disparitäten**, d. h. die Abweichungen zwischen den nationalen Inflationsraten, haben dennoch für den Euroraum-HVPI den Zielwert nicht erreichen können. Für den **Geldwert** und die **Kaufkraft** hatte dies allerdings keine direkten negativen Auswirkungen, da eine geringe Inflationsrate ja die Kaufkraft **nur wenig beeinträchtigt**. Auch ihr nachrangiges Ziel der Unterstützung der Wirtschaftspolitik konnte die EZB mit dieser Niedrigzinspolitik gleichzeitig verfolgen.

Indirekt könnte man allerdings doch **Kritik** üben. Die extrem niedrigen Zinsen haben zwar keine direkte Wirkung auf die Kaufkraft der Einkommen, aber sie **reduzieren die Erträge aus Ersparnissen** effektiv auf ein Niveau, das noch deutlich unter dem der niedrigen Inflationsrate liegt. So reduziert sich der Wert und damit die **Kaufkraft der angesparten Vermögen**, da der Zinsertrag keinen Inflationsausgleich mehr herstellen kann. Aus Sicht der Sparer ist die **Währung ihrer Geldanlagen damit nicht ausreichend geschützt**. Die Kritik des DIHK zielt allerdings in eine andere Richtung. Hier wurde die **fehlende Handlungsfähigkeit** der EZB mit Blick auf die Unterstützung der Konjunkturpolitik in der Eurozone kritisiert. Vor dem Hintergrund der niedrigen Inflationsraten der letzten Jahre war eine restriktive Geldpolitik mit steigenden Leitzinsen allerdings nicht zu rechtfertigen und hätte ggf. deflatorische Tendenzen sogar noch verstärkt. Allerdings hat die EZB damit auch **keine Möglichkeit** mehr, konjunkturelle Impulse durch ihre Zinspolitik zu setzen und damit auch solche für die Preisentwicklung, wie es beispielsweise die USA durch die Zinssenkungen 2019 konnten.

Der nochmals gesunkene Inflationswert Anfang des Jahres 2020 bestätigt einerseits die Vorgehensweise der EZB, zeigt aber andererseits auch, dass die EZB in ihrer Handlungsfähigkeit als „Hüterin der Währung" beschränkt ist.

Ganz offensichtlich nimmt die EZB ihre Aufgabe als „Hüterin der Währung" **aktiv** wahr, indem sie versucht, die zu niedrigen Inflationswerte durch ihre Niedrigzinspolitik zu heben. Diese Vorgehensweise ist angesichts des nochmals gesunkenen Inflationswerts Anfang 2020 gerechtfertigt. Das weitere Absinken des Inflationswerts zeigt aber auch, dass die EZB hinsichtlich ihrer **Handlungsfähigkeit** als „Hüterin der Währung" quasi in einer Sackgasse festsitzt, weil **Negativzinsen auch für private Spareinlagen** die kumulierte Kaufkraft der privaten Haushalte noch stärker beeinträchtigen würden, als dies bereits jetzt durch die Differenz zwischen Inflation und Zinsen der Fall ist.

Schluss
Fazit

Eine flächendeckende Prämie für das Aufnehmen von Krediten in Form von sogar **negativen Kreditzinsen** für Konsum und Investitionen erscheint aus vielerlei Gründen ebenfalls **nicht als sinnvoller** Ausweg. Die Tatsache, dass z. B. die Kosten von Wohnraum im HVPI gar nicht oder nicht angemessen hoch berücksichtigt sind, könnte allerdings über eine **entsprechende Anpassung** den **HVPI erhöhen** und so ein neues Bild von der Inflationsrate ergeben.

1 *Interpretieren Sie die Karikatur.*
Anmerkung: Der Mann im schwarzen Anzug soll Mario Draghi darstellen, der von
2011 bis 2019 Chef der Europäischen Zentralbank war.

© *Paolo Calleri*

– Die Karikatur zeigt einen Bankkunden mit einem Sparbuch, also einen Sparer,
   und den ehemaligen Chef der Europäischen Zentralbank (Mario Draghi).
– Der EZB-Chef zeigt dem Sparer eine „Röhre" mit der Aufschrift „Leitzins". Der
   Sparer weiß damit ganz offensichtlich nichts anzufangen (*„Was [...] soll ich*
   denn mit der Röhre anfangen?"). Der EZB-Chef verrät es dem Sparer nicht, son-
   dern lässt ihn raten.
– Da der EZB-Chef die Röhre in etwa auf Augenhöhe des Sparers hält, wird
   Draghi sich auf die Redewendung „In die Röhre schauen" beziehen wollen. Dies
   bedeutet, nichts abbekommen, leer ausgehen.
– Der Karikaturist will kritisieren, dass durch die Niedrigzinspolitik der EZB die
   Sparer leer ausgehen, da auch die Guthabenzinsen auf einem historischen Tief-
   stand sind. Manche Banken fordern von Anlegern sogar schon Negativ-Zinsen.
   Selbst bei geringen Zinsen (i. d. R. unter 1 %) gehen die Sparer aufgrund des
   Wertverlusts durch die Inflation nicht nur leer aus, sondern ihre mit dem Vermögen verbundene Kaufkraft sinkt real sogar, selbst wenn das Vermögen nominal
   gleich bleibt.

2 *Geben Sie Beispiele für die „allgegenwärtig[e] Unsicherheit" (M 2, Z. 9) aus einer europäischen Perspektive mit dem Blick auf globale Entwicklungen.*

- Globale Entwicklungen können sich sowohl auf der politischen wie auch auf der technischen und wirtschaftlichen Ebene bewegen.

- Politische Verwerfungen wie beispielsweise in der Amtszeit des US-Präsidenten Donald Trump können sich sowohl in wirtschafts- als auch in währungspolitischen Folgen niederschlagen. Sinkt das Vertrauen in eine der beiden Währungen US-Dollar oder Euro, verändert sich der Wechselkurs des US-Dollars im Vergleich zum Euro. An diesen Wechselkurs ist der gesamte Außenhandel nicht nur mit den USA, sondern zum Teil auch mit anderen Handelspartnern geknüpft, z. B. wenn es um Rohstoffe wie Rohöl geht. Auch Direktinvestitionen hängen an der vertrauensvollen Zusammenarbeit der beiden Wirtschaftsräume.

- Technische Unsicherheiten wie beispielsweise im Zusammenhang mit dem 5G-Standard im Mobilfunkgeschäft, insbesondere dem Ausschluss chinesischer Anbieter mit technischem Vorsprung, können die Handelsbeziehungen vor allem zu dem wichtigen Handelspartner China empfindlich stören. Fehlt europäischen Mobilfunkanbietern das technische Know-how, hat dies auch wirtschaftliche Folgen.

- Insgesamt ist das wirtschaftliche Klima der jüngeren Zeit von großen Unsicherheiten geprägt. Schon vor der Corona-Pandemie mit den dramatischen wirtschaftlichen Folgen aufgrund der Lockdown-Maßnahmen haben der Klimawandel, die Rohstoffknappheit, der Brexit etc. die europäische Wirtschaft immer wieder vor Herausforderungen gestellt, die das Investitionsverhalten beeinflussen und damit auch konjunkturelle Auswirkungen haben.

3 *Erklären Sie den Begriff „regionale Disparitäten" und erläutern Sie, inwiefern in einer derartigen Situation eine gemeinsame Geldpolitik Fluch und Segen sein kann.*

- Unter regionalen Disparitäten versteht man hier die Unterschiede in der nationalen Inflationsrate und in der konjunkturellen Entwicklung der Mitgliedstaaten der Eurozone. Während sich in Deutschland die Wirtschaft vor der Corona-Krise allen Unsicherheiten zum Trotz positiv entwickelt hat, ging es anderen Ländern wie Griechenland oder Italien deutlich schlechter. Auch die Inflationsraten innerhalb der Eurozone hatten eine Bandbreite von 0,2 % bis deutlich über 2 %.

- Die EZB muss aber über eine einheitliche Zinspolitik für den gesamten Euroraum agieren. Das bedeutet, dass Länder mit schwacher Konjunktur auf eine Niedrigzinspolitik der EZB angewiesen sind, um über private Kreditaufnahme zu Konsum- oder Investitionszwecken die Wirtschaft anzukurbeln, während in anderen Ländern die Zinsen durchaus angehoben werden könnten, um für konjunkturell schlechte Phasen wieder Spielraum zu haben. Auch die Inflationsraten würden in einigen Ländern eine expansive, in anderen eine restriktive Geldpolitik erfordern (vorrangiges Zeil: Preisstabilität). Das ist der EZB nicht möglich. Dahingehend ist die gemeinsame Geldpolitik ein Fluch.

- Allerdings bedeutet eine einheitliche Geldpolitik auch, dass die einzelnen Mitgliedstaaten nicht über eine individuelle Zinspolitik zueinander in Konkurrenz treten können, sodass ein Kapitalabfluss in wirtschaftlich stabile Länder mit entsprechend höheren Zinsen, der den wirtschaftlich schwachen Ländern zusätzlich schaden würde, verhindert wird. Dahingehend ist die einheitliche Zinspolitik ein Segen. Tatsächlich ist es sogar genau umgekehrt, da wirtschaftlich schwächere Länder i. d. R. im Rahmen der Anleihen und anderer festverzinslicher Wertpapiere höhere Zinsen mit einem Risiko-Aufschlag bieten und so ggf. Kapital ins Land holen können.

4 *Erläutern Sie Grenzen der EZB-Geldpolitik vor dem Hintergrund der Globalisierung.*

– Die Geldpolitik der EZB kann ausschließlich das Zinsniveau und indirekt die verfügbare Liquidität im Euroraum beeinflussen. Sie kann allerdings nicht verhindern, dass außenwirtschaftliche Einflüsse die Kapitalflüsse und die Konjunktur im Euroraum ggf. unerwünscht verändern.

– Erhöht beispielsweise die US-Notenbank die Zinsen deutlich über das Zinsniveau im Euroraum, so kann es passieren, dass dringend benötigtes Investoren-Kapital in die USA abfließt, statt im Euroraum zur Finanzierung von Investitionen beizutragen.

– Eine schwache Konjunktur in Ländern, die wesentliche Handelspartner der EU sind (z. B. USA oder China), führt i. d. R. zu einem Exportrückgang in diese Länder, der auch mit einer Niedrigzinspolitik nicht verhindert werden kann.

– Kommt es aufgrund von politischen Krisen oder Ereignissen wie der Corona-Pandemie zu einer Abschottung von Zulieferstaaten, sodass dringend benötigte Rohstoffe oder Halbfertigprodukte nicht mehr in die Eurozone geliefert werden, kann dies von der EZB nicht beeinflusst werden.

– Globale Kapitalströme auf spekulativer Basis entziehen sich der Kontrolle der EZB.

– Zu- und Abwanderung von Unternehmen bzw. Direktinvestitionen werden vor allem durch Infrastruktur, Lohnstückkosten und ggf. staatliche Fördermaßnahmen beeinflusst, d. h. nicht von der EZB.

Lehrplanbereich	Recht der Leistungsstörungen: mangelhafte Leistung beim Kauf; Spannungsverhältnis zwischen Vertragsfreiheit und Verbraucherschutz (Kurshalbjahr 12/2)
Thema des Referats	Verbraucherrechte: Spannungsfeld zwischen Schutz und Interessenausgleich

Aufgabenstellung

„Verbraucher haben weitreichende Rechte bei Verträgen mit Unternehmern."

Erläutern Sie diese Aussage mithilfe eines grafischen Schemas und der Lösung der Rechtsfälle aus M 1 und M 2 und beurteilen Sie, welche Ansprüche im Fall in M 1 sinnvoll wären. Gehen Sie auch auf die Karikatur M 3 ein.

Hinweis: Für Zeichnungen o. Ä. verwenden Sie bitte die Tafel, Dokumentenkamera etc.

Begleitmaterialien: Rechtsfälle M 1 und M 2, Karikatur M 3

M 1   Ausgangsfall mit Problemstellung

Susanne (S), 19 Jahre, richtet sich ihre „Studentenbude" ein. Sie bestellt sich deshalb am 2.5.2019 beim Internet-Möbelmarkt MM ein Schlafsofa für 500 €. Bereits am 12.5. wird das Sofa geliefert. Als das Sofa ankommt, ist die Verpackung leicht feucht; S weist den Spediteur darauf hin; dieser notiert das auch. S traut ihren Augen nicht, als
5 sie das Sofa auspackt: Es ist ebenfalls feucht und zum Teil fleckig. Als sie aufgebracht bei dem Internethändler anruft, ist dieser wenig beeindruckt:

„Jetzt regen Sie sich mal ab und hören gut zu: Das Sofa hat meinen Laden in einwandfreiem Zustand verlassen. Was die Spedition damit macht, kann ich doch nicht kontrollieren, und daher werde ich auch keine Haftung dafür übernehmen. Das ist eben
10 das Risiko, wenn Sie etwas im Internet bestellen. Und außerdem: Woher weiß ich denn, dass der Wasserschaden nicht erst bei Ihnen zuhause entstanden ist? Dass das Sofa schon beschädigt bei Ihnen angekommen ist, müssen Sie erst einmal beweisen."

Autorentext

Teilaufgabe M 1: Formulieren Sie rechtlich stichhaltige Argumente, mit denen S dem Internethändler klar machen kann, dass er mit seinen Äußerungen nicht recht hat, und zeigen Sie, welche Ansprüche S theoretisch geltend machen kann. Behalten Sie dabei auch das Thema Ihres Spezialgebiets im Auge.

Weitere Details zum Rechtsfall

Susanne, die sich nicht länger mit MM herumärgern möchte und zur Einweihungsparty drei Tage später unbedingt das Sofa in einwandfreiem Zustand benutzen will, lässt das Sofa von einer professionellen Polstermöbelreinigungsfirma für 80 € reinigen.

Teilaufgabe M 2: Prüfen Sie, ob Susanne die Kosten für die Reinigung von MM verlangen kann.

M 3 **Karikatur**

© Roger Schmidt

Lösungsvorschlag

TIPP *Hinweise zur Themenerschließung*

Kolloquien im Teilbereich Recht können sehr unterschiedlich aussehen. Häufig werden Rechtsfälle vorgegeben, um wesentliche Kompetenzen wie Normenanalyse und Subsumtion in die Prüfung einzubeziehen. In diesen Fällen ist das Lösen des Rechtsfalls zentraler Teil des Referats. Dies können Sie sehr gut üben, indem Sie sich eine ganz systematische Darstellung von Falllösungen aneignen.

Die Aufgabenstellung hier kann auf den ersten Blick anhand der Operatoren in drei Teilaufgaben gegliedert werden. Die **Grobstruktur des Referats** besteht aus der **Erläuterung** des Themas und der **Beurteilung** der dazu gefundenen Lösungen sowie einer damit verbundenen **Karikaturinterpretation**. Der genaue Blick auf den ersten Teil der Aufgabenstellung ergibt zwei weitere **Unteraufgaben**: Das Erstellen eines grafischen Schemas und die Lösung der Rechtsfälle.

Als **Einstiegsgedanke** kann die simple Einordung der **eigenen Situation** als Verbraucher verwendet werden oder die Tatsache, dass im Zuge der Europäischen Einigung das Verbraucherrecht nicht nur vereinheitlicht, sondern in Deutschland auch deutlich verbessert wurde.

Der **Operator „Erläutern"** erfordert eine ausführliche Darstellung, die hier auf einem grafischen Anspruchsschema (Tatbestandsmerkmale und Rechtsfolgen bei Sachmangel) und der Lösung der Rechtsfälle aufgebaut werden muss. Ein grafisches Schema für die Arten des Sachmangels wäre theoretisch auch denkbar, ist aber nicht wirklich zielführend. Die **Materialien M 1** und **M 2** müssen Sie zwingend einbeziehen. Für die Lösung der Rechtsfälle gelten die gleichen Regeln wie im schriftlichen Abitur: Eine gut gegliederte und vollständige **Subsumtion auf der Basis der relevanten Rechtsnormen** wird erwartet. Dabei dürfen Sie das **BGB als Hilfsmittel** selbstverständlich verwenden. Zu beachten ist, dass der **Operator „Prüfen"** bei M 2 eine Subsumtion aller relevanten Tatbestandsmerkmale auf der Basis der relevanten Rechtsnormen erfordert.

Der **Operator „Beurteilen"** verlangt eine qualifizierte Bewertung der theoretisch möglichen Lösungen hinsichtlich ihrer Sinnhaftigkeit, die mit einem **Fazit** schließt. Die Schwierigkeit besteht darin, von der Falllösung den Bogen wieder zum eigentlichen Thema des Referats zu spannen. In der Arbeitsanweisung zur Teilaufgabe M 1 wird dafür ein helfender Hinweis gegeben. Das wäre nicht zwingend erforderlich. Der Aspekt „weitreichende Rechte" bildet hier das Kernstück.

Bei der Einbeziehung der **Karikatur M 3** sollte man nicht versuchen, eine schematische, ausführliche Beschreibung und Interpretation der Karikatur zu liefern, sondern sich auf das Herstellen des Zusammenhangs zum Thema konzentrieren.

Für den **Schluss** bieten sich z. B. die Notwendigkeit des Verbraucherschutzes oder die Intention des Gesetzgebers mit Blick auf den Interessenausgleich an.

Einleitung und Überleitung zum Thema:
Das Verbraucherrecht wurde im Rahmen der Europäischen Union nicht nur verein-
heitlicht, sondern die Rechtsstellung der Verbraucher deutlich gestärkt.
Überleitung: Daher haben Verbraucher heute weitreichende Rechte bei Verträgen mit
Unternehmern.

Hauptteil:
Für den Hauptteil gibt es **zwei Alternativen**:
Alternative 1: getrennte Betrachtung von Anspruchsschema und Lösung zu M 1
Alternative 2: Verflechtung der Erläuterung des Anspruchsschemas mit der Subsum-
tion zu M 1 (anspruchsvoller mit weniger Wiederholungen)

In der **Ausformulierung wird Alternative 2** dargestellt.

1. Teil: Zeichnung des Anspruchsschemas und Subsumtion zu M 1
(Hinweis: alle §§-Angaben beziehen sich auf das BGB, soweit nicht anders genannt)

- allgemeine/spezielle Tatbestandsmerkmale: Schuldverhältnis (hier Kaufvertrag),
  Pflichtverletzung (hier Sachmangel), Vertretenmüssen, Fristsetzung, Erheblichkeit
- allgemeine/spezielle Rechtsfolgen: Schadensersatz neben der Leistung, Schadens-
  ersatz statt der Leistung, Rücktritt, Minderung (ggf. Aufwendungsersatz).
- **Schuldverhältnis:**
  - Zustandekommen des Kaufvertrags (Antrag und Annahme §§ 145, 147, 433)
  - Verbrauchsgüterkauf wegen Unternehmer- und Verbraucherstatus der beiden
    Vertragsparteien (§§ 13, 14, 474)
  - Fernabsatzgeschäft wegen Vertragsabschluss im Internet (§ 312c)
  - Versendungskauf wegen Versand der Ware durch den Verkäufer (§ 447)
- **Pflichtverletzung** (Subsumtion der Voraussetzungen des Sachmangels):
  - negative Abweichung der Ist- von der Soll-Beschaffenheit (§ 434 I Satz 2 Nr. 2)
  - Mangel bereits zum **Zeitpunkt des Gefahrübergangs:** dieser ist abweichend
    von § 447 erst bei Übergabe an *S* wegen Versendungskauf, Verbrauchsgüterkauf
    und Wahl des Transporteurs durch Verkäufer (§§ 474, 475 II, 446, 447 I)
  - Beweislast: Karton ist bei Anlieferung schon feucht (also vor Übergabe an S)
  - keine Kenntnis der *S* von dem Mangel zum Zeitpunkt des Vertragsabschlusses
    wegen Fernabsatzgeschäft → Ausschluss aus § 442 I greift nicht
- verschiedene **theoretische Optionen** (Liste in § 437): Nacherfüllung, Rücktritt,
  Minderung, ggf. Schadensersatz
  - Nacherfüllung als **vorrangiger Anspruch:**
    - Grundsatz *pacta sunt servanda* → Chance zur Nacherfüllung durch angemes-
      sene Fristsetzung (§ 439)
    - hier: *MM* lehnt Zuständigkeit ab, verweist auf Transporteur und fehlende Be-
      weise → endgültige Verweigerung der Nacherfüllung → Fristsetzung entbehr-
      lich (§§ 281 II bzw. 323 II)

- Rücktritt oder Minderung:
  - Annahme: Wasserschaden = erheblicher Mangel (§ 323 V (2)) → Rücktritt
  - ersatzweise Minderung auch bei unerheblichem Mangel (§ 441)
- Schadensersatzansprüche nur bei Vertretenmüssen vonseiten des Verkäufers:
  - d. h. Fahrlässigkeit, Vorsatz oder Nichteinhalten einer Beschaffenheitsgarantie (§ 276 I).
  - keine Anhaltspunkte dafür in M 1
  - Erläuterung dazu erst im Zusammenhang mit M 2

2. Teil: Argumente formulieren im konkreten Sachverhalt von M 1

- Sachmangel: fehlende übliche Beschaffenheit des neuen Sofas (§ 434 I Satz 2 Nr. 2)
- Gefahrübergang: Ablehnen der Verantwortung für Spediteur nicht möglich, Gefahrübergang erst bei Übergabe an Käufer (§§ 474, 475 II, 446, 447 I)
- Beweislast: **Beweislastumkehr** aufgrund des Verbrauchsgüterkaufs (§ 477)
- Nacherfüllung: Verantwortung abgelehnt → Verweigerung der Nacherfüllung
- Zum Thema Ansprüche:
  - kein Vertretenmüssen → Recht auf Rücktritt vom Vertrag (erheblicher Mangel)
  - alternativ: Minderung

3. Teil: Beurteilung der Sinnhaftigkeit der theoretisch möglichen Lösungen in M 1

- theoretische Wahl zwischen Nacherfüllung, Rücktritt und Minderung
- Nacherfüllung (falls *MM* mitmacht): Ersatzlieferung auf Kosten von *MM* → gute Lösung, wenn zeitlich passend
- Minderung: nur sinnvoll, wenn Schaden sich beheben lässt → Fall M 2
- Rücktritt: ohne Einigung sinnvoll → Geld zurück; Sofa muss abgeholt werden
- Exkurs: Fernabsatzgeschäft → Widerrufsrecht → später bei M 3
- **Fazit:** rechtzeitige Nacherfüllung wäre ideal

4. Teil: Lösung des fortgeführten Falls M 2

- Situation: Reinigung des Sofas wegen Zeitnot auf eigene Kosten
- Kosten von 80 Euro als **Schadensersatz neben der Leistung** (Anspruchsschema!)
- Voraussetzung: Vertretenmüssen von *MM* (§ 280 I i. V. m. § 276 I) → Vorsatz (nein), Fahrlässigkeit (nein), Beschaffenheitsgarantie (nein) → kein Anspruch
- alternativ **Minderung** (Anspruchsschema!): Minderung ist möglich (vgl. Lösung zu M 1) → Höhe des Betrags: Wertvergleich → 80 Euro?

5. Teil: Einbeziehen der Karikatur M 3

- Bildinhalte: Kind vor einem Weihnachtsbaum, Weihnachtsmann, Geschenk gefällt nicht, abwehrende Hände, Frage nach Fernabsatzgeschäften
- Interpretation: Verweis auf **Widerrufsrecht** bei Fernabsatzgeschäften
  - Verträge ausschließlich über Telemedien (§ 312c)

- Frist innerhalb von 14 Tagen ab Vertragsabschluss bzw. Lieferung der Ware und Information über das Widerrufsrecht
- Rücktritt vom Vertrag ohne Angabe von Gründen (§§ 312d, 312g I, §§ 355, 356)
- ggf.: Ausnahmen in § 312g II

- **Zusammenhang mit M 2:**
  - Rücktritt ohne Angabe von Gründen innerhalb von 14 Tagen ab Lieferung
  - Bedingungen des Widerrufs: unter Umständen Kosten der Rücksendung → falls im Rahmen der Widerrufsbelehrung informiert
  - kein Postversand des Sofas → Rücksendungskosten von *MM* zu tragen (§ 357 VI)

- **Fazit:**
  - vor der Reinigung: gute Lösung für *S* → Kaufpreis und eventuelle Versandkosten erstattet (§ 357 I, II)
  - nach der Reinigung problematisch → ggf. Wertverlust-Forderung von *MM* (§ 357 VII Nr. 1)

6. Teil: Herstellen des Bezugs zum Thema

- Verbraucher haben bei Verträgen mit Unternehmern weitreichende Rechte
- insbesondere bei Fernabsatzverträgen: ohne Angabe von Gründen – auch bei intakter Ware – 14-tägiges Widerrufsrecht → komplette gegenseitige Rückerstattung inklusive Versandkosten → Rückversandkosten nur bei postversandfähiger Ware und Hinweis in Widerrufsbelehrung
- bei Pflichtverletzung wie z. B. Sachmangel → Auswahl unter bestimmten Voraussetzungen zwischen fünf verschiedenen Ansprüchen, z. T. auch gleichzeitig
- zusätzliche Schutzregelungen für Verbraucher: Beweislastumkehr, Gefahrübergang erst bei Übergabe auch beim Versendungskauf, Ausschluss von Wertersatz bei Rücktritt vom Vertrag, § 475 III

- **Fazit:**
  - deutlich erleichterte Durchsetzung von Ansprüchen aus Pflichtverletzung
  - weitreichender Ausschluss negativer Konsequenzen für Verbraucher

Schluss:

- **Notwendigkeit** des Verbraucherrechts:
  - **Ungleichgewicht** zwischen Unternehmer und Verbraucher
  - **spezielle Absatzwege** ohne Prüfmöglichkeit
  → Schutz des Verbrauchers aus Billigkeitsgründen ist weitreichend
- Aber: Schutz hat auch **Grenzen:**
  - Beschädigung/Benutzung der Ware über die normale Prüfung hinaus
  - Fristversäumnis (14 Tage zum Widerruf, 6 Monate zur Beweislastumkehr)
  - Nacherfüllung = Schutz des Verkäufers durch Recht auf zweite Chance

Jeder von uns hier im Raum ist täglich auch in der **Rolle des Verbrauchers**, angefangen vom Pausenverkauf in der Pausenhalle über den Haarschnitt beim Friseur bis hin zur Neueinrichtung einer Wohnung mit Möbeln oder einem Autokauf. Im Zuge der Europäischen Einigung musste das Verbraucherrecht harmonisiert werden. Das hat vielfach zu einer Aufwertung der Verbraucherrechte geführt. Daraus ist auch das Thema meines Referats abgeleitet: „Verbraucher haben weitreichende Rechte bei Verträgen mit Unternehmern." Diese Aussage möchte ich nun anhand der Materialien M 1 bis M 3 beleuchten. Alle Paragrafen, die ich dabei nenne, stammen aus dem BGB.

Einleitung
persönliche Situation

Der Sachverhalt in M 1 und M 2 beschreibt einen sogenannten Sachmangel, d. h. die Ist-Beschaffenheit des Sofas weicht negativ von der Soll-Beschaffenheit ab. Zur Lösung derartiger Rechtsfälle gibt es ein **grafisches Anspruchsschema**, das sich aus **allgemeinen und speziellen Tatbestandsmerkmalen** und den daraus resultierenden **Rechtsfolgen** zusammensetzt. Um Wiederholungen zu vermeiden, flechte ich bei der Erläuterung der einzelnen Teile des Schemas gleich die Subsumtion des Sachverhalts aus M 1 mit ein.

1. Teil:
Zeichnung des Anspruchsschemas und Subsumtion zu M 1

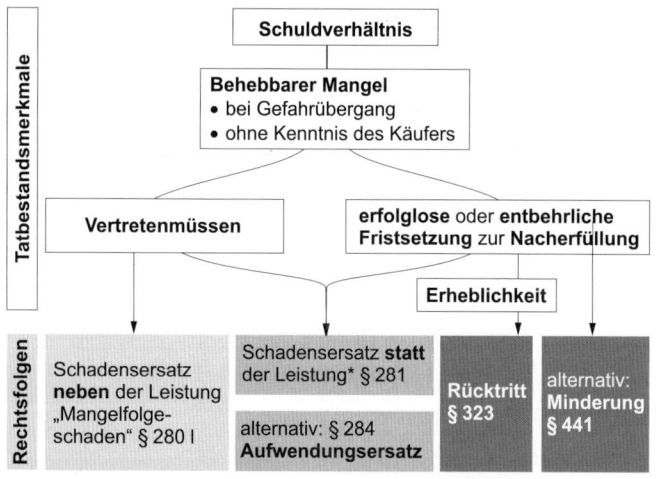

* Schadensersatz statt der ganzen Leistung wie Rücktritt nur bei Erheblichkeit der Pflichtverletzung §§ 281 I 3, 323 V BGB

Voraussetzung für einen vertraglichen Anspruch ist, dass zwischen den Beteiligten ein Vertrag besteht. In M 1 liegt ein **Kaufvertrag** zwischen *S* als Verbraucherin, § 13, und *MM* als Unternehmer, § 14, vor (**Verbrauchsgüterkauf** gemäß § 474). Dieser Kaufvertrag über ein Schlafsofa zum Preis von 500 € ist durch **Antrag und Annahme**

Schuldverhältnis

im Internet zustande gekommen, §§ 145, 147, 433. Es handelt sich um einen **Fernabsatzvertrag** gemäß § 312c, da er ausschließlich über das Internet als Telemedium abgeschlossen wurde, und um einen **Versendungskauf**, da die Ware versandt wird, § 447.

Als **Leistungsstörung bzw. Pflichtverletzung** liegt ein **Sachmangel** vor, da das Sofa bei Lieferung nass und fleckig ist, d. h., die Ist-Beschaffenheit weicht negativ von der Soll-Beschaffenheit ab, da das Sofa nicht die übliche und erwartbare Beschaffenheit eines neu gekauften Sofas aufweist, § 434 I Satz 2 Nr. 2. Pflichtverletzung

Dies ist bereits zum Zeitpunkt des **Gefahrübergangs** so, der wegen des Versendungskaufs abweichend von § 447 erst bei der Übergabe des Sofas an *S* stattfindet, weil nicht *S* den Transporteur ausgewählt hat, sondern *MM*, §§ 474, 475 II, 446, 447 I. Der Karton ist bei Anlieferung schon feucht, sodass der Wasserschaden vor Übergabe an *S* stattgefunden haben muss. Gefahrübergang

S hatte zum Zeitpunkt des Vertragsabschlusses auch **keine Kenntnis von dem Mangel**, da sie das gelieferte Sofa bei der Übergabe zum ersten Mal sieht; im Internet stehen ja i. d. R. nur Platzhalterfotos für die Ware. D. h., der Ausschluss aus § 442 I greift nicht. keine Kenntnis

Aufgrund dieser Tatbestandsmerkmale hat *S* die **verschiedenen Handlungsoptionen** aus § 437. Im Schuldrecht gilt der Grundsatz *pacta sunt servanda*. Theoretisch muss sie *MM* deshalb zunächst eine Chance zur **Nacherfüllung** geben, indem sie ihm eine **angemessene Frist** setzt, § 439. Dazu kommt es aber gar nicht, weil *MM* im Telefonat **jede Form von Zuständigkeit ablehnt** und auf den Transporteur und fehlende Beweise verweist. Diese Aussage kann als **endgültige Verweigerung der Nacherfüllung** gewertet werden, sodass die **Fristsetzung entbehrlich** ist (§§ 281 II bzw. 323 II). verschiedene Handlungs- optionen Nacherfüllung, Fristsetzung

Stuft man den Wasserschaden als erheblichen Mangel ein, § 323 V 2, kann *S* vom Vertrag **zurücktreten** oder **ersatzweise Minderung** verlangen. Letzteres sogar bei unerheblichem Mangel, § 441. Rücktritt oder Minderung

Schadensersatzansprüche kann *S* nur geltend machen, wenn ein **Vertretenmüssen** seitens des Verkäufers vorliegt, d. h. Fahrlässigkeit, Vorsatz oder Nichteinhalten einer Beschaffenheitsgarantie (§ 276 I). Aus M 1 lassen sich dafür keine Anhaltspunkte erkennen. Schadensersatz

Folgende **Argumente** könnte *S* gegenüber *MM* verwenden, um seine Behauptungen zu widerlegen, z. B. in einem Schreiben: **2. Teil:** Argumente zu M 1

- Zum Thema **Sachmangel**:
  Über einen Internetkauf habe ich bei Ihnen ein Sofa für 500 € bestellt, das am 12.5. in einer augenscheinlich feuchten Verpackung geliefert wurde. Der Spediteur hat das auch so notiert. Das Sofa hat offensichtlich einen Wasserschaden, d. h. einen Sachmangel (§ 434 I Satz 2 Nr. 2), weil es feucht und fleckig ist. Das übliche Beschaffenheit

entspricht nicht der üblichen Beschaffenheit eines neuen Sofas (§ 434 I Satz 2 Nr. 2).

- Zum Thema **Gefahrübergang**:
  Sie sagen, dass es nicht in Ihrer Verantwortung liegt, was der Spediteur tut, nachdem die Ware Ihr Haus einwandfrei verlassen hat. Das stimmt so nicht: Da es sich um einen **Versendungskauf im Rahmen eines Verbrauchervertrags** handelt, ist die Gefahr der Verschlechterung erst mit der **Übergabe an mich bei der Lieferung** übergegangen. Alle Schäden davor liegen in Ihrer Verantwortung (§§ 474, 475 II, 446, 447 I).
  Gefahrübergang bei Lieferung

- Zum Thema **Beweislast**:
  Sie fordern außerdem, dass ich Beweise erbringen müsste, dass der Schaden nicht erst bei mir entstanden ist. Das stimmt so nicht, da aufgrund des **Verbrauchsgüterkaufs** zwischen Ihnen und mir die so genannte **Beweislastumkehr** gilt. Innerhalb der ersten sechs Monate nach Lieferung der Ware müssen Sie beweisen, dass die Ware bei Gefahrenübergang einwandfrei war (§ 477). Dass offensichtlich etwas nicht gestimmt hat, zeigte ja schon die feuchte Verpackung.
  Beweislastumkehr

- Zum Thema **Nacherfüllung**:
  Die Tatsache, dass Sie kategorisch jede Verantwortung abgelehnt haben, werte ich als **Verweigerung der Nacherfüllung**. Bitte lassen Sie mich wissen, ob Nacherfüllung doch infrage kommt.
  Verweigerung der Nacherfüllung

- Zum Thema **Ansprüche**:
  Ich gehe davon aus, dass Sie den Schaden **nicht schuldhaft verursacht** haben. Dennoch habe ich aufgrund der oben genannten Punkte das **Recht auf Rücktritt vom Vertrag**, da Flecke in einem neuen Sofa als erheblicher Mangel einzuschätzen sind; auf jeden Fall kommt eine **Minderung** in Betracht.
  Rücktritt oder Minderung

Eine Beurteilung der verschiedenen Optionen für *S* hängt auch von weiteren Faktoren ab. *S* kann theoretisch zwischen **Nacherfüllung**, **Rücktritt** und **Minderung** wählen. Sofern *MM* sich ungeachtet seiner spontanen Weigerung auf die Nacherfüllung einlässt, könnte *S* eine **Ersatzlieferung für das beschädigte Sofa** auf Kosten von *MM* verlangen. Das wäre eine gute Lösung, wenn es zeitlich passend abgewickelt werden kann. Die **Minderung** hat nur Sinn, wenn der Schaden sich beheben lässt, darum geht es im Fall M 2. Der **Rücktritt** ist dann sinnvoll, wenn es zu keiner Einigung zwischen *S* und *MM* kommt. *S* bekommt dann ihr Geld zurück und *MM* muss das Sofa wieder abholen lassen. Völlig unabhängig von diesen Rechten bei Sachmangel hat *S* bei Fernabsatzgeschäften auch noch ein **Widerrufsrecht**. Dazu mehr im Zusammenhang mit M 3.

3.Teil:
Beurteilung der Ansprüche aus M 1

Ersatzlieferung

Minderung
Rücktritt

S lässt das Sofa wegen der Zeitnot und der Auseinandersetzung mit *MM* auf eigene Kosten reinigen. Es stellt sich die Frage, ob sie die Kosten von 80 Euro von *MM* verlangen kann.

4. Teil:
Subsumtion von
M 2

S könnte den **Ersatz dieser Kosten** verlangen, wenn sie einen Anspruch auf **Schadensersatz neben der Leistung** hat. Schadensersatz neben der Leistung deshalb, weil sie das Sofa ja behalten will.

Schadensersatz
neben der
Leistung

Als Voraussetzung für einen Schadensersatz neben der Leistung ist gemäß § 280 zu prüfen, ob ein **Vertretenmüssen** von *MM* vorliegt. *MM* müsste dazu **vorsätzlich oder fahrlässig** gehandelt haben oder eine **Beschaffenheitsgarantie** übernommen und nicht eingehalten haben, § 276 I. Der Sachverhalt in M 1 lässt eine derartige Annahme nicht zu. Einen Anspruch auf Schadensersatz hat *S* daher nicht.

S könnte ihre Auslagen ggf. im Rahmen einer **Minderung** erhalten, sofern eine Minderung diesen Betrag abdecken würde. Die Minderung wurde oben bei M 1 bereits erläutert; theoretisch kann sie diese verlangen. Allerdings berechnet sich der Betrag der Minderung aus einem Vergleich des Werts der Sache im beschädigten gegenüber dem einwandfreien Zustand. Ob dies 80 Euro ergäbe, lässt sich aus dem Sachverhalt nicht entnehmen.

Die **Karikatur** in M 3 thematisiert ein weiteres Recht, das auch im gegebenen Sachverhalt relevant ist.

5. Teil:
Karikatur

M 3 zeigt ein Kind vor einem Weihnachtsbaum, das vom Weihnachtsmann ein Geschenk erhalten soll, das ihm offensichtlich nicht gefällt – es streckt seine Zunge heraus und hält die Hände abwehrend. Es fragt, ob es auch vom Fernabsatzgesetz Gebrauch machen kann. Gemeint ist hier das **Widerrufsrecht bei Fernabsatzgeschäften**, das besagt, dass man bei Verträgen, die ausschließlich über Telemedien abgeschlossen wurden, § 312c, **innerhalb von 14 Tagen** ab Vertragsabschluss bzw. Lieferung der Ware und Information über das Widerrufsrecht von diesem Vertrag **ohne Angabe von Gründen zurücktreten kann**, §§ 312d, 312g I, §§ 355, 356. Ausnahmen zu diesem Widerrufsrecht finden sich in § 312g II.

Widerrufsrecht

Bezogen auf den Fall heißt das: S könnte also auch ohne Angabe von Gründen innerhalb von 14 Tagen ab Lieferung des Sofas vom Vertrag zurücktreten. Allerdings gelten dann die **Bedingungen des Widerrufs**, d. h., unter Umständen müsste S die **Kosten der Rücksendung** zahlen, vorausgesetzt, *MM* hatte sie im Rahmen der Widerrufsbelehrung informiert. Da ein Sofa allerdings nicht mit der Post zurückgesandt werden kann, sind die Kosten der Rücksendung von *MM* zu tragen, § 357 VI. Auch dies wäre – vor der Aktion mit der Reinigung – also eine **gute Lösung für S**, da sie sowohl den Kaufpreis als auch eventuelle Versandkosten erstattet bekäme, § 357 I, II. Nach der Reinigung ist das problematisch, da dann ggf. ein Wertverlust von *MM* geltend gemacht werden kann, § 357 VII Nr. 1.

Die bisherigen Ausführungen haben gezeigt, dass **Verbraucher** bei Verträgen mit Unternehmern **weitreichende Rechte** haben. Dies gilt v. a. bei **Fernabsatzverträgen**, bei denen sogar ein **14-tägiges Widerrufsrecht** besteht, das ohne Angabe von Gründen zur kompletten gegenseitigen Rückerstattung inklusive Versandkosten führen kann. Rückversandkosten entstehen nur bei postversandfähiger Ware.

6. Teil:
Zusammenhang
mit Thema

Liegt eine Pflichtverletzung wie z. B. ein Sachmangel vor, kann der Käufer unter bestimmten Voraussetzungen zwischen **fünf verschiedenen Ansprüchen** wählen, die z. T. auch gleichzeitig möglich sind: Nacherfüllung durch Reparatur oder Ersatzlieferung, Rücktritt, Minderung, Schadensersatz neben der Leistung und Schadensersatz statt der Leistung. Schadensersatz neben der Leistung und Rücktritt sind beispielsweise auch parallel möglich, § 325.

weitreichende
Ansprüche

Speziell für Verbraucher gelten zusätzliche **Schutzregelungen** wie z. B. die beschriebene Beweislastumkehr, der Gefahrübergang erst bei Übergabe auch beim Versendungskauf oder der Ausschluss von Wertersatz bei Rücktritt vom Vertrag, § 475 III. Diese erleichtern die Durchsetzung der Ansprüche aus Pflichtverletzung bzw. schließen negative Konsequenzen für den Verbraucher aus.

Schutzregelungen

Aus Sicht des Verkäufers mögen die **Rechte** von Verbrauchern, insbesondere im Fernabsatz, als **extrem umfangreich** erscheinen. Der Gesetzgeber hat diese Regelungen jedoch wohlüberlegt ergriffen, da Verbraucher im Vergleich zu Unternehmern i. d. R. **weniger Sachkenntnisse** und Geschäftsroutine haben. Der Beweis des Vorliegens eines Fehlers bereits bei Gefahrübergang oder Vertragsabschluss ist für einen Laien häufig nicht möglich. Daher gilt die **Beweislastumkehr**. So muss der Verkäufer das Fehlen des Fehlers belegen.

Schluss
persönliches Fazit

Der **Einkauf per Mausklick oder Telefon**, ohne eine Ware überhaupt gesehen zu haben, kann zum einen übereilt sein und zum anderen auch zur Lieferung einer Ware führen, die man im Ladengeschäft mit Möglichkeit zur Prüfung gar nicht gekauft hätte. Der Gesetzgeber sieht es als unbillig an, Verbraucher in solchen Fällen an diese Verträge zu binden. **Schäden**, die **während des Versands** mit einem Transporteur entstehen, auf den der Käufer gar keinen Einfluss hat, müssen in der Verantwortung des Verkäufers bleiben.

Allerdings gehen die **Rechte des Verbrauchers nicht unbegrenzt** weit. Beschädigt er z. B. Waren über die normale Prüfung hinaus oder versäumt er bestimmte Fristen (14 Tage zum Widerruf, 6 Monate zur Beweislastumkehr), dann sind die entsprechenden Schutzmechanismen nicht mehr gegeben. Im Rahmen der **Nacherfüllung** erhalten Verkäufer außerdem das Recht auf eine zweite Chance. Ungeachtet dessen gilt in Deutschland und Europa ein **umfassendes Verbraucherrecht**.

1 *Diskutieren Sie, ob die Lösung zu M 2 im Sinne eines Interessenausgleichs gerecht ist.*

- In M 2 möchte *S* die Kosten für die Reinigung von *MM* ersetzt bekommen. Sie kann dies nur im Rahmen eines Schadensersatzes neben der Leistung verlangen. Dafür müsste als Voraussetzung das Vertretenmüssen von *MM* für den Wasserschaden gegeben sein. Es darf angenommen werden, dass der Schaden erst auf dem Transport entstanden ist. Daher hat *MM* weder Vorsatz noch Fahrlässigkeit zu vertreten, es liegt auch keine nicht eingehaltene Beschaffenheitsgarantie vor. Im Sinne von *MM* ist es daher gerecht, dass er keinen Schadensersatz leisten muss. Ganz bewusst hat der Gesetzgeber das Verschulden als Voraussetzung für den Schadensersatz gesetzt, da dieser im Extremfall sogar den Wert der Ware übersteigen könnte.

- *S* sind allerdings Kosten entstanden, damit sie ein einwandfreies Sofa rechtzeitig zur Wohnungseinweihung hat. Diese Kosten möchte sie ersetzt haben. Da *MM* die Nacherfüllung verweigert hat, kann sie aufgrund des Mangels auch ohne Fristsetzung Minderung verlangen. Das ist aus ihrer Sicht als gerecht zu betrachten.

- Der Betrag, den *MM* im Rahmen der Minderung nachlassen muss, darf allerdings nicht beliebig, z. B. automatisch in Höhe der Reinigungskosten, angesetzt werden. Vielleicht übersteigen die Kosten der Reinigung deutlich die Wertminderung durch die Flecken, weil noch Transportkosten etc. dazu kommen. In diesem Fall ist der Kostenersatz auf den Betrag der Wertminderung beschränkt. Das ist aus Sicht des Verkäufers gerecht, weil *S* nur wegen des Zeitdrucks in Eigeninitiative ihr Rücktrittsrecht bzgl. des ungereinigten Sofas nicht wahrgenommen hat. Immerhin bekommt sie den Wertverlust des Sofas ersetzt.

- Fazit: Durch den „Schnellschuss" von *S* mit der Reinigung des Sofas ist eine Situation entstanden, die von *MM* nicht verursacht war, sodass es gerecht ist, dass seine Leistungspflicht dadurch nicht erweitert wird, sondern auf den Betrag der Minderung begrenzt ist. Da *MM* auch den ursprünglichen Schaden nicht zu vertreten hat, ist es auch gerecht, dass er keinen Schadensersatz leisten muss. Dass *S* den Wertverlust des Sofas erstattet bekommt, wenn sie es behält, ist aus ihrer Sicht ebenfalls gerecht.

2 *Erläutern Sie am vorliegenden Fall ausgewählte Rechtsfunktionen.*

- Rechtsfunktionen sind z. B. die Schutzfunktion, die Friedensfunktion und die Erziehungsfunktion.

- Durch die umfassenden Verbraucherschutzregelungen werden die Verbraucher vor unüberlegten Käufen oder Übervorteilung durch Absatzmethoden von Verkäufern geschützt. So könnte beispielsweise das Sofa im Bild viel schöner aussehen als real. Das Widerrufsrecht schützt den Verbraucher in diesem Fall.

- Die umfassenden, im BGB verankerten Regelungen haben auch eine Friedensfunktion, da weitgehende Rechtssicherheit entsteht und somit Rechtsstreitigkeiten vermieden oder einfach entschieden werden können. So ist ganz klar geregelt, dass der Gefahrübergang beim Versendungskauf für Verbraucher erst mit der Übergabe stattfindet und vorher das Risiko beim Verkäufer liegt.
- Die Verbraucherschutzbestimmungen haben auch eine Erziehungsfunktion. Zum einen bei Verbrauchern, die bestimmte Fristen einhalten müssen, um ihre Rechte zu wahren, z. B. Einhalten der 14-tägigen Widerrufsfrist, zum anderen bei Verkäufern, die ebenfalls Bedingungen einhalten müssen, um die Rechte der Verbraucher zu begrenzen, z. B. Informationspflichten zum Widerruf.

Lehrplanbereich	Recht der Leistungsstörungen (Kurshalbjahr 12/2)
Thema des Referats	Verspätete Leistung beim Kauf

Aufgabenstellung

TIPP

Tatbestandsmerkmale, die bereits zuvor geprüft wurden, müssen bei neuen Aufgabenstellungen nicht nochmals dargelegt werden; es genügt ein Verweis.

1. Erklären Sie den Sachverhalt (M 1) anhand eines Zeitstrahls, der alle notwendigen Daten chronologisch und übersichtlich abbildet.

2. **Fallvariation 1:** Klara ist dermaßen verärgert, dass sie kein Interesse an dem Reitsattel mehr hat. Zudem möchte sie ihre Ausgaben, die mit dem Reitturnier in Zusammenhang stehen, von der Pferdescheune GmbH ersetzt bekommen. Dies teilt sie Herrn Dümmel in einer E-Mail mit.
   Prüfen Sie im Gutachtenstil, ob Klara vom Vertrag mit der Pferdescheune GmbH zurücktreten kann, und untersuchen Sie, ob Klara die Übernahme der Kosten durch die Pferdescheune GmbH verlangen kann (vgl. § 325 BGB).

3. **Fallvariation 2:** Klara möchte den Sattel behalten und fordert den Ersatz der Mietkosten für den Ersatzsattel (149 €).
   Am 14.07.2020 öffnet sie einen Postbrief der Pferdescheune GmbH (M 4). Klara ist immer noch verärgert und überweist am 24.07.2020 nur den Rechnungsbetrag (M 3). Dieser geht am 27.07.2020 auf dem Konto der Pferdescheune GmbH ein.

   a Zeigen Sie, dass Klara die 149 € als Verzögerungsschaden von der Pferdescheune GmbH bekommt.

   b Erläutern Sie, ob die Pferdescheune GmbH einen Anspruch auf Zahlung der 5 € (M 4) hat und theoretisch Verzugszinsen gegenüber Klara geltend machen kann (Hinweis: § 475 I BGB, M 2).

Begleitmaterialien: Text M 1, Definition M 2, Rechnung M 3, Brief M 4,
Kalender M 5

Ein Reitturnier mit Hindernissen

Die 22-jährige Klara lässt sich am 08.06.2020 bei der 120 km entfernten Pferdescheune GmbH individuell in Handarbeit einen Reitsattel für ihr Pferd maßanfertigen,
da der alte kaputt gegangen ist. Die Anpassung des Reitsattels dauert laut Aussage des
Sattlers Herr Dümmel „bis zu drei Wochen". Klara teilt Herrn Dümmel mit, dass sie
5 am Samstag und Sonntag (27./28.06.2020) ein Reitturnier hat und den Sattel bis zu
diesem Wochenende dringend benötigt. Herr Dümmel sichert Klara eine rechtzeitige
Lieferung zu und notiert auf der Auftragsbestätigung als Lieferzeitpunkt spätestens
den 25.06.2020. Klara überlegt kurz, ist aber schlussendlich damit einverstanden. Sie
betont nochmals, dass die rechtzeitige Lieferung für das Fortbestehen des Vertrages
10 entscheidend ist. Am Mittwoch, den 24.06.2020, ist der Sattel immer noch nicht geliefert. Klara ruft am Mittwochnachmittag bei der Pferdescheune GmbH an, kann aber
niemanden erreichen. Am Folgetag entschuldigt sich Herr Dümmel telefonisch, dass
die Anpassung länger als geplant dauert, da die Praktikantin Frau Williams die Pferdemaße zunächst falsch auf dem Auftragszettel für die Werkstatt übernommen hatte. Der
15 Reitsattel kann deshalb erst am Montag, den 29.06.2020, geliefert werden. Klara ist
verärgert, da sie unbedingt an dem Qualifikationsturnier teilnehmen möchte und
bereits eine Teilnahmegebühr von 70 € bezahlt sowie den für den Pferdetransport notwendigen Anhänger für 200 € über das Wochenende gemietet hat. Aus diesem Grund
mietet Klara am Vormittag des 26.06.2020 kurzerhand einen Reitsattel bei einem re-
20 gionalen Verleih für 149 €. Am Montag, den 29.06.2020, wird der Reitsattel der Pferdescheune GmbH mitsamt der Rechnung (M 3) geliefert.

Autorentext

Definition „unverzüglich"

Eine verzögerte Handlung ohne Verschulden liegt vor, wenn ein sachlicher Grund für
die verzögerte Handlung besteht. Aus sachlichen Gründen (abhängig vom Einzelfall)
darf der Schuldner etwas später handeln als sofort. Der Handelnde hat eine gewisse
Überlegungsfrist. Wenn es die Sachlage erfordert, darf der Handelnde eine Rechtsaus-
5 kunft (Rat eines Rechtskundigen) einholen.
    Der Bundesgerichtshof (BGH) sieht jedoch einen Zeitraum von zwei Wochen als
Obergrenze für ein unverzügliches Handeln als angemessen.

*Volker Friedrich-Schmid: Grundbegriffe (Unverzüglich, Sofort), Jura Basic 2020, http://www.jura-
basic.de/aufruf.php?file=2&art=6&find=Grundbegriffe_Unverz%FCglich*

Pferdescheune GmbH

Pferdescheune GmbH, Rubinweg 21, 90402 Nürnberg

Klara Hümmer
Saphierstraße 17
97421 Schweinfurt

Datum: 29.06.2020

Rechnungs-Nr.: 2020-1234567

Kunden-Nr.: 1234567

Pos.	Stk.	Bezeichnung	Preis/Stk. [€]	Wert [€]
1	1	Reitsattel mit Anfertigung	2.000,00	2.000,00
		Warenwert netto		2.000,00
		19 % Umsatzsteuer		380,00
		Versandkosten		100,00
		Rechnungsbetrag brutto		**2.480,00**

Hinweis: 30 Tage nach Fälligkeit und Zugang dieser Rechnung kommen Sie automatisch in Verzug und müssen mit zusätzlichen Kosten rechnen.

Bei Fragen stehen wir Ihnen jederzeit zur Verfügung.

Vielen Dank für Ihren Einkauf.

Pferdescheune GmbH	Tel.: +49 911 123 321	Sparkasse Nürnberg
Rubinweg 21	E-Mail: pferde-gmbh@gmail.com	IBAN DE82 4430 2323 9880 0001 2304
90402 Nürnberg		BIC: GLF0808FA
Deutschland		USt.-IdNr.: DE999999999

Pferdescheune GmbH

Pferdescheune GmbH, Rubinweg 21, 90402 Nürnberg

Klara Hümmer
Saphierstraße 17
97421 Schweinfurt

Rechnungs-Nr.: 2020-1234567   Nürnberg, 13.07.2020
Kunden-Nr.: 1234567

Sehr geehrte Frau Hümmer,

Sie haben am 08.06.2020 einen Reitsattel inkl. Anfertigung bei uns in Auftrag
gegeben. Die Rechnung wurde Ihnen am 29.06.2020 mit der Lieferung zugestellt.

Wir bitten Sie, den offenen Rechnungsbetrag sowie die Porto- und Materialkosten
für die Zustellung dieses Briefes in Höhe von 5,00 € bis zum 24.07.2020 zu
begleichen.

Mit freundlichen Grüßen

Judith Wöhrl
Kundenservice
Pferdescheune GmbH

Juni 2020

KW	Mo	Di	Mi	Do	Fr	Sa	So
23	1	2	3	4	5	6	7
24	8	9	10	11	12	13	14
25	15	16	17	18	19	20	21
26	22	23	24	25	26	27	28
27	29	30					

Juli 2020

KW	Mo	Di	Mi	Do	Fr	Sa	So
27			1	2	3	4	5
28	6	7	8	9	10	11	12
29	13	14	15	16	17	18	19
30	20	21	22	23	24	25	26
31	27	28	29	30	31		

Lösungsvorschlag

> **TIPP** *Hinweise zur Themenerschließung*

Die Aufgabenstellung gliedert sich bereits in drei Teilaufgaben, die fortlaufend nummeriert sind (1, 2, 3 a/3 b). Sie können in diesem Fall Ihren Vortrag nach der Gliederung der Aufgabenstellung aufbauen.

Der Operator **„Erklären Sie anhand eines Zeitstrahls"** erfordert von Ihnen die strukturierte **Darstellung des Sachverhalts nach ihrem zeitlichen (= chronologischen) Ablauf.** Damit zeigen Sie, dass Sie den Sachverhalt, geordnet nach dem jeweiligen Datum, wiedergeben können. Bei der verspäteten Leistung und dem Verzug ist die Kenntnis der Daten besonders wichtig, z. B. das Datum der Fälligkeit. Bei der Erstellung der Zeitachse können Sie die Daten, welche sich mit der Lieferung des Reitsattels beschäftigen (Aufgaben 2, 3 a) *„nach oben"* abtragen. Daten, die für den Zahlungsverzug (Aufgabe 3 b) von entscheidender Bedeutung sind *„nach unten".* So erhalten Sie eine sinnvolle Struktur mit den zur Fallbearbeitung wichtigsten Daten.

In Aufgabe 2 sollen Sie den Rücktritt vom Kaufvertrag **„im Gutachtenstil prüfen"** und den Anspruch auf einen Schadensersatz statt der Leistung **„untersuchen".**

Bei der **„Prüfung im Gutachtenstil"** müssen Sie eine bestimmte Prüfungsabfolge einhalten. Zuerst wird die **Anspruchsgrundlage** formuliert („Klara könnte gem. § 323 I Alt. 1 BGB vom Kaufvertrag …"), anschließend muss eine systematische **Normenanalyse** und **Subsumtion** erfolgen („1. Gegenseitiger Vertrag: Zwischen Klara und der Pferdescheune GmbH wurde am 08.06.2020 ein Kaufvertrag gem. §§ 145, 147, 433 BGB über …"). Abschließend muss das **Ergebnis** formuliert werden („Klara kann gem. §§ 323 I Alt. 1, 346 I BGB vom Kaufvertrag mit der Pferdescheune GmbH zurücktreten. Die empfangenen Leistungen sind …").

Der Operator **„Untersuchen"** erfordert ebenso die fallspezifische Analyse einzelner Rechtsnormen (Anspruchs- und Definitionsnormen), deren Voraussetzungen sowie die Subsumtion. Abschließend ist ein **juristisches Ergebnis** zu formulieren.

Achten Sie bei der Subsumtion darauf, dass Sie die **Tatbestandsmerkmale** nicht nur bejahen oder verneinen, sondern **präzise begründen.** Dafür sind manchmal auch Querverweise zu anderen Rechtsnormen notwendig (Normenverknüpfung), z. B. die Definition der Fahrlässigkeit gem. § 276 II BGB bei der Prüfung des „Vertretenmüssens" gem. § 280 I 2 BGB im Zuge des Schadensersatzanspruchs.

Der Hinweis auf § 325 BGB macht deutlich, dass beide Ansprüche, Rücktritt und Schadensersatz, nebeneinander geltend gemacht werden können.

Bei Aufgabe 3 a sollen Sie **zeigen**, dass Klara die 149 € als Verzögerungsschaden geltend machen kann. Der Operator **„Zeigen Sie"** (im rechtlichen Sinne) verlangt das Aufzeigen der **Anspruchsgrundlage** sowie der **Tatbestandsmerkmale** mit dazugehöriger Subsumtion, die zu diesem rechtlichen Ergebnis geführt haben. Die Bearbeitung erfordert kein „Prüfen (im Gutachtenstil)" und deshalb **genügt bei wiederkehrenden Voraussetzungen, die bereits beim Schadensersatz statt der Leistung (Aufgabe 2) geprüft wurden, ein Hinweis.** Fokussieren Sie sich auf die entscheidenden Tatbestandsmerkmale und achten Sie auf eine logische Struktur Ihrer Antwort.

Der Operator **„Erläutern Sie"** der Aufgabe 3 b umfasst unter Einbeziehung der Materialien M 2, M 3, M 4 und M 5 die Erklärung der Zusammenhänge, welche die Frage nach den Porto- und Materialkosten sowie den Verzugszinsen beantworten. Die Frage nach dem **Zahlungsverzug Klaras** steht dabei im Vordergrund. Die Rechnung (M 3) weist den Rechnungsbetrag und Informationen zu den Zahlungsbedingungen aus. Die Mahnung (M 4) beinhaltet das Zustellungsdatum der Lieferung und Rechnung (29.06.2020) und die Angabe eines neuen Zahlungsziels (24.07.2020), der Zugang der Mahnung ist der 14.07.2020. Den Kalender (M 5) können Sie zum Abzählen der Tage verwenden.

Gliederung des Kurzreferats

Abkürzungen:
Kaufvertrag: *KV*, Schuldverhältnis: *SV*, Schadensersatz: *SE*, Klara: *K*, Pferdescheune GmbH: *P*, Frau Williams: *W*, Herr Dümmel: *D*

Einstieg (Aufgabe 1):
- Erklärung des Sachverhalts anhand eines Zeitstrahls mit Daten

Hauptteil (Aufgabe 2 und 3a, 3b):

Aufgabe 2:
Rücktritt vom Vertrag
- **Anspruchsgrundlage: Rücktritt vom *KV* von *K* gegenüber *P* gem. § 323 I Alt. 1 BGB (Nichtleistung trotz Fälligkeit)**
  - **gegenseitiger Vertrag:** Kaufvertrag zwischen *K* und *P* am 08.06.2020 über einen Reitsattel gem. §§ 145, 147, 433 BGB (Kaufpreis: 2 480 €) [genauer: Werklieferungsvertrag, § 650 I BGB, Anwendung des Kaufrechts] [ja]
  - **Pflichtverletzung** (§ 323 I Alt. 1 BGB): *P* leistet zum vereinbarten Zeitpunkt *„spätestens 25.06.2020"* nicht, Lieferung des Reitsattels war zu diesem Zeitpunkt **fällig** (vgl. § 271 II BGB) und auch **möglich** [ja]
  - (erfolglose) **Fristsetzung** zur Leistung [nein]

- **Entbehrlichkeit der Fristsetzung** nach § 323 II, Nr. 1–3 BGB: Termin für die Lieferung zwischen *K* und *P* war „spätestens 25.06.2020", **relatives Fixgeschäft** → **Entbehrlichkeit** gem. § 323 II, Nr. 2 BGB [ja]
  - kein Ausschluss nach § 323 VI BGB: *K* nicht verantwortlich und nicht im Annahmeverzug [ja]
  - Rücktrittserklärung gem. § 349 BGB (Gestaltungsrecht): *K* erklärt ihren Rücktritt gegenüber *P* in einer E-Mail [ja]

  Ergebnis: *K* könnte vom Vertrag mit *P* zurücktreten, Rückgabe des Reitsattels gem. § 346 I BGB durch *K*

Schadensersatz statt der Leistung

- *K* möchte ihre gesamten Ausgaben (70 € + 200 € + 149 €) von *P* erstattet: Ausgaben als Schaden → Schadensersatz statt der Leistung, §§ 280 I, II, 281 I Alt. 1 BGB

  Voraussetzungen § 280 I BGB:
  - *SV*: vgl. Rücktritt [ja]
  - **Pflichtverletzung:** vgl. Rücktritt [ja]
  - **Schaden (Kausalität):**
    - verspätete Lieferung des Sattels Grund dafür, dass sich *K* für 149 € einen anderen Sattel mieten musste
    - Teilnehmergebühr (70 €) und Pferdebox (200 €) sind **kein Schaden**, da *K* am Turnier teilgenommen hat und die Kosten auch bei rechtzeitiger Lieferung entstanden wären (vgl. § 249 I BGB)
    - → **Gesamtschaden:** 149 € [ja]
  - **Vertretenmüssen** durch *P* gem. § 280 I 2 BGB: Vermutung des Vertretenmüssens (*P* trägt die Beweislast)
    - zu vertreten: Vorsatz und Fahrlässigkeit gem. § 276 I BGB
    - Fahrlässigkeit: vgl. § 276 II BGB, Vorsatz als Wissen und Wollen der Tatbestandsverwirklichung:
      Praktikantin *W* schreibt die falschen Pferdemaße auf den Auftragszettel für die Werkstatt. *W* hat die im Verkehr erforderliche Sorgfalt außer Acht gelassen → *W* handelte fahrlässig [ja]
    - fraglich, ob *P* das Verhalten der *W* vertreten muss: *P* bedient sich der *W* als Erfüllungsgehilfin gem. § 278 I BGB und hat deren Verhalten in gleichem Maße zu vertreten wie eigenes [ja]

    Zwischenergebnis: *P* hat die Pflichtverletzung zu vertreten

  § 280 III BGB verweist auf die zusätzlichen Voraussetzungen des § 281 BGB:
  - Fristsetzung durch *K*: vgl. Rücktritt [nein]
  - **Entbehrlichkeit** der Frist nach § 281 II BGB: Anders als beim Rücktritt fehlt beim *SE* statt der Leistung das relative Fixgeschäft als Grund für die Entbehrlichkeit, strengere Voraussetzungen für die Entbehrlichkeit der Fristsetzung → Fristsetzung nicht entbehrlich [nein]

  Ergebnis: *K* bekommt die Mietkosten (Sattel) i. H. v. 149 € **nicht ersetzt**

Aufgabe 3a: Ersatz Mietkosten für den Reitsattel

- **_K_ bekommt die 149 €** (vgl. § 249 I BGB: _K_ ist so zu stellen, wie sie bei ordnungsgemäßer Erfüllung gestanden hätte) **erstattet → Voraussetzungen nach §§ 280 I, II, 286 BGB müssen erfüllt sein, _P_ musste sich im Verzug befunden haben**
  - Voraussetzungen § 280 I BGB [ja]
  - Voraussetzungen § 286 BGB:
    - Nichtleistung trotz Fälligkeit und Möglichkeit: Die Leistung war am 25.06.2020 fällig und möglich [ja]
    - Mahnung: _K_ hat _P_ nicht gemahnt [nein]
    - ggf. Mahnung entbehrlich: § 286 II, Nr. 1 BGB, da Zeit nach dem Kalender bestimmt war (25.06.2020) [ja]
    - Vertretenmüssen des Verzugs, § 286 IV BGB: vgl. SE [ja]
    - **Zwischenergebnis:** _P_ befindet sich seit dem 25.06.2020 in Verzug

Aufgabe 3b: Ersatz der Porto- und Materialkosten; Anspruch auf Verzugszinsen

- **Frage nach dem Zahlungsverzug der _K_ gem. §§ 280 I, II, 286 BGB → Ersatz der Porto- und Materialkosten (5 €); Verzugszinsen (theoretisch) nach §§ 288, 286 BGB**
  - Porto- und Materialkosten:
    - kein Hinweis auf Zahlungsbedingungen in der Rechnung: Leistung gem. § 271 I BGB sofort fällig, aber: Verbrauchsgüterkauf (vgl. §§ 474, 13, 14 BGB) → _P_ kann Zahlung „nur" _unverzüglich_ verlangen (§ 475 I BGB, M 2)
    - Obergrenze des BGH 14 Tage: Zahlung der _K_ also spätestens am 13.07.2020 fällig gewesen, dennoch: automatischer Verzug erst 30 Tage nach Fälligkeit und Zugang der Rechnung (Entgeltforderung), also am 12.08.2020
    - 14.07.2020: Mahnung durch _P_ → Eintritt des Verzugs

Ergebnis: _K_ war bis zur Mahnung nicht in Verzug → _K_ muss Porto- und Materialkosten (5 €) **nicht bezahlen**

  - Verzugszinsen:
    - _K_ seit dem 14.07.2020 (durch Mahnung) in Verzug → **_P_ könnte theoretisch Verzugszinsen verlangen**
    - Rechnungsbetrag geht am 27.07.2020 auf dem Bankkonto des _P_ ein: Verzugszinsen für 13 Tage (14.07.–27.07.2020); Höhe nach §§ 288 I 2, 247 I 2, II BGB [Rechnungsbetrag · i · Verzugstage / (360 · 100)]
    - **Vertretenmüssen, § 286 IV BGB:** _K_ ist verärgert und zahlt vorsätzlich nicht

131

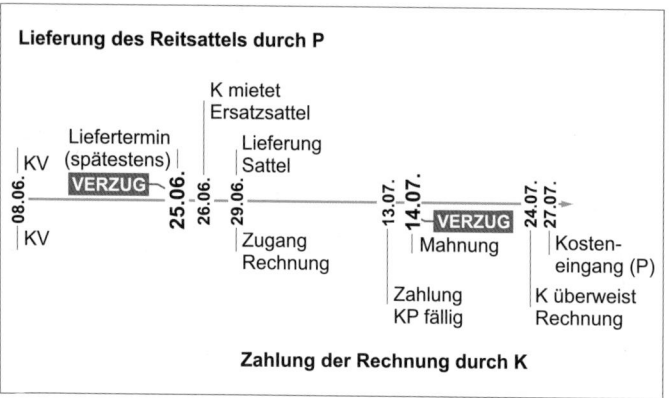

Lieferung des Reitsattels durch P

Zahlung der Rechnung durch K

Am 08.06.2020 wird der Kaufvertrag zwischen Klara und der Pferdescheune GmbH geschlossen. Liefertermin des Reitsattels ist **spätestens** der 25.06.2020. Der Sattel wird **nicht bis zu diesem Tag** geliefert, die Pferdescheune GmbH befindet sich ab dem 25.06.2020 **in Verzug**. Klara mietet sich einen Tag später, am 26.06.2020, bei einem örtlichen Verleih einen **Ersatzsattel** für 149 € für das am Wochenende stattfindende Reitturnier.

Die Lieferung wird Klara am Montag, den 29.06.2020, zugestellt. Mit der Lieferung erhält Klara die Rechnung, die bis 13.07.2020 fällig ist. Die Pferdescheune GmbH **mahnt** Klara mit dem Brief am 14.07.2020 und setzt sie hiermit **in Verzug**. Klara überweist den offenen Rechnungsbetrag am 24.07.2020. Dieser geht drei Tage später, am 27.07.2020, auf dem Konto der Pferdescheune GmbH ein.

Klara hat bei der **Fallvariation 1** kein Interesse an dem Reitsattel mehr. Diesbezüglich prüfe ich zunächst den **Rücktritt vom Kaufvertrag**. Klara könnte vom Kaufvertrag mit der Pferdescheune GmbH gem. § 323 I Alt. 1 BGB zurücktreten.

Zunächst müsste zwischen Klara und der Pferdescheune GmbH ein **gegenseitiger Vertrag** vorliegen. Klara schließt mit der Pferdescheune GmbH am 08.06.2020 einen Kaufvertrag über einen maßgefertigten Reitsattel gem. §§ 145, 147, 433 BGB ab. Der Kaufpreis inkl. Versandkosten beträgt laut Rechnung 2 480 €. *[Denkbar wäre auch ein Werklieferungsvertrag gem. § 650 1 BGB: Anwendung des Kaufrechts.]* Die Pferdescheune GmbH hat gem. § 433 I BGB die Pflicht, Klara den Sattel zu übergeben und zu übereignen (§§ 145, 147, 929 1 i. V. m. § 854 I BGB). Dazu vereinbaren Herr Dümmel und Klara als

Lieferzeitpunkt spätestens den 25.06.2020. Die Lieferzeit ist Bestandteil bzw. Inhalt des Kaufvertrags und wird von Herrn Dümmel auf der Auftragsbestätigung notiert.

Ferner müsste die Pferdescheune GmbH eine Pflicht aus dem gegenseitigen Vertrag, hier Kaufvertrag, verletzt haben. In Betracht kommt gem. § 323 I Alt. 1 BGB eine **Nichtleistung trotz Fälligkeit**. Fällig war die Leistung gem. § 271 II BGB, da als **Leistungszeit** spätestens der 25.06.2020 vereinbart war. Die Pferdescheune GmbH hat bis zum Fälligkeitszeitpunkt nicht geliefert, obwohl die Leistung grundsätzlich möglich war. Pflichtverletzung

Weiter müsste Klara erfolglos eine **angemessene Frist** zur Leistung bestimmt haben. Klara hat keine Frist gesetzt, da der Reitsattel nach telefonischer Rücksprache mit Herrn Dümmel am 25.06.2020 erst am 29.06.2020 geliefert werden kann. Möglicherweise ist die Fristsetzung gem. § 323 II, Nr. 1–3 BGB entbehrlich. Die Pferdescheune GmbH hat die Leistung weder ernsthaft noch endgültig verweigert, da Herr Dümmel die Lieferung für den 29.06.2020 zusagt. Klara betonte bei Vertragsabschluss, dass sie den Sattel bis zum Turnier dringend benötigt. Der Kaufvertrag „stehe und falle" mit der termingerechten Lieferung. Es handelt sich somit um ein „**relatives Fixgeschäft**". Die Fristsetzung ist gem. § 323 II, Nr. 2 BGB entbehrlich. Fristsetzung

Entbehrlichkeit

Ein Ausschluss gem. § 323 VI BGB liegt nicht vor. Klara befindet sich weder im Annahmeverzug noch ist sie für die Verspätung der Leistung, also der Lieferung des Sattels, (mit)verantwortlich. kein Ausschluss
Der Rücktritt ist ein **Gestaltungsrecht**, sodass Klara ihn gegenüber der Pferdescheune GmbH gem. § 349 BGB erklären muss. Klara teilt Herrn Dümmel ihren Rücktritt in einer verfassten E-Mail mit. Rücktritts-
erklärung

Als Ergebnis ist festzustellen: **Klara kann gem. § 323 I Alt. 1 BGB vom Kaufvertrag mit der Pferdescheune GmbH zurücktreten.** Die Wirkungen des Rücktritts ergeben sich aus den §§ 346 bis 348 BGB. Klara muss gem. § 346 I BGB den Reitsattel an die Pferdescheune GmbH zurückgeben. Zugleich muss sie den Kaufpreis nicht mehr überweisen. Ergebnis

Klara möchte neben dem Rücktritt vom Kaufvertrag auch die **Kosten für das Turnier** von der Pferdescheune GmbH erstattet bekommen, darunter die Teilnahmegebühr (70 €), die Mietkosten für den Pferdeanhänger (200 €) und für den Ersatzsattel (149 €). Da sie den Reitsattel nicht mehr haben möchte, wäre es denkbar, die Kosten als Schaden im Zuge des **Schadensersatzes statt der Leistung** gem. §§ 280 I, II, 281 I 1 Alt. 1 BGB geltend zu machen. Dies ist gem. § 325 BGB nicht ausgeschlossen und kann **neben dem Rücktritt** erfolgen. Folgende Voraussetzungen müssen erfüllt sein: Schadensersatz
statt der Leistung

Nach § 280 I BGB muss zwischen Klara und der Pferdescheune GmbH ein **Schuldverhältnis** vorliegen. Es liegt ein Kaufvertrag (vgl. Rücktritt) zwischen den beiden vor.

Schuldverhältnis

Als Pflichtverletzung kommt die **verspätete Leistung** nach § 281 I 1 Alt. 1 BGB in Betracht (vgl. Rücktritt).

Pflichtverletzung

Fraglich ist, ob alle drei Kostenbestandteile als Schaden geltend gemacht werden können. § 249 I BGB gibt Art und Umfang des Schadensersatzes an. Dort steht: *„Wer zum Schadensersatz verpflichtet ist, hat den Zustand herzustellen, der bestehen würde, wenn der zum Ersatz verpflichtende Umstand nicht eingetreten wäre."* Die Aufwendungen für die Turnierteilnahme, demnach 70 € Teilnahmegebühr und 200 € Miete für die Pferdebox, wären auch bei rechtzeitiger Lieferung durch die Pferdescheune GmbH entstanden. Zudem hat Klara, wenn auch mit einem Ersatzsattel, an dem Turnier teilgenommen. Bei ordnungsgemäßer Erfüllung wären jedoch die **Mietkosten für den Ersatzsattel nicht angefallen**. Diese können als Schaden gem. § 249 I BGB geltend gemacht werden.

Umfang des Schadens-ersatzes

Als letzte Voraussetzung des § 280 I BGB müsste die Pferdescheune GmbH den Schaden nach § 280 I 2 BGB vertreten. Das Vertretenmüssen wird zunächst vermutet. Die **Beweislast liegt beim Schuldner**, die Pferdescheune GmbH müsste also beweisen, dass sie den Umstand, der zur Nichteinhaltung des Liefertermins geführt hat, nicht zu vertreten hat. Gem. § 276 I BGB hat die Pferdescheune GmbH **Vorsatz** und **Fahrlässigkeit** zu vertreten. Fahrlässig handelt nach Absatz 2, *„wer die im Verkehr erforderliche Sorgfalt außer Acht lässt"*. Frau Williams, Praktikantin der Pferdescheune GmbH, hat bei der Übertragung der Pferdemaße versehentlich falsche Werte übernommen. Sie hat hier die Sorgfalt verletzt und handelte gem. § 276 II BGB fahrlässig. Dadurch konnte die Leistung erst verspätet erbracht werden. Die Pferdescheune GmbH hat Frau Williams zur Erfüllung ihrer Vertragspflichten eingesetzt. Nach § 278 I BGB hat die Pferdescheune GmbH deren Verschulden in gleichem Umfang zu vertreten wie eigenes Verschulden, da Frau Williams und auch Herr Dümmel **Erfüllungsgehilfen** sind. Die **Pferdescheune GmbH hat die Verspätung der Lieferung zu vertreten.**

Vertretenmüssen

Laut § 281 I 1 BGB kann Klara nur Schadensersatz statt der Leistung verlangen, wenn sie der Pferdescheune GmbH eine **angemessene Frist zur Leistung** setzt. Das hat sie nicht gemacht. Nach § 281 II BGB ist die Fristsetzung, anders als beim Rücktritt vom Kaufvertrag, **nicht entbehrlich**. Die Pferdescheune GmbH verweigert die Leistung nicht ernsthaft und endgültig (vgl. Entbehrlichkeitsgrund auch beim Rücktritt). Während beim Rücktritt das relative Fixgeschäft noch ein **Entbehrlichkeitsgrund** der Fristsetzung

Fristsetzung

Entbehrlichkeit

war, ist dies beim Schadensersatz statt der Leistung nicht mehr der Fall. Hier gelten „strengere" Voraussetzungen an die Entbehrlichkeit, da beim Schadensersatz Schäden, die über das eigentliche Leistungsinteresse hinausgehen, geltend gemacht werden könnten.

Ergebnis: Klara bekommt die Mietkosten für ihren Ersatzsattel in Höhe von 149 € **nicht nach §§ 280 I, III, 281 I 1 Alt. 1 BGB von der Pferdescheune GmbH erstattet.**

Ergebnis

In **Fallvariation 2** möchte Klara den Reitsattel behalten. Möglicherweise kann sie die Mietkosten für den Ersatzsattel von 149 € als **Verzögerungsschaden** (Schadensersatz neben der Leistung) gem. §§ 280 I, II, 286 BGB von der Pferdescheune GmbH verlangen. Dies setzt jedoch den **Lieferverzug** gem. § 286 I 1 BGB der Pferdescheune GmbH voraus. Der Verzug ist nicht mit der verspäteten Leistung gleichzusetzen und liegt nur unter den zusätzlichen Voraussetzungen des § 286 BGB vor, die ich nun untersuchen werde.

Aufgabe 3 a
Schadensersatz neben der Leistung

Lieferverzug

In § 286 I 1 BGB steht: „*Leistet der Schuldner auf eine Mahnung des Gläubigers nicht, die nach dem Eintritt der Fälligkeit erfolgt, so kommt er durch die Mahnung in Verzug.*"
Die Leistung war am 25.06.2020 **fällig** und **möglich**.
Eine **Mahnung** ist die an den Schuldner gerichtete eindeutige und bestimmte Aufforderung, die Leistung, hier die Lieferung des Reitsattels, zu erbringen. Klara hat die Pferdescheune GmbH nicht gemahnt. Fraglich ist, ob die Mahnung gem. § 286 II, Nr. 1–4 BGB **entbehrlich** war. Die Mahnung ist gem. § 286 II, Nr. 1 BGB entbehrlich, wenn für die Leistung eine **Zeit nach dem Kalender** bestimmt ist. Für die Lieferung war der 25.06.2020 (spätestens) bestimmt. Die Mahnung ist in diesem Fall somit **entbehrlich**.
Zuletzt muss die Pferdescheune GmbH den Verzug vertreten (§ 286 IV BGB). Dies ist der Fall (vgl. Aufgabe 2).
Als **Zwischenergebnis** kann festgehalten werden, dass sich die Pferdescheune GmbH **seit dem 25.06.2020 in Verzug** befindet.
Die weiteren Tatbestandsmerkmale des § 280 I BGB wurden bereits beim Schadensersatz statt der Leistung untersucht und liegen alle vor.

Fälligkeit, Möglichkeit

Mahnung

Vertretenmüssen

Ergebnis: Die Pferdescheune GmbH muss Klara die 149 € für den Ersatzsattel gem. § 249 I BGB (Differenzhypothese, positives Interesse) erstatten. Hätte die Pferdescheune GmbH rechtzeitig geliefert, dann hätte sich Klara keinen Ersatzsattel mieten müssen und die Kosten in Höhe von 149 € wären nicht entstanden.

Ergebnis

Zuletzt erläutere ich, ob Klara 5 € Porto- und Materialkosten für den Brief der Pferdescheune GmbH übernehmen muss und Verzugszinsen bezahlen müsste. Die Porto- und Materialkosten fallen unter den **Verzögerungsschaden** gem. §§ 280 I, II, 286 BGB, die **Verzugszinsen** sind nach §§ 288, 286 BGB ein eigenständiger Anspruch.

Aufgabe 3 b
Übernahme der Kosten infolge Zahlungsverzug:

Die Rechnung enthält **kein Zahlungsziel**, sondern den Hinweis, Fälligkeit dass man 30 Tage nach Fälligkeit und Zugang der Rechnung automatisch in Verzug gerät (vgl. M 3). Dies ist gem. § 286 III BGB bei Entgeltforderungen der Fall. Da die Rechnung kein Zahlungsziel enthält, ist sie eigentlich gem. § 271 I BGB sofort fällig. Weil es sich hier aber um einen **Verbrauchsgüterkauf** gem. § 474 I 1 BGB handelt – Klara ist nach § 13 BGB eine Verbraucherin und die Pferdescheune GmbH nach § 14 BGB ein Unternehmer – muss Klara die Rechnung gem. § 475 I 1 BGB nicht sofort, sondern „nur" **unverzüglich** begleichen. Der BGH sieht einen Zeitraum von zwei Wochen als Obergrenze für unverzügliches Handeln. Dementsprechend war die Zahlung **spätestens am 13.07.2020 fällig** und auch möglich („Geld hat man zu haben"). Klara hat die Rechnung 14 Tage nach Zugang immer noch nicht beglichen, obwohl es ihr subjektiv zumutbar war, alsbald zu reagieren, da das Überweisen in der heutigen Zeit (E-Banking, E-Payment) schnell geht. Außer der Prüfung des Rechnungsbetrags gibt es hier keine längeren Prüfungs- und Überlegungszeiten. Automatisch in **Verzug** kommt Klara aber weiterhin Verzug erst **30 Tage nach Fälligkeit** und Zugang einer Rechnung, also dem 12.08.2020. Am 14.07.2020 mahnt die Pferdescheune GmbH Klara durch einen Brief, den Rechnungsbetrag sowie 5 € Porto- und Materialkosten bis zum 24.07.2020 zu bezahlen. **Durch die Mahnung kommt Klara am 14.07.2020 in Verzug.** Da sie **zuvor** aber **nicht** Ergebnis **in Verzug war**, muss sie die 5 € nicht bezahlen.

Der Rechnungsbetrag geht am 27.07.2020 auf dem Konto der Pferdescheune GmbH ein. Klara war somit 13 Tage in Verzug und muss Verzugszinsen für diesen Zeitraum theoretisch **Verzugszinsen** gem. § 288 I 1 BGB an die Pferdescheune GmbH bezahlen. Die Höhe richtet sich nach den §§ 288 I 2, 247 I 2, II BGB und kann nach der Formel [Rechnungsbetrag $\cdot$ i $\cdot$ Verzugstage $/ (360 \cdot 100)$] berechnet werden.

1 *Herr Dümmel liefert den Sattel erst am 29.06.2020. Erläutern Sie in diesem Zusammenhang die Haftungsverschärfung anhand von Beispielen.*

  – Während des Verzugs ist die Haftung von *P* verschärft.

  – § 287 BGB – Verantwortlichkeit während des Verzugs: *„(1) Der Schuldner hat während des Verzugs jede Fahrlässigkeit zu vertreten. (2) Er haftet wegen der Leistung auch für Zufall, es sei denn, dass der Schaden auch bei rechtzeitiger Leistung eingetreten sein würde."*

  – Während des Verzugs muss *P* für jede Fahrlässigkeit (grobe und einfache, vgl. § 276 II BGB) und Zufall einstehen.

  – Einfache Fahrlässigkeit: Beim Abladen streift *D* aufgrund der Schwere und Unhandlichkeit des Sattels aus Versehen eine scharfe Kante am Transporter. Der Ledersattel hat einen kleinen Kratzer. [ja]

  – Grobe Fahrlässigkeit: In der Werkstatt steht auf dem Boden ein Schild „Rutschgefahr wegen Nässe". *D* möchte den Sattel heraustragen und rutscht aus. [ja]

  – Zufall: Am Wochenende vor der Lieferung brechen Diebe in den Werkraum ein und nehmen den Sattel mit. [ja]

  → In allen drei Fällen muss *D* den Schaden vertreten und schuldet *K* weiterhin die Lieferung eines mangelfreien maßgefertigten Reitsattels.

2 *Herr Dümmel vereinbart mit Klara als Uhrzeit für die Lieferung den Zeitraum zwischen 10:00 und 12:00 Uhr. Klara ist am 25.06.2020 während dieser Zeit nicht zu Hause. Herr Dümmel macht sich um 12:45 Uhr wieder auf den Rückweg nach Nürnberg. Beim Abladen aus dem Transporter rutscht Hr. Dümmel auf einem Stein aus und fällt mit dem Sattel zu Boden. Das Leder ist an einer Stelle aufgerieben. Zeigen Sie die rechtlichen Folgen, die sich für Klara ergeben, auf.*

  – *K* befindet sich am 25.06. ab 12:00 Uhr im Annahmeverzug; § 293 BGB: *„Der Gläubiger kommt in Verzug, wenn er die ihm angebotene Leistung nicht annimmt"*

  – § 300 I BGB: *„Der Schuldner hat während des Verzugs des Gläubigers nur Vorsatz und grobe Fahrlässigkeit zu vertreten."*

    ● Vorsatz (z. B.: *D* zerkratzt mit einem Schraubenzieher den Sattel.) [nein]

    ● grobe Fahrlässigkeit (z. B.: In der Werkstatt steht ein Schild „Rutschgefahr wegen Nässe". *D* trägt den Sattel herein und rutscht aus.) [nein]

  – *D* rutscht auf einem Stein aus und fällt zu Boden: einfache Fahrlässigkeit gem. § 276 II BGB → *D* muss den Schaden nicht vertreten

  – *K* ist verpflichtet, den Reitsattel (mit Abrieb) abzunehmen (vgl. § 433 II BGB)

  – § 304 BGB: *„Der Schuldner kann im Falle des Verzugs des Gläubigers Ersatz der Mehraufwendungen verlangen, die er für das erfolglose Angebot sowie für die Aufbewahrung und Erhaltung des geschuldeten Gegenstands machen musste."*

  – Liefert *D* ein zweites Mal, kann er z. B. die Fahrtkosten und die Arbeitszeit als Mehraufwand gegenüber *K* geltend machen.

Lehrplanbereich	Mangelhafte Leistung beim Kauf (Kurshalbjahr 12/2)
Thema des Referats	Sachmangel

Aufgabenstellung

1. Systematisieren Sie die im Text (M 1) vorkommenden Sachmängel.

2. Geben Sie einen strukturierten Überblick über die Rechtsfolgen beim Vorliegen eines Sachmangels.

3. Leon ist enttäuscht und möchte den Kaufpreis für den Kühlschrank und für die zerlaufenen Backwaren vom Hersteller ersetzt bekommen.
   Prüfen Sie im Gutachtenstil einen Anspruch Leons, der seinen Forderungen gerecht wird.

4. Erläutern Sie die rechtliche Situation zwischen Leon und der Bäckerei Wehner bezüglich der Backwaren.

5. Leon möchte das Gartenzelt zurückgeben. „Gartenzubehör.de" weigert sich mit der Begründung, dass das Zelt bei Übergabe an den Zustelldienst originalverpackt und damit in einwandfreiem Zustand war. Deshalb werde das Unternehmen das Zelt nicht zurücknehmen und den Kaufpreis nicht erstatten.
   Widerlegen Sie die Aussage des Verkäufers, dass er das Zelt nicht mehr zurücknehmen und den Kaufpreis nicht erstatten muss.

Begleitmaterialien: Text M 1, Website M 2

M 1   Ein chaotisches Grillfest zum 30. Geburtstag

Leon plant am 01.08.20.. ein großes Grillfest zu seinem 30. Geburtstag im eigenen Garten. Dazu bestellt er telefonisch eine Woche vorher bei der Metzgerei Ziegler acht Kilogramm Fleischwaren, darunter Bratwürste und Steaks für insgesamt 80 € (10 €/kg). Damit rechtzeitig mit dem Grillen begonnen werden kann, sollen die
5 Fleischwaren am Samstag um 14 Uhr durch die Metzgerei geliefert werden. Nach dem Telefonat kümmert sich Leon um den Nachtisch und fährt zur örtlichen Bäckerei Wehner. Dort bestellt er für Samstag 17 Uhr zwei Torten, eine Erdbeer- und eine Bananentorte, und zwei Bleche Tiramisu. Herr Wehner, Chef der Bäckerei, weist darauf hin, dass die Torten und das Tiramisu aufgrund der hohen Temperaturen von über

30 °C trotz Transportkühlung etwas verlaufen können. Leon akzeptiert das und bezahlt die 50 €. Anschließend kauft Leon im Getränkemarkt Pfister fünf Kästen Erfrischungsgetränke (Cola, Limo etc.), vier Kästen Bier und einen bereits geöffneten Karton mit dem Aufdruck „Weißwein – Silvaner – 6 Flaschen". Den Rest der benötigten Getränke hat er bereits zu Hause. Leons Frau Nele hatte bereits neun Tage zuvor ein Gartenzelt für 200 € beim Onlineshop „Gartenzubehör.de" gekauft (M 2), welches zwei Tage später durch den Zustelldienst geliefert wurde.

Am Samstagmorgen bauen Leon und Nele gemeinsam das Gartenzelt für die Gäste auf. Das Zelt soll vor Sonne und Regen schützen. Nach dem Aufbau wackelt das Zelt und ist instabil, obwohl sie es genau nach der beigelegten Anleitung aufgebaut haben. Leon befestigt noch die übrig gebliebenen Abspannseile mit Erdnägeln im Boden und schon ist das Zelt stabil und sicher. Nele bereitet als nächstes die Getränke vor. Beim Auspacken des Kartons entdeckt sie drei Flaschen Weißwein und drei Flaschen Rotwein. Da einige Gäste sicherlich auch Rotwein trinken, behalten sie die drei Flaschen Rotwein. Um 13:55 Uhr nimmt Leon die Lieferung der Fleischwaren in einer Kühlbox entgegen und bezahlt die 80 € in bar. Beim Auspacken kommt Leon das Fleisch etwas wenig vor. Leon möchte sichergehen und ruft bei der Metzgerei an, kann aber niemanden erreichen. Damit seine Gäste nicht zu kurz kommen, kauft er nach längerer Suche noch 1,5 Kilogramm Steaks bei einem Metzger in der Region. Leon ist froh, am Samstag noch einen Ersatz gefunden zu haben, auch wenn er jetzt 10 € mehr bezahlen musste. Herr Ziegler, Inhaber der Metzgerei, ruft am Nachmittag bei Leon an. Er hat am Tag der Zubereitung der Fleischwaren anstelle einer „8" eine „6" gelesen, da er sich die Kilogramm bei der Bestellung unsauber auf seinem Notizblock notiert hatte. Er könne die zwei fehlenden Kilogramm jetzt auf die Schnelle leider nicht liefern. Er entschuldigt sich bei Leon. Wie abgemacht liefert die Bäckerei um 17 Uhr die Torten und das Tiramisu. Die Torten sind verlaufen und Leon möchte nur das Tiramisu behalten. Er bittet Herrn Wehner um die Herausgabe der 35 € für die Torten. Herr Wehner sagt, das könne er nicht machen. Leon ist bereit die Torten zu behalten, möchte aber nur 25 € statt 35 € bezahlen. Nele stellt die Torten und das Tiramisu in den vor ca. fünf Monaten auf einer Messe gekauften Kühlschrank (Kaufpreis: 500 €). Als sie den Nachtisch am Abend herausholt, ist er vollständig zerlaufen und nicht mehr genießbar. Spätabends fängt es an zu regnen, die meisten Gäste stellen sich unter das Gartenzelt. Sie bemerken, dass die hinteren Tische vollständig nass sind. Es läuft Wasser in den Pavillon, da ein Loch in der Plane ist.

Am darauffolgenden Montag stellt der Techniker fest, dass ein Kühlaggregat des Kühlschranks kaputt gegangen ist. Dieses wurde bereits zwei Mal von einem Techniker aus dem Haus des Herstellers repariert. Der Mangel geht auf einen Unachtsamkeitsfehler im Produktionsprozess zurück.

Autorentext

★★★★☆

In den Warenkorb

Jetzt kaufen

200,00 €

Gratisversand

Nur noch wenige
Stück auf Lager.

**Leichtes, portables Partyzelt mit praktischem Klicksystem
für den schnellen Auf- und Abbau mit ca. 180 g/m² schwerer
PE-Plane – 100 % wasserdicht.**

- Schnell und leicht ohne Werkzeug aufgebaut dank Klicksystem –
ideal für den mobilen Gebrauch
- Leicht transportierbar durch vergleichsweise geringes Gewicht:
perfekt für Partyveranstalter, Promotion, Messen oder Märkte
- Modernes, helles Ambiente mit Fenstern in Rundbogenoptik:
elegantes Partyzelt für Hochzeiten, Geburtstage, Konfirmationen
und andere Festlichkeiten
- Kann alternativ kurzfristig als Unterstand, wettergeschützte
Abstellfläche, Lagerzelt oder Zeltgarage genutzt werden
- Auch als Pavillon verwendbar – Seitenteile und Giebelwände
können weggelassen werden

Abbildung Zelt: © gavran333. 123rf.com

Lösungsvorschlag

Hinweise zur Themenerschließung

Die Gliederung des Referats folgt der Aufgabenstellung. Diese gliedert sich in fünf Teilaufgaben.

Der Operator „**Systematisieren**" in Teilaufgabe 1 verlangt von Ihnen, die im Text vorkommenden Sachmängel herauszuarbeiten und in eine Systematik einzuordnen. Die Einteilung kann hier in **Anlehnung an die Gliederung des § 434 BGB** nach der **Fehlerart** erfolgen. Absatz 1 behandelt Fehler an der Sache selbst, sowohl an der Beschaffenheit als auch bei der Verwendung. Absatz 2 erfasst Fehler im Zusammenhang mit der Montage. Absatz 3 behandelt die Lieferung einer anderen Sache („Aliud") oder einer zu geringen Menge („Mankolieferung").

Bei der zweiten Teilaufgabe sollen Sie einen **strukturierten Überblick** über die **Rechtsfolgen** bei Vorliegen eines Sachmangels geben, indem Sie die Rechtsfolgen des § 437 BGB anhand **ihrer spezifischen Voraussetzungen** zusammenhängend darstellen und voneinander abgrenzen. Stellen Sie in Ihrem Überblick heraus, dass der Käufer zunächst das **vorrangige Recht der Nacherfüllung** hat (vgl. § 437 Nr. 1 BGB) und erst dann nachrangige Rechte – **Rücktritt** vom Kaufvertrag, **Minderung** des Kaufpreises, **Schadensersatz statt der Leistung, Ersatz vergeblicher Aufwendungen** und **Schadensersatz neben der Leistung (Mangelfolgeschaden)** – geltend machen kann (vgl. § 437 Nr. 2, 3 BGB).

In Teilaufgabe 3 sollen Sie einen **Schadensersatz statt der ganzen Leistung** (großer Schadensersatz) „im Gutachtenstil prüfen". Nicht immer ist der zu prüfende Anspruch direkt aus der Aufgabenstellung abzulesen. Im Beispiel fordert Leon sowohl die Rückzahlung des Kaufpreises für den Kühlschrank als auch den bezahlten Preis für die Backwaren. Die „**Prüfung im Gutachtenstil**" fordert von Ihnen die Einhaltung der bekannten Vorgehensweise. Zuerst wird die **Anspruchsgrundlage** formuliert („Leon könnte gem. §§ 437 Nr. 3, 280 I, III, 281 I 1, Alt. 2 BGB Schadensersatz für …"), anschließend muss eine **systematische Normenanalyse** und **Subsumtion** erfolgen („1. Schuldverhältnis: Zwischen Leon und Hersteller des Kühlschranks wurde vor fünf Monaten ein Kaufvertrag gem. §§ 145, 147, 433 BGB über …"). Abschließend muss das **Ergebnis** abgefasst werden („Leon bekommt den Schaden in Höhe von 550 € gem. § 249 I BGB …").

Die rechtliche Lage bzw. die rechtlichen Zusammenhänge zwischen Leon und der Bäckerei Wehner sollen Sie in Teilaufgabe 4 klären. **Erläutern** Sie zunächst, ob und unter welchen **Voraussetzungen** bzgl. der Backwaren ein Sachmangel vorliegt. Anschließend können Sie auf die **möglichen Ansprüche** von Leon, hier Rücktritt vom Kaufvertrag und Minderung des Kaufpreises, eingehen.

Teilaufgabe 5 bildet den Abschluss Ihres Vortrags. Dabei sollen Sie die Aussage des Verkäufers **widerlegen**, indem Sie auf deren Inhalt eingehen und durch rechtliche Analyse **begründet eine Gegenposition** formulieren.

Abkürzungen:

Leon: *L*, Hersteller: *H*, Bäckerei Wehner: *W*, „Gartenzubehör.de": *G*

Aufgabe 1:

- Grundsätzlich: Jedes Abweichen der Ist- von der Soll-Beschaffenheit ist ein Sachmangel.
- Keine Legaldefinition „Beschaffenheit": nach herrschender Meinung alle wertbildenden Faktoren

---

TIPP

Die nachfolgenden Übersichten können Sie bei Ihrem Kurzreferat per Dokumentenkamera oder Overheadprojektor zeigen und anhand dessen die Sachmängel in M 1 systematisieren und einen Überblick über die Rechtsfolgen geben (Teilaufgaben 1 und 2). So fällt es Ihnen leichter, den Vortrag zu strukturieren.

Systematik nach § 434 BGB		
Einteilung	**Art**	**Zuordnung der Beispiele**
Fehler der Sache	Fehler in der **Beschaffenheit**: • § 434 I 1: Sache ohne vereinbarte Beschaffenheit? • § 434 I 3, Alt. 2: Kennzeichnung über bestimmte Eigenschaften der Sache, die nicht vorliegen	• Torten sind verlaufen; fraglich, ob die Torten mehr als „etwas" verlaufen sind! • Karton mit der Aufschrift „*Weißwein – Silvaner – 6 Flaschen*" beinhaltet 3 Flaschen Rotwein
	Fehler in **der Verwendbarkeit** (auch Beschaffenheit): • § 434 I 2 Nr. 2: keine gewöhnliche Verwendung und übliche Beschaffenheit	• Kühlschrank kühlt nicht, da Kühlaggregate defekt • Gartenzelt schützt nicht vor Regen, weil die Plane ein Loch hat
Fehler im Zusammenhang mit der Montage	–	–
falsche Lieferung	• § 434 III Alt. 2: Lieferung einer **zu geringen Menge** (Mankolieferung)	• Metzgerei: Lieferung von 6 kg statt 8 kg Fleischwaren

Aufgabe 2:

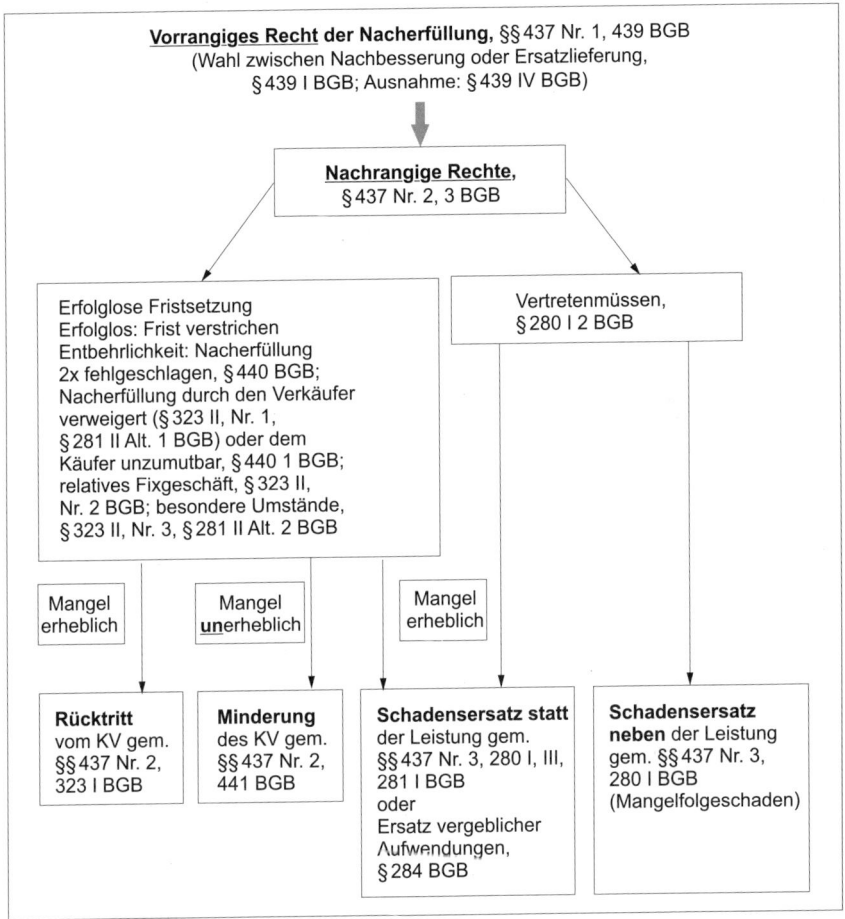

Aufgabe 3:

Anspruchsgrundlage: Leon möchte den Kaufpreis des Kühlschranks (500 €) und der zerlaufenen Backwaren (50 €) gem. §§ 280 I, III, 281 I 1 Alt. 2 BGB vom Hersteller ersetzt bekommen.

- vertragliches Schuldverhältnis, hier Kaufvertrag, zwischen *L* und *II* über einen Kühlschrank (500 €), gem. §§ 145, 147, 433 BGB [ja] → Pflicht zur Übereignung und Übergabe frei von Sachmängeln, vgl. § 433 I BGB

- **Pflichtverletzung: Vorliegen eines Sachmangels?**
  - Art des Mangels: § 434 I 2 Nr. 2 BGB: Der Kühlschrank kühlt nicht, da Kühlaggregate defekt [ja]
  - **Gefahrübergang** (vgl. § 446 1 BGB) [ja]

143

- ABER: Sonderbestimmungen beim **Verbrauchsgüterkauf** bzgl. der **Beweislast**
  - § 474 I 1 BGB: Verbraucher (*L*) kauft von Unternehmer (*H*) eine bewegliche Sache (Kühlschrank, § 90 BGB) [ja]
  - § 477 BGB: **Beweislastumkehr**
  - Kauf des Kühlschranks vor fünf Monaten → Beweislast **beim Verkäufer** → Vermutung, dass Kühlschrank/Kühlaggregate bereits bei Gefahrübergang nicht richtig funktionierte(n), solange bis H das Gegenteil beweist [ja]
- keine Kenntnis oder grob fahrlässige Unkenntnis des *L* gem. § 442 I BGB: *L* kannte den Mangel nicht und hätte ihn auch nicht erkennen müssen [ja]
- [keine Verjährung gem. § 438 I Nr. 3 BGB] [ja]
- **Erfolglose Fristsetzung:**
  - *L* hat keine Frist gesetzt [nein]
  - *L* muss keine Frist mehr setzen, da Nachbesserung fehlgeschlagen (zweimal erfolglos) [ja]
- Erheblichkeit des Mangels, § 281 I 3 BGB: Mangel erheblich, da Kühlschrank als solcher nicht funktioniert [ja]
- **Vertretenmüssen, § 280 I 2 BGB** [ja]
  - *H* hat gem. § 276 I BGB Vorsatz und Fahrlässigkeit zu vertreten
  - Legaldefinition Fahrlässigkeit (§ 276 II BGB): Fahrlässig handelt, wer die im Verkehr erforderliche Sorgfalt außer Acht lässt
  - *H* handelt fahrlässig: Unachtsamkeit im Produktionsprozess [ja]
- Schaden (Kausalität): Kühlschrank (500 €) und Backwaren (50 €); Backwaren sind zerlaufen und daher nicht mehr genießbar, weil die Kühlung während des Lagerns kaputtgegangen ist [ja]

Ergebnis: *H* muss *L* die Schäden i. H. v. 550 € gem. §§ 249 I, II 1, 281 V i. V. m. 346 I BGB erstatten; Rückgabe des Kühlschranks durch *L*

Aufgabe 4:
- Liegt überhaupt ein Sachmangel i. S. von § 434 BGB vor?
- Torten sind zerlaufen → keine übliche Beschaffenheit nach § 434 I 2 Nr. 2 BGB
- *W* hat *L* darauf hingewiesen, dass die Torten „**etwas verlaufen können**" und *L* hat das akzeptiert → **Teil einer Beschaffenheitsvereinbarung**
- entscheidend, was unter „etwas" in diesem Zusammenhang zu verstehen ist (z. B.: Ist die Torte noch als solche zu erkennen oder nicht?)
- trifft „etwas zerlaufen" zu, hat *L* keine Ansprüche, da Beschaffenheit mit *W* so vereinbart, vgl. § 434 I 1 BGB
- wenn nicht, ggf. **Rücktritt vom Kaufvertrag** (*L* möchte nur das Tiramisu behalten, Teilrücktritt, Mangel muss erheblich sein) gem. §§ 437 Nr. 2, 323 I Alt. 2 BGB oder **Minderung des Kaufpreises** gem. §§ 437 Nr. 2, 441 I BGB (25 € statt 35 € für die Torten, Herausgabe von 10 € an *L*, § 441 IV BGB)

Aufgabe 5:

- *N* hat als vorrangiges Recht einen Anspruch auf Nacherfüllung gem. §§ 437 Nr. 1, 439 BGB
- § 439 I BGB: Wahl zwischen Nachbesserung und Ersatzlieferung → *G* müsste also das Zelt zurücknehmen und ein neues Zelt liefern (Ausnahme § 439 IV BGB: unverhältnismäßig hohe Kosten im Vergleich zu einer Reparatur der Plane)
- verweigert *G* die Nacherfüllung, kann *N* unter den Voraussetzungen des §§ 440 I, 323 BGB vom Vertrag zurücktreten → *N* erhält den Kaufpreis und gibt das Zelt zurück
- ob Zelt originalverpackt war oder nicht u. U. für das Vertretenmüssen nach § 280 I 2 BGB bei einem eventuellen Schadensersatzanspruch entscheidend

---

Kurzreferat

Bei Leons gut organisierter Gartenparty läuft aufgrund von Sachmängeln einiges nicht wie geplant. Die Sachmangelarten lassen sich entsprechend der Absätze des § 434 BGB systematisieren.

Aufgabe 1

Absatz 1 umfasst Fehler **an der Sache selbst**, sowohl in der **Beschaffenheit** als auch bezüglich der **Verwendung**. Dabei haben **vertragliche Vereinbarungen Vorrang** vor der üblichen Beschaffenheit und gewöhnlichen Verwendung einer Sache. Im vorliegenden Fall (M 1) vereinbaren Leon und die Bäckerei Wehner, dass die Backwaren trotz Kühlung aufgrund der hohen Temperaturen „*etwas*" verlaufen können. Verlaufen die Backwaren mehr als „*etwas*", dann liegt ein Sachmangel gem. § 434 I 1 BGB vor, da die **Beschaffenheit von der vertraglich vereinbarten** abweicht.

Abweichung von der vereinbarten Beschaffenheit

Zur Beschaffenheit zählen gem. § 434 I 3 BGB auch **Kennzeichnungen über bestimmte Eigenschaften** der Sache. Der erworbene Weinkarton trägt die Aufschrift „*Weißwein – Silvaner – 6 Flaschen*", beinhaltet aber je drei Flaschen Weißwein und Rotwein.

Kennzeichnung falsch

Der Kühlschrank eignet sich aufgrund der defekten Kühlaggregate nicht für das Kühlen von Waren. Das Kühlen stellt hier die **gewöhnliche Verwendung** eines Kühlschranks dar. Es liegt ein Sachmangel gem. § 434 I 2 Nr. 2 BGB vor. Ebenso eignet sich das Gartenzelt nicht für die gewöhnliche Verwendung, weil es durch das Loch in der Plane nicht wasserdicht ist. *[Da die Plane aufgrund des Loches und nicht aufgrund des Materials wasserundicht ist, handelt es sich nicht um einen Beschaffenheitsfehler nach § 434 I 3 BGB.]*

keine gewöhnliche Verwendungseignung

Ein **Fehler im Zusammenhang mit der Montage**, wie er in Absatz 2 genannt ist, ist im Text nicht vorzufinden.

Montagefehler

145

Die Metzgerei Ziegler liefert nur sechs statt acht Kilogramm Bratwürste und Steaks. Hier handelt es sich um einen Sachmangel aufgrund einer **falschen Lieferung**, da der Verkäufer eine **zu geringe Menge** (§ 434 III Alt. 2 BGB) liefert.

Falschlieferung

Beim Vorliegen eines Sachmangels hat der Käufer **Sekundäransprüche**, zunächst das **vorrangige Recht der Nacherfüllung** gem. §§ 437 Nr. 1, 439 BGB (Recht der zweiten Andienung für den Verkäufer). Der Käufer kann gem. § 439 I BGB *„als Nacherfüllung nach seiner Wahl die Beseitigung des Mangels oder die Lieferung einer mangelfreien Sache verlangen."* Der Verkäufer kann die gewählte Art der Nacherfüllung verweigern, wenn sie für ihn mit unverhältnismäßig hohen Kosten verbunden ist (vgl. § 439 IV 1 BGB). Als **nachrangige Rechte** kommen gem. § 437 Nr. 2 BGB der **Rücktritt vom Kaufvertrag** und die **Minderung des Kaufpreises** sowie gem. § 437 Nr. 3 BGB der **Schadensersatz neben** und **statt der Leistung** sowie der **Ersatz vergeblicher Aufwendungen** (§ 284 BGB) in Betracht.

Aufgabe 2
vorrangiges Recht auf Nacherfüllung

nachrangige Rechte

Für den **Rücktritt** vom Kaufvertrag und die **Minderung** ist das Setzen und **erfolglose Verstreichen einer Frist** entscheidende Voraussetzung, wobei der Rücktritt **nur bei einem erheblichen Mangel** an der Sache nach § 323 V 2 BGB möglich ist. Eine Frist ist dann erfolglos verstrichen, wenn der Mangel nicht innerhalb dieser Zeit beseitigt wurde. In einigen Fällen muss **keine** Fristsetzung erfolgen. Gem. § 440 BGB dann nicht, wenn die **Nacherfüllung zweimal fehlgeschlagen** oder dem Käufer **unzumutbar** ist oder wenn sie der Verkäufer gem. § 323 II Nr. 1 BGB **verweigert**. Liegen ein **relatives Fixgeschäft** gem. § 323 II Nr. 2 BGB oder besondere Umstände, die einen Rücktritt rechtfertigen, vor (§ 323 II Nr. 3 BGB), ist ebenfalls keine Fristsetzung erforderlich.

Voraussetzungen: Rücktritt und Minderung

Schadensersatz neben der Leistung beim sogenannten Mangelfolgeschaden gem. §§ 437 Nr. 3, 280 I BGB kann nur dann verlangt werden, wenn der Schuldner – der Verkäufer – den Schaden gem. § 280 I 2 BGB **vertreten** muss. Die „strengsten" Voraussetzungen gelten beim **Schadensersatz statt der Leistung** nach §§ 437 Nr. 3, 280 I, III, 281 I BGB und beim **Ersatz vergeblicher Aufwendungen** (§ 284 BGB). Bei diesen Ansprüchen muss der Gläubiger eine **Frist** setzen und der Schuldner muss den Schaden **vertreten**. Verlangt der Gläubiger Schadensersatz statt der ganzen Leistung, muss der Schaden gem. § 281 I 3 BGB zudem **erheblich** sein.

Voraussetzungen: Schadensersatz neben und statt der Leistung; Ersatz vergeblicher Aufwendungen

Leon möchte den Kaufpreis des Kühlschranks in Höhe von 500 € sowie den Kaufpreis der Backwaren in Höhe von 50 € vom Kühlschrankhersteller gem. §§ 437 Nr. 3, 280 I, III, 281 I 1 Alt. 2 BGB ersetzt bekommen.

Aufgabe 3:
Prüfung SE statt der Leistung

Hierfür müsste zwischen Leon und dem Hersteller **ein Schuldverhältnis** bestehen. Zwischen den beiden Vertragsparteien besteht ein **Kaufvertrag** gem. §§ 145, 147, 433 BGB über einen Kühlschrank zum Preis von 500 €. Der Kühlschrank wurde vor fünf Monaten auf einer Messe beim Hersteller gekauft. Dieser ist gem. § 433 I BGB verpflichtet, den Kühlschrank **frei von Sachmängeln** zu übergeben und zu übereignen (gem. §§ 929 1, 854 I BGB).

Schuldverhältnis: Pflichten des Herstellers

Der Hersteller müsste eine Pflicht aus dem Kaufvertrag **verletzt** haben. Es kommt ein **Sachmangel** gem. § 434 BGB in Betracht. Der Kühlschrank eignet sich gem. § 434 I 2 Nr. 2 BGB nicht für die **gewöhnliche Verwendung**, da er nicht kühlt. Gem. § 446 I BGB muss der Mangel **bei Gefahrübergang** vorgelegen haben, denn mit der Übergabe der Sache geht die Gefahr des zufälligen Untergangs und der zufälligen Verschlechterung auf den Käufer, also auf Leon, über. Beim Kauf des Kühlschranks handelt es sich gem. § 474 I BGB um einen **Verbrauchsgüterkauf**. Dieser liegt vor, wenn ein Verbraucher von einem Unternehmer eine bewegliche Sache kauft. Leon ist nach § 13 BGB ein Verbraucher und der Hersteller nach § 14 BGB ein Unternehmer. Bei dem Kühlschrank handelt es gem. § 90 BGB um eine Sache. Beim Verbrauchsgüterkauf gilt gem. § 477 BGB die **Beweislastumkehr**. Da der Kauf des Kühlschranks vor ca. fünf Monaten stattgefunden hat, liegt die **Beweislast noch beim Hersteller**. Er muss beweisen, dass der Mangel **nicht schon bei Gefahrübergang** vorlag. Solange der Beweis nicht erfolgt, wird angenommen, dass der Kühlschrank bereits bei Gefahrübergang einen Fehler aufwies. Leon dürfte weder **Kenntnis von dem Mangel** gehabt haben noch dürfte ihm der Mangel infolge **grober Fahrlässigkeit unbekannt** geblieben sein (§ 442 I BGB). Leon kannte den Mangel nicht und es sind auch keine Hinweise im Text zu finden, dass er den Mangel hätte kennen müssen. *[Ebenso ist der Anspruch gem. § 438 I Nr. 3 BGB nicht verjährt.]*

Pflichtverletzung: Sachmangel bei Gefahrübergang

Verbrauchsgüterkauf: Beweislastumkehr

keine Kenntnis des Käufers

Zudem müsste Leon dem Hersteller erfolglos eine angemessene **Frist zur Nacherfüllung** gesetzt haben. Dies hat er nicht gemacht. Gem. § 440 1 BGB bedarf es der Fristsetzung jedoch nicht, wenn die **Nacherfüllung fehlgeschlagen** ist. Eine Nachbesserung gilt laut § 440 2 BGB nach dem **erfolglosen zweiten Versuch** als fehlgeschlagen. Das Kühlaggregat wurde bereits zweimal durch einen Techniker repariert. Folglich muss Leon **keine Frist** setzen. Ferner müsste der Mangel an dem Kühlschrank nach § 281 I 3 BGB **erheblich** sein. Die Kühlaggregate sind entscheidend für die Kühlfunktion. Da diese defekt sind, kann der Kühlschrank nicht mehr kühlen. Dies stellt einen **erheblichen Mangel** dar. Weiterhin muss der Hersteller den Schaden gem. § 280 I 2 BGB **vertreten**. Zu vertreten hat er gem. § 276 I BGB **Vorsatz und Fahrlässigkeit**. Vorsatz liegt hier nicht vor. In Betracht kommt jedoch die Fahrlässigkeit. Die Fehlerhaftigkeit der Kühlaggregate geht auf einen **Unachtsamkeitsfehler** im Herstellungsprozess zurück, sodass der Hersteller hier fahrlässig gehandelt (gem. § 276 Abs. 2 BGB) und den Sachmangel entsprechend zu vertreten hat.

Fristsetzung: Entbehrlichkeit

Erheblichkeit des Mangels

Vertretenmüssen

Zudem müsste Leon ein **Schaden durch den Sachmangel** entstanden sein. Die Schäden belaufen sich zum einen auf den Wert des Kühlschranks in mangelfreiem Zustand (Kaufpreis: 500 €) und zum anderen auf die nicht mehr genießbaren Torten und das Tiramisu als Mangelfolgeschaden (Wert: 50 €). Die Schäden sind adäquat kausal durch die defekten Kühlaggregate entstanden. Hätte der Kühlschrank funktioniert, wären die Backwaren nicht zerlaufen.

kausaler Schaden

Als **Ergebnis** ist festzuhalten: Leon kann vom Hersteller **Schadensersatz statt der ganzen Leistung** gem. §§ 437 Nr. 3, 280 I, III, 281 I 1 Alt. 2 BGB **in Höhe von 550 €** verlangen. Gem. § 249 I BGB ist Leon so zu stellen, wie er bei ordnungsgemäßer Erfüllung, also einem funktionierenden Kühlschrank, stehen würde. So stehen ihm 500 € für den Kühlschrank zu. Gem. § 249 II BGB kann Leon auch den Betrag, der zur Herstellung der Backwaren notwendig ist, also den Kaufpreis von 50 €, verlangen. Leon ist verpflichtet, den **Kühlschrank an den Hersteller zurückzugeben** (§§ 281 V, 346 BGB).

Ergebnis

Schaden infolge des Sachmangels

Zwischen Leon und der Bäckerei Wehner liegt ein **Werklieferungsvertrag** vor. Hergestellt und geliefert wurden zwei Torten und zwei Bleche Tiramisu. Gem. § 650 1 BGB finden die **Vorschriften über den Kauf** Anwendung. Fraglich ist in diesem Fall zunächst, ob überhaupt ein Sachmangel vorliegt. In Betracht kommt ein Sachmangel gem. § 434 I 1 BGB. Herr Wehner hat Leon bei der Bestellung darauf hingewiesen, dass die Torten und das Tiramisu aufgrund hoher Temperaturen trotz Transportkühlung etwas verlaufen können.

Aufgabe 4

Prüfung: Vorliegen eines Sachmangels

Da Leon dies akzeptiert hat, ist dies Teil einer **Beschaffenheitsvereinbarung** gem. § 434 I 1 BGB. Die vereinbarte Beschaffenheit hat **Vorrang** vor der üblichen Beschaffenheit nach § 434 I 2 Nr. 2 BGB. Es ist also entscheidend, was man unter dem Begriff „etwas" in diesem Zusammenhang versteht. „Etwas" könnte bedeuten, dass die Torten an den Rändern ein bisschen zerlaufen, Grundformen aber erkennbar sind und der Geschmack nicht beeinträchtigt ist. In diesem Fall hätte Leon keine Ansprüche gegen die Bäckerei, da Leon darauf hingewiesen wurde und dies akzeptiert hat. Liegt ein Sachmangel vor, da die Torten mehr als „etwas" verlaufen sind, dann hätte Leon zunächst gem. §§ 437 Nr. 1, 439 BGB das **Nacherfüllungsrecht.** Eine Nachbesserung scheidet aus, es käme aber eine Ersatzlieferung der Torten infrage, die aber sehr wahrscheinlich an diesem Tag nicht mehr fertiggestellt werden könnten.

Beschaffenheitsvereinbarung

Auslegung

Rechte bei Vorliegen eines Sachmangels: Nacherfüllung

Möglicherweise könnte Leon dann gem. §§ 437 Nr. 2, 323 I Alt. 2 BGB sofort vom Vertrag zurücktreten. Dies wäre möglich, wenn die notwendige Frist zur Nacherfüllung aufgrund eines **relativen Fixgeschäfts** gem. § 323 II Nr. 2 BGB **entbehrlich** ist. Das wäre der Fall, wenn die Bäckerei an diesem Samstag nicht mehr rechtzeitig nacherfüllen kann und Leon sein Leistungsinteresse an die vertragsgemäße Erfüllung gebunden und dies entsprechend artikuliert hat. Zudem müsste der Mangel **erheblich** sein (§ 323 V 2 BGB). Dies könnte der Fall sein, wenn die Torten so stark zerlaufen sind, dass sie den Gästen nicht mehr angeboten werden können. Bei Unerheblichkeit könnte Leon nach §§ 437 Nr. 2, 441 I BGB den Kaufpreis mindern, indem er z. B. nur 25 € statt 35 € für die Torten bezahlt. Herr Wehner müsste Leon dann 10 € zurückgeben, § 441 IV 1 BGB.

Rücktritt oder Minderung: Voraussetzungen

Das Gartenzelt hat einen Sachmangel (vgl. Aufgabe 1), da es undicht ist. Somit steht Nele zuerst das Recht auf Nacherfüllung nach §§ 437 Nr. 1, 439 BGB zu. In § 439 I BGB steht, dass Nele die Wahl zwischen der **Beseitigung des Mangels** oder der **Lieferung einer mangelfreien Sache** hat. Entscheidet sich Nele für die Lieferung einer mangelfreien Sache, **muss „Gartenzubehör.de" das Zelt zurücknehmen** und ein **neues Zelt schicken.** Die zum Zwecke der Nacherfüllung anfallenden Kosten nach § 439 II BGB muss der Verkäufer tragen. „Gartenzubehör.de" könnte die Lieferung eines neuen Gartenzelts gem. § 439 IV BGB verweigern, wenn im Vergleich zur Reparatur der Plane unverhältnismäßig hohe Kosten anfallen würden. „Gartenzubehör.de" weigert sich, das Zelt zurückzunehmen, weil es bei der Übergabe an den Zustelldienst originalverpackt war. Ist diese Entscheidung endgültig, dann kann Nele unter den Voraussetzungen der §§ 440 1, 323 I Alt. 2 BGB vom **Kaufvertrag zurücktreten.** Im Fall eines Rücktritts würde Nele den Kaufpreis

Aufgabe 5
Recht auf Nacherfüllung

Verweigerung der Nacherfüllung: Rücktrittsrecht

von 200 € gegen Rückgabe des mangelhaften Gartenzelts (vgl. § 346 I BGB) zurückbekommen.

Ob das Zelt originalverpackt war oder nicht, wäre nur für das **Vertretenmüssen** bei einem **Schadensersatzanspruch** entscheidend. Wenn etwa durch das eingetretene Wasser weitere Gegenstände im Zelt, z. B. ein auf dem Tisch liegendes Smartphone, einen Schaden (Mangelfolgeschaden) genommen hätten.

[Da es sich in diesem Fall gem. § 312 c BGB um einen Fernabsatzvertrag zwischen Nele und „Gartenzubehör.de" handelt, steht Nele gem. §§ 312 g I, 355 BGB ein Widerrufsrecht zu. Da Nele das Zelt vor neun Tagen gekauft hat und die Widerrufsfrist nach § 355 II BGB 14 Tage beträgt, kann sie den Kaufvertrag mit „Gartenzubehör.de" widerrufen. Die empfangenen Leistungen, hier der gezahlte Kaufpreis und das erhaltene Zelt, sind unverzüglich nach § 355 III 1 BGB zurückzugewähren.]

Relevanz des Vertretenmüssens nur bei SE-Ansprüchen

[alternative Lösung]

1 *Anstelle des Schadensersatzes statt der Leistung kann der Gläubiger auch den Ersatz vergeblicher Aufwendungen verlangen (vgl. §§ 437 Nr. 3, 284 BGB).*
Erklären Sie anhand von Beispielen, welche vergeblichen Aufwendungen Leon gemacht haben könnte, für die er Ersatz fordert.

- § 284 BGB: Anstelle des Schadensersatzes kann der Gläubiger Ersatz der Aufwendungen verlangen, die er im Vertrauen auf den Erhalt der Leistung gemacht hat und billigerweise machen durfte, es sei denn, deren Zweck wäre auch ohne die Pflichtverletzung (hier: Sachmangel) des Schuldners nicht erreicht worden
- z. B.: Leon hat sich zum Servieren der Backwaren 50 Pappteller für 5 € gekauft. Die Torten sind zerlaufen und können nicht serviert werden. Den Kaufpreis der Pappteller kann Leon als Ersatz vergeblicher Aufwendungen verlangen.
- z. B.: Leon mietet sich extra einen großen Grill. Statt der bestellten acht Kilogramm Fleisch liefert die Metzgerei nur zwei Kilogramm. In diesem Fall hätte auch Leons normaler Grill ausgereicht und er hätte nicht extra einen Großgrill mieten müssen. Leon kann die Mietkosten zumindest teilweise als Ersatz vergeblicher Aufwendungen verlangen.
- z. B.: Leon kauft extra eine Biergarnitur für das Gartenzelt. Aufgrund fehlender Teile kann das Gartenzelt nicht aufgebaut werden. Entsprechend kann er hierfür zumindest teilweise Ersatz vergeblicher Aufwendungen verlangen.

2 *Untersuchen Sie, ob Leon die 10 €, die er mehr bezahlen musste, von der Metzgerei Ziegler ersetzt bekommt.*

Anspruchsgrundlage: Schadensersatz statt der Leistung, §§ 280 I, III, 281 I 1 Alt. 2 BGB (statt der 2 kg)

- Schuldverhältnis: Kaufvertrag [Werklieferungsvertrag, § 650 BGB] zwischen Leon und der Metzgerei, §§ 145, 147, 433 BGB
- Pflichtverletzung:
  - Lieferung einer zu geringen Menge § 434 III Alt. 2 BGB
  - bei Gefahrübergang, § 446 1 BGB, Übergabe an der Haustür von Leon
  - keine Kenntnis oder grob fahrlässige Unkenntnis durch Leon
  - [Keine Verjährung, § 438 BGB]
  - → es liegt ein Sachmangel vor
- erfolglose Fristsetzung: Leon setzt keine Frist
- Entbehrlichkeit der Fristsetzung:
  1. Die Metzgerei kann die zwei fehlenden Kilogramm jetzt auf die Schnelle nicht liefern, § 281 II Alt. 1 BGB → Endgültige Verweigerung der Lieferung?
  2. Besondere Umstände, welche die sofortige Geltendmachung des Anspruchs rechtfertigen, § 281 II Alt. 2 BGB: Das Fleisch ist für genau diesen Abend gedacht und auch nicht unbegrenzt haltbar und sollte zeitnah verzehrt werden
  → Fristsetzung entbehrlich

- Schaden: Mehrkosten i. H. v. 10 € für den Deckungskauf, bei vollständiger Lieferung wäre kein Deckungskauf notwendig gewesen (Kausalität)
- Vertretenmüssen, § 280 I 2 BGB:
  - Vorsatz und Fahrlässigkeit, § 276 I BGB
  - Definition Fahrlässigkeit, § 276 II BGB
  - Herr Ziegler schreibt die Bestellung unsauber auf und liest am Tag der Zubereitung eine „6" anstatt einer „8" bei der Menge → Herr Ziegler handelt fahrlässig

Ergebnis: Leon kann i. S. des § 249 I BGB 10 € von der Metzgerei Ziegler verlangen. Der Anspruch auf Lieferung der zwei Kilogramm erlischt (vgl. § 281 IV BGB).

2. PRÜFUNGSTEIL

Themenbereich I   Volkswirtschaftliche Zielsetzungen

M1   Wirtschaftliche Rahmendaten Deutschlands

	2019	2020*	2021*	2022*
BIP (real)	+0,6 %	−5,6 %	+3,5 %	+2,6 %
Arbeitslosenquote	3,1 %	4,0 %	4,0 %	3,8 %
Inflation	+1,4 %	+0,4 %	+1,4 %	+1,3 %
Handelsbilanzsaldo	+1,1 %	+3,0%	−0,3 %	+0,4 %

*Prognosewerte

eigene Darstellung, Daten nach: Europäische Kommission, Herbstprognose 05.11.2020

1 *Bewerten Sie vor dem Hintergrund des magischen Vierecks die wirtschaftliche Lage Deutschlands im Jahr 2020 (M 1).*

- Das magische Viereck beschreibt die wirtschaftspolitischen Ziele der Sozialen Marktwirtschaft. Diese umfassen ein stetiges und angemessenes Wirtschaftswachstum, einen hohen Beschäftigungsstand, Preisniveaustabilität und ein außenwirtschaftliches Gleichgewicht.

- Die Prognose sagt für das Jahr 2020 einen massiven Einbruch des BIPs von − 5,6 % voraus. Damit ist Deutschland weit entfernt von dem Ziel, mit etwa 2 % bis 2,5 % jährlich zu wachsen. Erst im Jahr 2021 scheint sich die wirtschaftliche Lage wieder zu normalisieren.

- Die Arbeitslosenquote hingegen ist mit etwa 4,0 % stabil und entspricht der Vorgabe eines hohen Beschäftigungsstands. Allerdings ist zu berücksichtigen, dass auf europäischer Ebene die Daten etwas anders als in Deutschland erhoben werden, sodass der deutsche Wert etwas höher liegen könnte.

- Die Inflationsrate schwächt sich 2020 auf + 0,4 % ab und ist damit weit von dem Ziel „nahe bei, aber knapp unter 2 %" entfernt. Auch in den vorhergehenden und nachfolgenden Jahren wird das Ziel verfehlt. Dennoch ist die Steigerung mit + 1,4 % sehr stabil und liegt in einem noch vertretbaren Rahmen.

- Die Handelsbilanz weist für das Jahr 2020 einen Überschuss von + 3,0 % auf. Erst in den Jahren 2021 und 2022 schwankt der Wert um 0 %, was in etwa einem Gleichgewicht entspricht.

- **Fazit:** Im Jahr 2020 werden voraussichtlich drei der vier Ziele des magischen Vierecks verfehlt, was verdeutlicht, wie tiefgreifend der Einschnitt in die Wirtschaft infolge der Corona-Krise ist.

2 *Begründen Sie, inwiefern sich Arbeitslosigkeit und Inflation im dargestellten Zeitraum idealtypisch zum Konjunkturverlauf verhalten (M 1).*

- Idealtypischer Weise verhalten sich die Entwicklung der Arbeitslosigkeit und der Inflation gegensätzlich zueinander.
- In einer wirtschaftlichen Boomphase sinkt die Arbeitslosigkeit, weil die erhöhte Nachfrage zu vermehrter Produktion führt, weshalb Neueinstellungen erfolgen. Zugleich steigen die Preise, weil die hohe Nachfrage meist nicht vollumfänglich befriedigt werden kann und Unternehmen über Preissteigerungen diese Überschussnachfrage herunterregeln. In einer Rezession verhält es sich umgekehrt.
- Die obige Zeitreihe spiegelt diesen Zusammenhang nur in Teilen wider. Trotz einer starken Rezession (2020: BIP – 5,6 %) bleibt die Arbeitslosigkeit weitgehend konstant. Das könnte auf arbeitsmarktpolitische Instrumente, wie z. B. das Kurzarbeitergeld, zurückzuführen sein, welches dabei hilft, Entlassungen zu vermeiden.
- Das Absinken der Inflationsrate hingegen entspricht dem erwarteten Zusammenhang, da infolge der geringeren Nachfrage auch der Druck auf die Preise nachlässt und Unternehmen tendenziell sogar Preissenkungen durchführen, um überschüssige Produkte zu verkaufen und den Umsatz hoch zu halten.

3 *Erläutern Sie vor dem Hintergrund der Messmethode, weshalb die Daten zum Arbeitsmarkt unter Vorbehalt zu sehen sind (M 1).*

- Es gibt verschiedene Möglichkeiten, die Arbeitslosigkeit zu berechnen. Grundsätzlich wird die Zahl der Arbeitslosen in Relation zur Summe aus Arbeitslosen und Beschäftigten gesetzt.
- Je nach Land ist der Begriff „Arbeitslosigkeit" unterschiedlich definiert. So werden in Deutschland nur Arbeitnehmer als Arbeitslose erfasst, die der Bundesagentur für Arbeit auch als arbeitslos gemeldet sind und zuvor in einem Beschäftigungsverhältnis standen. Arbeitslose, die sich in einer Maßnahme der aktiven Arbeitsmarktpolitik befinden, werden wieder herausgerechnet.
- Auch den „Beschäftigten" können unterschiedliche Personengruppen hinzugerechnet werden. So fällt der Nenner bei der Berechnung der Arbeitslosenquote deutlich größer aus, wenn auch Selbstständige als Beschäftigte erfasst werden, wodurch die Arbeitslosenquote sinkt.
- In der obigen Statistik kommen also mehrere Faktoren zum Tragen, die das Ergebnis verfälschen können. Zum einen ist zu klären, wie die Europäische Kommission die Gruppe der „Arbeitslosen" definiert und welche Personengruppen als „Beschäftigte" in den Nenner der Berechnungsformel eingehen.
- Zum anderen ist zu prüfen, ob Personen, die sich infolge der Corona-Pandemie in beschäftigungssichernden Maßnahmen (z. B. Kurzarbeit) befinden, erfasst werden oder nicht. Im April 2020 lag die Zahl der angezeigten Kurzarbeit in Deutschland bei rund zehn Millionen Arbeitnehmer.
- Demzufolge könnte die tatsächliche Arbeitslosigkeit auch deutlich höher liegen, als es die Werte der Prognose suggerieren.

> „Was macht eine Gute Gesellschaft aus? Wir verstehen darunter soziale Gerechtig-
> keit, ökologische Nachhaltigkeit, eine innovative und erfolgreiche Wirtschaft und eine
> Demokratie, an der die Bürger*innen aktiv mitwirken. Diese Gesellschaft wird getra-
> gen von den Grundwerten der Freiheit, Gerechtigkeit und Solidarität."

*Sebastian Dullien: Das neue „Magische Viereck" – Zur Neu-Vermessung des Wohlstands in
Deutschland (2009 – 2015), Friedrich Ebert Stiftung 2017, S. 2, https://library.fes.de/pdf-
files/wiso/13100.pdf*

4 *Diskutieren Sie vor dem Hintergrund des Zitats (M 2) die Notwendigkeit, die wirtschaftspolitischen Ziele der Sozialen Marktwirtschaft zu überdenken.*

- Das Zitat legt nahe, dass neben den ökonomischen Aspekten auch viele weitere
  Aspekte für eine „Gute Gesellschaft" relevant sind.
- Aspekte wie ökologische Nachhaltigkeit, Innovation, Gerechtigkeit und Solida-
  rität werden aber im bestehenden magischen Viereck nicht berücksichtigt.
- Daraus könnte man schließen, dass die Zielsetzungen des magischen Vierecks
  zu überdenken und ggf. zu ergänzen sind, wenn für das Wohl einer Gesellschaft
  relevante Aspekte nicht berücksichtigt werden.
- Dem sind aber mehrere Einwände entgegenzustellen:
  - Das magischen Viereck enthält die wirtschaftspolitischen Ziele der Sozialen
    Marktwirtschaft. Aspekte wie Freiheit, Gerechtigkeit und Solidarität müssen
    darin nicht enthalten sein, da diese z. B. über das Grundgesetz verbürgt sind.
  - Alle Ziele des magischen Vierecks sind messbar, damit die Zielerreichung
    auch überprüft werden kann. Aspekte wie Nachhaltigkeit oder Innovation
    lassen sich nur schwer messbar machen. Genügt es beispielsweise, wenn ein
    Unternehmen eine revolutionäre Idee hat, oder müssen alle Betriebe eines
    Landes eine gewisse Mindestzahl an Innovationen hervorbringen? Und wenn
    ja, wie viele? Der Ansatz scheint nicht praktikabel.
- **Fazit:** Billigt man dem magischen Viereck zu, dass es sich rein auf die wirtschaftlichen Größen beschränkt und andere Ziele z. B. in der Verfassung verankert sind, dann besteht die Existenzberechtigung des magischen Vierecks fort.
  Dennoch sollte man sich nicht zu sehr auf diese vier Ziele versteifen. Gerade der
  stattfindende Klimawandel verdeutlicht, dass ökologische Belange stärker in den
  Fokus genommen werden sollten.

5 *Erörtern Sie, ob an dem wirtschaftspolitischen Ziel eines außenwirtschaftlichen
Gleichgewichts festgehalten werden sollte, wenn dieses seit Jahren von Deutschland verfehlt wird.*

- Das Ziel besagt, dass grundsätzlich ein außenwirtschaftliches Gleichgewicht anzustreben ist. Damit ist gemeint, dass Exporte und Importe zumindest auf mittlere Sicht ausgeglichen sein sollten.

- Würde ein Staat dauerhaft vorwiegend exportieren oder importieren, hätte dies einen stetigen Forderungsaufbau oder eine steigende Verschuldung gegenüber dem Ausland zur Folge.
- Dies würde auf mittlere und lange Sicht zu Verwerfungen in der Wirtschaft des Landes führen.
- Daher sollte trotz der momentanen Zielverfehlung an dem Ziel festgehalten werden.
- Allerdings trägt ein leichter Exportüberschuss zum Erhalt von Arbeitsplätzen im Inland bei.
- Die Formulierung könnte auch dahin angepasst werden, dass ein Gleichgewicht oder ein leichter Exportüberschuss anzustreben sind.

Themenbereich II   Bestimmungsgrößen betriebswirtschaftlicher Entscheidungen

6 *Erörtern Sie, inwiefern die Verfolgung ökologischer und sozialer Zielsetzungen zum Gewinnziel eines Unternehmens beitragen können.*
- Die Erreichung von sozialen und ökologischen Zielen ist zunächst mit höheren Kosten für den Betrieb verbunden. Diese Kosten schmälern den Gewinn.
- Auf lange Sicht bedingen diese Kosten allerdings häufig eine Verbesserung der Kostenstruktur und damit eine komplementäre Zielbeziehung.
- Die Einrichtung eines Betriebskindergartens bzw. das regelmäßige Anbieten von innerbetrieblichen Fortbildungsmaßnahmen führen zur Zufriedenheit und Motivation bzw. Qualifikation der Belegschaft und damit zu einem besseren Betriebsergebnis.
- Ökologische Maßnahmen bedingen beispielsweise Einsparungen beim Energieverbrauch und damit wiederum eine Kostensenkung auf lange Sicht.
- **Fazit:** Kurzfristig betrachtet verringern die Ausgaben für soziale und ökonomische Zwecke im Betrieb den Gewinn. Auf lange Sicht tragen solche Investitionen aber durchaus zur Manifestierung eines soliden Gewinns bei.

7 *Nennen Sie die Rentabilitätskennziffern und erläutern Sie, inwiefern es auch aus volkswirtschaftlicher Sicht erstrebenswert ist, dass Unternehmen langfristig auf die Rentabilität achten.*
- Eigenkapitalrentabilität: (Gewinn : Eigenkapital) x 100 %
- Gesamtkapitalrentabilität:
  ((Gewinn + Zinsaufwand) : (Eigenkapital + Fremdkapital)) x 100 %
- Umsatzrentabilität: (Gewinn : Umsatz) x 100 %
- Wenn ein Unternehmen auf lange Sicht nicht rentabel wirtschaftet, rutscht es in die Verlustzone. Es droht die Schließung des Betriebs. Die Beschäftigten werden arbeitslos und die Steuereinnahmen des Staates sinken. Auf der anderen Seite steigen die Ausgaben der Arbeitslosenversicherung.

8 *Erläutern Sie kurz drei Einflussfaktoren auf Investitionsentscheidungen.*

- Finanzierbarkeit, d. h. Ausstattung mit Eigenkapital und Verfügbarkeit von Fremdkapital bzw. Höhe der Zinsen
- Lage auf dem Arbeitsmarkt, d. h. Vorhandensein von genügend qualifizierten Arbeitskräften, Lohnniveau
- Gewinnerwartung, d. h. Kosteneinsparung durch innovative Produktionsmethoden bzw. Ertragssteigerung durch steigende Absatzzahlen

Themenbereich III   Konjunktur und grundlegende Konzepte der Wirtschaftspolitik

| M 3 | **Wirtschaftliche Rahmendaten Großbritanniens** |

Großbritannien	2019	2020*	2021*	2022*
BIP (real)	+1,3 %	−10,3 %	+3,3 %	+2,1 %
Arbeitslosenquote	3,8 %	5,0 %	7,3 %	6,2 %
Inflation	+1,8 %	+0,9 %	+2,3 %	+2,9 %
Handelsbilanzsaldo	−5,9 %	−4,7 %	−4,3 %	−4,2 %
Haushaltssaldo	−2,3 %	−13,4 %	−9,0 %	−7,6 %
Schuldenstand	85,4 %	104,4 %	111,0 %	113,7 %

*Prognosewerte

eigene Darstellung, Daten nach: Herbstprognose der EU-Kommission, 05.11.2020

9 *Begründen Sie, welche der Kennzahlen in M 3 Konjunkturindikatoren sind.*

- Die Wachstumsrate des realen BIPs wird je nach Begründung als Präsenz- oder Spätindikator eingestuft, da sie die Veränderung der wirtschaftlichen Leistungsfähigkeit eines Landes misst.
- Bei Arbeitslosigkeit und Inflation handelt es sich um Spätindikatoren, die mit einer gewissen zeitlichen Verzögerung dem Konjunkturverlauf folgen.
- Alle anderen Größen sind keine echten Konjunkturindikatoren.
- Sowohl der Saldo des Staatshaushalts als auch der Schuldenstand werden maßgeblich davon beeinflusst, welcher wirtschaftspolitischen Konzeption ein Land folgt. In einer stark keynesianisch geprägten Volkswirtschaft wäre die Entwicklung gegensätzlich zum Konjunkturzyklus. In einer neoliberalen Volkswirtschaft davon unabhängig.
- Auch die Handelsbilanz ist kein echter Konjunkturindikator. Sie spiegelt nämlich auch wider, wie die weltweite Konjunktur oder die Entwicklung bei den Handelspartnern verläuft. Eine negative Handelsbilanz wird voraussichtlich auch negative Auswirkungen auf Wachstum und Beschäftigung im Inland haben, da weniger britische Waren aus dem Ausland nachgefragt werden und mittelfristig dadurch inländische Arbeitsplätze verloren gehen könnten.

10 *Bewerten Sie die Lage Großbritanniens vor und während der Corona-Krise (M 3).*
- Die Daten des Jahres 2019 deuten an, dass sich Großbritannien ggf. am Beginn einer Rezession befand. Der Spätindikator Arbeitslosigkeit ist auf einem sehr niedrigen Niveau, zugleich hat sich das Wachstum des BIPs schon merklich abgekühlt. Auch das Haushaltsdefizit des Staates könnte ein Indiz dafür sein, dass die Regierung bereits Maßnahmen ergriffen hat, um einer weiteren Abschwächung der Wirtschaft entgegenzusteuern.
- Das Jahr 2020 legt hingegen nahe, dass die Wirtschaft Großbritanniens massiv von der Corona-Pandemie betroffen ist. Ein Rückgang des BIPs von 10,0 % stellt eine starke Rezession dar. Der Anstieg der Arbeitslosigkeit auf zunächst 5,0 %, im Jahr 2021 sogar auf 7,3 %, lässt vermuten, dass viele Unternehmen infolge der Krise entweder in Insolvenz geraten sind oder zumindest etliche Entlassungen vornehmen mussten, um ihr Überleben zu sichern. Auch aus dem massiven staatlichen Defizit von – 13,4 % lässt sich schließen, dass es sich um eine schwere Krise handelt und der Staat erhebliche Kräfte mobilisieren muss, um diese abzufedern. Das spiegelt auch der Anstieg des Schuldenstands von 104 % auf 111 % des BIPs wider.
- **Fazit:** Großbritannien scheint wie alle Staaten Europas stark von der Corona-Krise betroffen zu sein. Auffällig ist, dass die Erholung in den Jahren 2021 und 2022 sehr schleppend voranschreitet. Die Wachstumsraten steigen trotz des vorherigen Einbruchs nur langsam und es sind weiterhin erhebliche staatliche Aufwendungen (vgl. Staatsdefizit) erforderlich, um die Wirtschaft zu stabilisieren.

11 *Belegen Sie anhand der Daten (M 3), dass die neoliberale Politik von Boris Johnson im Zuge der Corona-Pandemie voraussichtlich aufgegeben werden muss.*
- Eine „neoliberale Politik" entspricht der angebotsorientierten Wirtschaftspolitik.
- Diese befürwortet einen Rückzug des Staates aus der Wirtschaft, damit sich diese möglichst frei entfalten und ihre Stärken ausspielen kann.
- Steuerliche Entlastungen von Unternehmen, eine Reduktion staatlicher Ausgaben und der Abbau von Bürokratie und Deregulierung gehören zu den zentralen Maßnahmen einer angebotsorientierten Politik.
- Demzufolge sollte bei einer neoliberalen Politik der Staatshaushalt weitgehend ausgeglichen sein, d. h., der Haushaltssaldo sollte etwa bei null liegen.
- Die Statistik belegt, dass genau das Gegenteil der Fall ist. Großbritannien nimmt massiv neue Schulden auf, um die Krise abzufedern und schneller zu überwinden. Die hohen Defizite deuten eher auf eine nachfrageorientierte Wirtschaftspolitik hin.
- Diese fordert, dass der Staat im Falle einer Rezession die fehlende Nachfrage von Unternehmen und Haushalten durch staatliche Nachfrage ausgleicht, um die Wirtschaft zu stabilisieren (antizyklische Fiskalpolitik).
- Dafür ist eine Neuverschuldung, wie sie in Großbritannien offensichtlich erfolgt, zulässig (deficit spending).
- Demzufolge scheint die neoliberale Politik in der Krise aufgegeben worden zu sein.

12 *Stellen Sie dar, weshalb gerade in der aktuellen Situation diese Daten (M 3) mit Vorsicht zu betrachten sind.*

- Konjunkturprognosen unterliegen einer Reihe von Unsicherheiten, insbesondere je weiter sie den Blick in die Zukunft versuchen.
- Viele Prognosen beruhen auf Erfahrungswerten der Vergangenheit, die aber im Fall der Corona-Pandemie nicht vorliegen, da ein derartiges Ereignis bisher noch nicht in diesem Umfang aufgetreten ist.
- Ebenso ist eine zentrale Frage, wie verlässlich die Daten sind. Kein Ökonom kann mit Sicherheit sagen, wie die wirtschaftlichen Rahmenbedingungen in zwei Jahren sein werden. Vielmehr beruhen Prognosen auf der Fortschreibung bestehender Trends und Entwicklungen, die aber gerade im Zuge einer Pandemie nur sehr schwer abschätzbar sind.
- Auch unvorhergesehene Ereignisse, hier z. B. ein vorzeitiger Durchbruch bei einem Impfstoff oder eine Mutation des Virus, die dessen Gefährlichkeit herabsetzt, sind nicht planbar.
- Im Fall von Großbritannien kommen zusätzliche Unsicherheiten infolge des Brexits hinzu. Je nachdem, ob und in welchem Umfang neue Handelsabkommen mit der EU geschlossen werden, werden auch diese die wirtschaftliche Entwicklung des Landes noch einmal erheblich beeinflussen.

Grundlagen unserer Rechtsordnung

1 *Grenzen Sie die Begriffe Gleichheit und Billigkeit voneinander ab. Nennen Sie Beispiele.*

- Gleichheit: generalisierende Gerechtigkeit → Alle Menschen werden vor Gericht gleich behandelt.
  Beispiel: Ein Mann und eine Frau werden bei gleicher Tat gleich verurteilt.

- Billigkeit: individualisierende Gerechtigkeit → Die Folgen der Tat müssen der Tat angemessen sein und den speziellen Einzelfall bzw. die Vorgeschichte des Täters berücksichtigen.
  Beispiel: Zwei Täter begehen die gleiche Tat. Einer der beiden hat bereits ein Vorstrafenregister und wird deshalb härter bestraft als der andere.

2 *Nennen Sie die Funktionen des Rechts und erklären Sie diese kurz.*

- Schutzfunktion: Rechtsgüter dürfen nicht ohne Berechtigung verletzt werden; z. B. Schutz der Menschenwürde, Jugendschutz, Verbot von Kinderarbeit

- Ordnungsfunktion: Das Zusammenleben der Menschen wird geregelt, Chaos vermieden; z. B. Straßenverkehrsordnung

- Straffunktion: Durch die rechtlichen Konsequenzen einer Tat werden Wiederholungstaten verhindert und Ersttäter abgeschreckt

Strafrecht

3 *Erklären Sie, unter welchen Voraussetzungen eine Straftat vorliegt.*

- Tatbestandsmäßigkeit: Die Handlung des Täters entspricht genau den in der passenden Norm verankerten Voraussetzungen.
  - Objektive Tatbestandsmäßigkeit: Sie bezieht sich auf die äußerlich wahrnehmbare Handlung des Täters.
  - Subjektive (innere) Tatbestandsmäßigkeit: Sie bezieht sich auf die Motive bzw. Motivation des Täters (Vorsatz/Fahrlässigkeit).
  → Kausalität muss gegeben sein.

- Rechtswidrigkeit: Es liegen keine Rechtfertigungsgründe (z. B. Notwehr) vor.

- Schuld: Schuldfähigkeit des Täters (keine Schuldunfähigkeit infolge psychischer Störungen oder aufgrund des Alters)

162

4 *Erklären Sie das Wesen des Täter-Opfer-Ausgleichs und beurteilen Sie diesen.*

- Unter dem Täter-Opfer-Ausgleich werden Bemühungen und Wiedergutmachungsleistungen des Täters an das Opfer nach einer Straftat verstanden.
- positiv: Das Opfer bekommt das Gefühl, dass ihm Gerechtigkeit widerfährt. Schadensersatzklagen bleiben dem Opfer eventuell erspart. Der Täter bekommt die Möglichkeit der Wiedergutmachung. Seine Strafe könnte eventuell geringer ausfallen.
- aber: Bei Gewaltverbrechen und Sexualstraftaten ist ein Täter-Opfer-Ausgleich sehr schwierig bzw. unmöglich.

5 *Unterscheiden Sie die absolute und die relative Straftheorie und stellen Sie dar, welcher Theorie die heutige Rechtsprechung in Deutschland folgt.*

- absolute Straftheorie: Bestrafung des Täters für die begangene Tat; es geht vor allem um die Vergeltung für die begangene Tat (retrospektiv)
- relative Straftheorie: Blick in die Zukunft; Wirkung der Strafe auf den Täter selbst (Spezialprävention) und auf die Allgemeinheit (Generalprävention) stehen im Vordergrund → Abschreckung und Besserung (Resozialisierung des Täters)
- in Deutschland: Leitgedanke im StGB entspricht der Kombination aus beiden Elementen; Vereinigungstheorie, wobei die Zweckhaftigkeit der Strafe im Vordergrund steht

Themenbereich III	Rechtstechnische Grundlagen

6 *Erklären Sie die Technik des „Vor-die-Klammer-Ziehens".*

- Allgemeine Regelungen für eine Vielzahl von Rechtssituationen stehen im BGB im „Allgemeinen Teil", also vorne (z. B. §§ 145, 147 Antrag und Annahme).
- Sie sind abstrakt formuliert und gelten auch für die folgenden Bücher des BGB. So müssen diese Regeln nicht ständig wiederholt werden.
- Die Regelungen im ersten Buch sind damit „ausgeklammert"; sie sind sowohl auf das Schuld-, Sachen-, Familien- und Erbrecht anzuwenden (gelten für alle Verträge).

7 *Entwerfen Sie einen Fall, bei welchem ein Vorteil des Abstraktionsprinzips sichtbar wird.*

- Abstraktionsprinzip: Schuldrechtliche Verpflichtungsgeschäfte und sachenrechtliche Verfügungsgeschäfte werden strikt getrennt.
- rechtliches Eigenleben von Verpflichtungs- und Erfüllungsgeschäft
- Fallbeispiel: Herr Huber kauft beim Fahrradhändler ein neues Fahrrad (= schuldrechtliches Verpflichtungsgeschäft; Verpflichtung zur Leistung und Erfüllung). Er nimmt es sofort mit (Verfügungsgeschäft I) und bezahlt es in Raten. Der Fahrradhändler behält sich das Eigentum bis zur vollständigen Bezahlung vor (sachenrechtliches Verfügungsgeschäft II).

- Vorteil: Durch die rechtliche Trennung der drei Geschäfte ist ein Kauf unter Eigentumsvorbehalt möglich.

8 *Frau Schmidt möchte einen Kuchen backen und stellt fest, dass sie nicht genügend Eier im Kühlschrank hat. Ihre Nachbarin, Frau Müller, leiht ihr zwei Eier. Entscheiden Sie, welcher Vertrag vorliegt, und begründen Sie Ihre Wahl.*

- Es handelt sich um einen Darlehensvertrag, Sachdarlehen § 607 BGB.
- Vertretbare Sachen gleicher Art und Güte werden zurückgegeben.

9 *Erklären Sie, was man unter dem Reduktionsproblem versteht.*

- Die unbegrenzte Anzahl rechtserheblicher Vorgänge des täglichen Lebens muss auf eine begrenzte Anzahl von Paragrafen reduziert werden. Dadurch entstehen abstrakte, auslegungsbedürftige Formulierungen, die auf eine Vielzahl von Fällen angewendet werden können.
- Beispiel: Rücksicht auf die Verkehrssitte (§ 151 BGB), Treu und Glauben (§ 242 BGB)

10 *Führen Sie beim § 826 BGB eine Normenanalyse durch.*

- § 826 BGB: sittenwidrige vorsätzliche Schädigung
- Tatbestandsmerkmale: Schadenszufügung, Vorsatz, Verstoß gegen die guten Sitten
- Rechtsfolge: Schadensersatzpflicht

Themenbereich IV	Eigentumsordnung

11 *Erklären Sie den Unterschied zwischen Eigentum und Besitz.*

- Eigentum: rechtliche Herrschaft über eine Sache, § 903 BGB; der Eigentümer kann beliebig mit einer Sache verfahren (z. B. verschenken, verkaufen, zerstören)
- Besitz: tatsächliche Herrschaft über eine Sache, § 854 BGB; Besitzer ist derjenige, der die Sache „hat"; Besitzer ist ggf. verpflichtet, die Sache an den Eigentümer herauszugeben

12 *Nennen Sie Möglichkeiten des Eigentumserwerbs.*

- gesetzlicher Eigentumserwerb: kraft Gesetz, z. B. Fund, § 965 BGB
- Eigentumserwerb durch Rechtsgeschäft, z. B §§ 929, 854 BGB

Themenbereich I Beschäftigung und Einkommen

M 1 Arbeitslosigkeit in Deutschland (in 1 000)

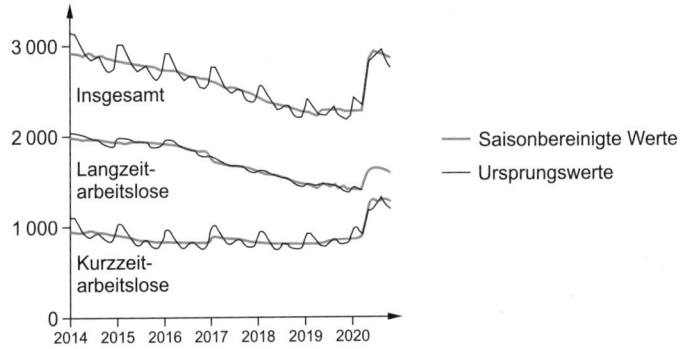

Statistik der Bundesagentur für Arbeit, Berichte: Blickpunkt Arbeitsmarkt – Monatsbericht zum Arbeits- und Ausbildungsmarkt, Nürnberg, Oktober 2020, S. 15, https://www.statistik.arbeitsagentur.de/Statistikdaten/Detail/202010/arbeitsmarktberichte/ monatsbericht-monatsbericht/monatsbericht-d-0-202010-pdf.html?__blob=publicationFile

1 *Erläutern Sie, welche Arten der Arbeitslosigkeit in M 1 zu erkennen sind.*

- Grundsätzlich werden vier Arten der Arbeitslosigkeit unterschieden. Die strukturelle, die konjunkturelle, die saisonale sowie die friktionelle Arbeitslosigkeit.

- Die friktionelle Arbeitslosigkeit umfasst die Zeitspanne, in der eine Person zwischen Verlust der alten und Aufnahme der neuen Tätigkeit arbeitslos gemeldet ist. Häufig sind das nur wenige Wochen oder Monate. Friktionelle Arbeitslosigkeit tritt zu jeder Zeit auf und könnte in der Grafik höchstens als nahezu gleichbleibende „Basis" der Kurzzeitarbeitslosigkeit gesehen werden.

- Bei der saisonalen Arbeitslosigkeit handelt es sich um Schwankungen im Jahresverlauf, die jahreszeitlich bedingt sind. So ist die Arbeitslosigkeit in den Sommermonaten tendenziell niedriger, weil viele Arbeitskräfte in der Gastronomie, der Baubranche oder der Landwirtschaft tätig sind. In den Wintermonaten ist hingegen die Nachfrage in diesen Branchen deutlich geringer. Die saisonale Arbeitslosigkeit kann man an den „Ursprungswerten" erkennen, die rund um die „saisonbereinigten Werte" schwanken.

- Die konjunkturelle Arbeitslosigkeit ist auf mittelfristige Schwankungen der wirtschaftlichen Entwicklung zurückzuführen. In der Grafik kann man bei allen drei

Kurven ab Mitte 2020 einen deutlichen Anstieg erkennen. Dies ist auf den konjunkturellen Einbruch durch die Corona-Pandemie zurückzuführen.

- Die strukturelle Arbeitslosigkeit ist eine sehr langfristige Form von Arbeitslosigkeit, die dadurch nachweisbar ist, dass trotz offener Stellen Arbeitslosigkeit auftritt. Gründe für die fehlende Besetzung können qualifikations- oder branchenbedingte sowie regionale Disparitäten sein. Die strukturelle Arbeitslosigkeit spiegelt sich also in der Kurve der „Langzeitarbeitslosigkeit" wider.

2 *Erläutern Sie Maßnahmen, die der deutsche Staat zur Bekämpfung der Arbeitslosigkeit in der Corona-Krise ergreifen sollte bzw. schon ergriffen hat.*

- Analysiert man die Ursachen der Arbeitslosigkeit infolge der Corona-Pandemie, so spielen Faktoren auf der Angebots- und Nachfrageseite eine Rolle. Das Wegbrechen von Zulieferern führt zu Engpässen auf der Angebotsseite, die Entlassungen zur Folge haben können. Die fehlende Auslandsnachfrage und die sinkende Binnennachfrage reduzieren die Umsätze und damit die Produktion im Inland.

- Zusätzlich ist zu beachten, dass die Krise vermutlich nur ein vorübergehendes Phänomen ist, bis eine Immunisierung der Bevölkerung gegen das Virus erfolgt ist. Daher lohnen sich Maßnahmen, die dazu beitragen, bestehende Arbeitsplätze zu erhalten und die Existenz von Unternehmen zu sichern.

- Hier ist Kurzarbeit ein sehr erfolgreiches Instrument. Wenn Mitarbeiter nicht mehr voll ausgelastet sind, übernimmt der Staat anteilig die Lohnkosten und verhindert so Entlassungen. Die Mitarbeiter behalten ihre Arbeitsverträge und arbeiten mit einem reduzierten Stundensatz weiter. Dadurch bleiben auch deren Qualifikation und Arbeitsfähigkeit erhalten.

- Sollte die Krise länger anhalten, können Fortbildungen und Umschulungen dazu beitragen, dass Mitarbeiter aus stark betroffenen Branchen in anderen Bereichen eine Anstellung finden, in der infolge der Krise vermehrt Arbeitskräfte benötigt werden.

- Fehlende Nachfrage kann der Staat durch einen gesteigerten staatlichen Konsum zu kompensieren versuchen. So können Projekte, wie der Ausbau von Infrastruktur oder die Digitalisierung des Bildungsbereichs, in der Krise gestärkt und dadurch zusätzliche Aufträge für Unternehmen generiert werden.

- Um angeschlagenen Unternehmen zu helfen, bieten sich Bürgschaften und Überbrückungskredite an, wenn diese z. B. infolge fehlender Aufträge weitere Finanzmittel benötigen.

- Auch Subventionen zur Förderung neuer und innovativer Produkte oder Technologien können eine Maßnahme sein, die mittelfristig die Wettbewerbsfähigkeit der Unternehmen stärken und neue Arbeitsplätze schaffen.

© Klaus Stuttmann

3 *Beschreiben und interpretieren Sie die Karikatur im Hinblick auf die aktuelle Lage der Fiskalpolitik in Deutschland (M 2).*

- Die Karikatur besteht aus zwei Bildhälften. Auf der linken Seite sieht man einen Mann mit ausgestreckten Armen, der vor einem großen schwarzen Kreis steht, der als „Die schwarze Null ..." bezeichnet wird. Auf der rechten Bildhälfte steht derselbe Mann mit gleicher Geste vor einem dunklen Loch in Form der Null, unter dem „... mutiert" steht.

- Die Karikatur stellt die Veränderung der staatlichen Haushaltspolitik infolge der Pandemie dar. Bis zu Beginn des Jahres 2020 verfolgte die Bundesregierung das Ziel eines ausgeglichenen Staatshaushalts. Die Formulierung „Die schwarze Null" sowie der Kreis sollen dies zum Ausdruck bringen. Der Staatshaushalt soll die Null erreichen, d. h., es soll keine Neuverschuldung nötig sein.

- Im Zuge der Pandemie musste dieses Ziel aufgegeben werden, hohe Schulden wurden aufgenommen. Umgangssprachlich wird von einem „Loch" im Haushalt gesprochen. Der Hinweis „mutiert" legt nahe, dass als Ursache das Coronavirus angesehen wird, das durch seine Mutation an Gefährlichkeit gewonnen hat.

- Der Mann in der Karikatur stellt Finanzminister Olaf Scholz dar, dessen Pläne, einen ausgeglichenen Haushalt zu gewährleisten, infolge der Corona-Pandemie aufgegeben werden mussten. Deutschland hat eine massive Neuverschuldung durchgeführt („großes schwarzes Loch").

- Die ausgebreiteten Arme könnten für das Entsetzen und die Fassungslosigkeit des Ministers stehen, wie hart die Corona-Krise den Staatshaushalt getroffen hat.

4 *Erläutern Sie, welche Grenzen der Neuverschuldung in Deutschland gesetzt sind und weshalb diese in der aktuellen Situation nicht wirklich greifen.*

- Art. 115 GG regelt die Neuverschuldung des Bundes. In Normaljahren darf diese 0,35 % des BIPs nicht überschreiten.

- Im Fall eines Konjunktureinbruchs kann die Verschuldung auf 1,5 % des BIPs ansteigen, aber es muss gleichzeitig ein mittelfristiger Finanzplan zur Rückführung dieser Schulden aufgestellt werden.

- Demzufolge wäre die aktuelle, massive Neuverschuldung des Bundes nicht zulässig.

- Art. 115 GG lässt aber eine weitere Ausnahme zu. Im Fall von Naturkatastrophen sowie außergewöhnlichen Notsituationen kann auch der Wert von 1,5 % des BIPs überschritten werden.

- Darauf beruft sich die Bundesregierung, um das derzeitige Volumen der Neuverschuldung zu rechtfertigen.

- Auf europäischer Ebene sieht der Vertrag von Maastricht eine maximale Neuverschuldung in Höhe von 3 % des BIPs pro Jahr vor.

- Auch dieser Schwellenwert wird in der aktuellen Situation massiv überschritten.

Themenbereich II   Geld und Währung

M 3   **Konjunkturprognose für die Eurozone 2020/21**

Indikator	2019	2020*	2021*	2022*
BIP	+ 1,3 %	− 7,8 %	+ 4,2 %	+ 3,0 %
Verbraucherpreise	+ 1,2 %	+ 0,3 %	+ 1,1 %	+ 1,3 %
Arbeitslosenquote	7,5 %	8,3 %	9,4 %	8,9 %

* Prognosewerte

eigene Darstellung, Daten nach: Herbstprognose der Europäischen Kommission vom 05.11.2020

5 *Erläutern Sie vor dem Hintergrund der Ziele der EZB, inwiefern im Jahr 2020 die Notwendigkeit einer verstärkt expansiven Geldpolitik besteht (M 3).*

- Das vorrangige Ziel der Europäischen Zentralbank (EZB) ist die Gewährleistung der Preisstabilität. Diese ist gegeben, wenn der harmonisierte Verbraucherpreisindex (HVPI) bei einem Wert von nahe bei, aber knapp unter 2 % liegt.

- Als nachrangiges Ziel unterstützt die EZB die Wirtschaftspolitik der Eurostaaten, d. h., sie versucht, Wachstum und Beschäftigung durch ihre Geldpolitik zu fördern. Dieses Ziel wird aber nur verfolgt, wenn das Primärziel erreicht ist.

- In der Statistik ist zu erkennen, dass in keinem der vier Jahre das Primärziel erreicht ist. Insbesondere im Jahr 2020 ist die EZB weit von dem angestrebten 2 %-

Wert entfernt. Mit einer Wachstumsrate von lediglich 0,3 % ist man vielmehr gefährlich nahe an einer Deflation.

- Um das Primärziel zu erreichen, stehen verschiedene geldpolitische Instrumente zur Verfügung. Sowohl über die Zins- als auch Liquiditätspolitik wird versucht, die Geldmenge zu beeinflussen, um über den geldpolitischen Transmissionsmechanismus auf die Preise einzuwirken.
- Eine expansive Geldpolitik setzt durch günstige Refinanzierungsbedingungen einen Anreiz für Geschäftsbanken, bei der Zentralbank Kredite aufzunehmen. In der Folge sollen diese ihrerseits günstige Kredite an Unternehmen und Haushalte vergeben, um die Nachfrage nach Investitions- und Konsumgütern zu steigern. Diese Nachfragesteigerung soll eine Verknappung der Gütermenge und als Folge Preiserhöhungen nach sich ziehen, was der Erreichung des Primärziels dient.
- Somit wäre in der aktuellen Situation eine verstärkt expansive Geldpolitik erforderlich, um die Erreichung des Primärziels zu unterstützen.

| M 4 | **Entwicklung der wichtigsten Zinssätze in der Eurozone** |

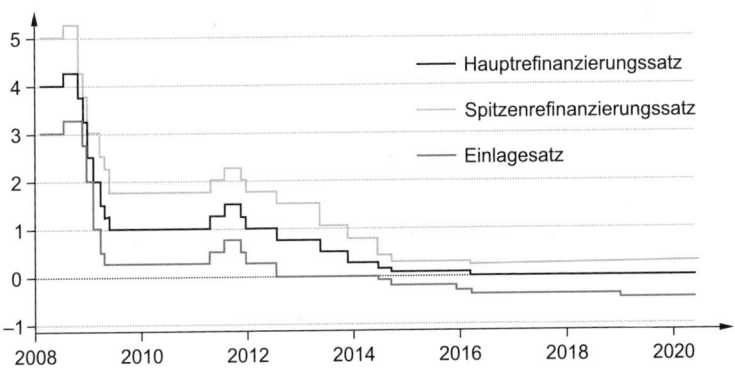

eigene Darstellung, Daten nach: Bundesbank vom 23.10.2020

6 *Geben Sie einen Überblick über die dargestellten geldpolitischen Instrumente (M 4).*

- Hauptrefinanzierungssatz:
  - Der Hauptrefinanzierungssatz, auch Leitzins genannt, ist der Zinssatz, den die EZB für ihr Hauptrefinanzierungsgeschäft verlangt.
  - Einmal pro Woche können die Geschäftsbanken ihre Gebote für Zentralbankgeld bei der EZB abgeben. Diese teilt nach dem sogenannten Mengentenderverfahren den Geschäftsbanken die Beträge zu. Als Gebühr für diesen Kredit ist von den Geschäftsbanken der Leitzins an die EZB zu bezahlen.
- Einlage- und Spitzenrefinanzierungssatz:
  - Der Einlagesatz und der Spitzenrefinanzierungssatz stehen für das Instrument der ständigen Fazilitäten.

– Sollte eine Geschäftsbank kurzfristig Geld benötigen, kann sie dieses zum Spitzenrefinanzierungssatz von der Zentralbank als Kredit erhalten. Hat sie umgekehrt überschüssiges Kapital, kann sie dieses über Nacht bei der EZB anlegen und erhält im Gegenzug den Einlagesatz.

7 *Begründen Sie, inwiefern die EZB derzeit ihre herkömmlichen geldpolitischen Instrumente weitgehend ausgeschöpft hat (M 4).*

- Die Grafik zeigt, dass der Hauptrefinanzierungssatz/Leitzins schon seit Anfang 2016 bei 0 % liegt. D. h., die Geschäftsbanken können sich quasi Kredite ohne jedwede Gebühr von der EZB besorgen. Auch der Spitzenrefinanzierungssatz liegt nur knapp über 0 %. Die Geschäftsbanken können sich ohne hohe Kosten Kredite in nahezu beliebiger Höhe von der EZB beschaffen.

- Die umlaufende Geldmenge sollte daher hinreichend groß sein, um Investitionen und Konsumwünsche mittels Kredit verwirklichen zu können.

- **Fazit:** Die EZB hat alles unternommen, um mit den herkömmlichen Instrumenten die umlaufende Geldmenge zu erhöhen und damit einen Anstieg des Preisniveaus auszulösen. Dennoch haben die Maßnahmen nicht gefruchtet. Ein weiteres Absenken des Leitzinses ist nicht möglich und auch ein Absenken des ohnehin schon negativen Einlagesatzes wird nicht zu einem höheren Geldmengenumlauf führen. Demzufolge ist die EZB mit herkömmlichen Instrumenten nicht mehr in der Lage, ihr Primärziel zu fördern.

8 *Stellen Sie in einer schlüssigen Wirkungskette dar, welchen Effekt sich die EZB von einem negativen Einlagenzins erwartet.*

- Der Einlagesatz ist negativ. Das bedeutet, eine Geschäftsbank, die überschüssiges Geld bei der EZB anlegen möchte, muss eine Strafgebühr entrichten.

- Entsprechend werden die Geschäftsbanken bestrebt sein, möglichst ihr gesamtes Geldvermögen in Umlauf zu bringen, was idealtypisch die Nachfrage steigert und damit in der Folge auch Preissteigerungen auslöst.

- So soll das Primärziel erreicht werden.

9 *Erläutern Sie allgemeine Vorteile, die eine Freihandelszone wie die Europäische Union für ihre Mitgliedstaaten mit sich bringt.*

- Eine Freihandelszone fördert den Handel und den wirtschaftlichen Austausch der beteiligten Staaten, da Zölle wegfallen und Güter ohne zusätzliche Kosten die Grenzen passieren können.
- Dadurch vergrößern sich das Warenangebot und die Warenvielfalt in den Ländern der Freihandelszone.
- Auch Rohstoffe und Vorprodukte für die heimische Industrie können einfacher aus den Mitgliedstaaten der Freihandelszone bezogen werden.
- Zusätzlich erschließen sich auch neue Märkte, in die die heimischen Güter kostengünstig exportiert werden können.

| **M5** | **Wirtschaftliche Rahmendaten Großbritanniens** |

Großbritannien	2019	2020*	2021*	2022*
BIP (real)	+1,3 %	−10,3 %	+3,3 %	+2,1 %
Arbeitslosenquote	3,8 %	5,0 %	7,3 %	6,2 %
Inflation	+1,8 %	+0,9 %	+2,3 %	+2,9 %
Handelsbilanzsaldo	−5,9 %	−4,7 %	−4,3 %	−4,2 %
Haushaltssaldo	−2,3 %	−13,4 %	−9,0 %	−7,6 %
Schuldenstand	85,4 %	104,4 %	111,0 %	113,7 %

* Prognosewerte

eigene Darstellung, Daten nach: Herbstprognose der EU-Kommission, 05.11.2020

10 *Diskutieren Sie den Austritt Großbritanniens aus der Europäischen Union vor dem Hintergrund der wirtschaftlichen Lage des Landes im Jahr 2020 (M 5).*

- Die Daten des Jahres 2020 legen nahe, dass die Wirtschaft Großbritanniens massiv von der Corona-Pandemie betroffen ist. Ein Rückgang des BIPs von 10,3 % stellt eine starke Rezession dar. Der Anstieg der Arbeitslosigkeit auf zunächst 5,0 % – im Jahr 2021 sogar auf 7,3 % prognostiziert – legt nahe, dass viele Unternehmen infolge der Krise entweder in Insolvenz geraten sind oder zumindest erhebliche Entlassungen vornehmen mussten. Auch das massive staatliche Defizit von −13,4 % belegt, dass es sich um eine schwere Krise handelt und der Staat erhebliche Kräfte mobilisieren muss, um diese abzufedern. Dies spiegelt auch der Anstieg des Schuldenstands von 104,4 % auf 111,0 % des BIPs wider.
- Durch den Austritt aus der EU verliert Großbritannien seine wichtigsten Handelspartner. So können Engpässe beim Import von Rohstoffen und Vorprodukten britische Unternehmen schwächen und zugleich ist auch der größte Absatzmarkt schwerer zu erreichen. Die Handelsbilanz kann ins Negative rutschen und

den Abschwung noch verstärken, weil jedes nun teurere Importgut negative Auswirkungen auf die britische Industrie hätte.

- Der Brexit bietet aber auch die Chance, dass Großbritannien eigene Industrien aufbaut, Arbeitsplätze im Inland schafft und die fehlenden Importe durch eigene Produkte ausgleicht (Importsubstitution).
- Durch die Wiedereinführung von Zöllen auf den Verkauf ausländischer Produkte in Großbritannien fließen dem Staat neue finanzielle Mittel zu, die er dringend benötigt, um sein Haushaltsdefizit zu sanieren.
- **Fazit:** Hier ein begründetes Urteil zu fällen, ist schwierig, insbesondere da niemand sagen kann, wie sich die Corona-Pandemie entwickeln wird. Ebenso wird die Ausgestaltung der Einigung über die künftigen Handelsbeziehungen zwischen der EU und Großbritannien darüber entscheiden, ob die britische Wirtschaft ggf. ein Fiasko erleiden wird.

11 *Begründen Sie mithilfe des Marktmodells (Skizze!), weshalb in einem System flexibler Wechselkurse ein Leistungsbilanzdefizit wie in M 5 auf Dauer nicht bestehen kann.*

Skizze:

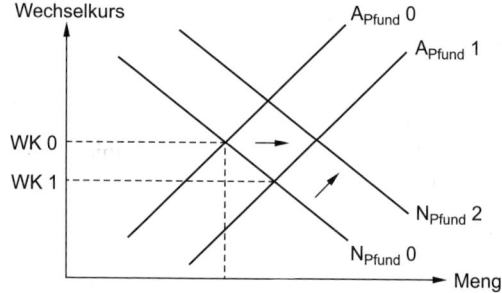

- Ein Leistungsbilanzdefizit bedeutet, dass ein Staat mehr importiert als exportiert. Großbritannien würde also z. B. mehr Waren aus der EU ein- als ausführen.
- Dies hätte zur Folge, dass vermehrt britisches Pfund am Devisenmarkt angeboten würde, um die Importe mit Euro bezahlen zu können → Verschiebung der Angebotskurve (1).
- Es käme zu einem Überangebot an Pfund am Devisenmarkt. Dadurch würde der Wert des Pfunds am Devisenmarkt sinken (→ WK 1), der Wert des Euro steigen.
- Im Falle einer solchen Abwertung des britischen Pfunds gegenüber dem Euro würden Importe aus der EU nach Großbritannien teurer werden und parallel britische Produkte für die EU-Staaten billiger. Es würden also vermehrt britische Pfund von EU-Staaten nachgefragt werden, um die nun günstigeren britischen Produkte zu kaufen → Verschiebung der Nachfragekurve (2).
- Die Importe Großbritanniens würden sinken und die Exporte in die EU steigen, sodass sich das Leistungsbilanzdefizit verringern und auf mittlere Sicht ein Gleichgewicht wiederhergestellt würde (WK 0).

© *Schwarwel*

12 *Beschreiben und Interpretieren Sie die Karikatur im Hinblick auf den Austritt Großbritanniens aus der Europäischen Union (M 6).*

- Die Karikatur zeigt ein sinkendes Schiff mit Namen „Great Britainic", das einen Eisberg mit der Beschriftung „EU" gerammt hat.

- Am Bug des Schiffes steht ein Mann im Anzug und mit blonden Haaren, der „Ich bin der König der Welt!" ruft.

- Der Mann am Bug des Schiffes soll den britischen Premierminister Boris Johnson darstellen (blonde Haare), der sich über seinen Erfolg, den Austritt Großbritanniens aus der EU, sichtlich freut.

- Der Ausruf „Ich bin der König der Welt!" spielt auf den Film „Titanic" mit Leonardo di Caprio an, der damit in derselben Pose sein umfassendes Glücksgefühl im Film zum Ausdruck gebracht hat.

- Tatsächlich ist das Schiff, das stellvertretend für Großbritannien steht, schon schwer beschädigt (Risse im Bug, geht unter), was das Glücksgefühl keineswegs rechtfertigt, eher sollte Panik herrschen.

- Der Karikaturist möchte also zum Ausdruck bringen, dass er den Brexit – den vermeintlichen „Erfolg" von Boris Johnson – als Katastrophe für das Land ansieht, ähnlich dem Untergang der Titanic (deswegen auch die Aufschrift „Britainic").

Themenbereich I	Systematik des Rechts der Leistungsstörungen

1 *Nennen und erklären Sie die Arten von Leistungsstörungen bei der Erfüllung von Kaufverträgen.*

- Schlechtleistung: Die Leistung ist mangelhaft (z. B. in einem Atlas sind einige Karten wegen eines Druckfehlers nicht lesbar).

- Verspätete Leistung: Die fällige und grundsätzlich mögliche Leistung wird nicht rechtzeitig erbracht (z. B. die für den 12.12. angekündigte Heizöllieferung erfolgt nicht).

- Unmöglichkeit: Die ordnungsgemäße Leistung kann gar nicht erbracht werden (z. B. der verkaufte Gebrauchtwagen wird vor der Übergabe bei einem Unfall zerstört).

- Verletzung einer vertraglichen oder gesetzlichen Nebenpflicht: Leistungsbegleitende Schutzpflichten werden verletzt (z. B. Frau X rutscht in der Gemüseabteilung eines Supermarktes auf einem alten Salatblatt aus und bricht sich den Arm).

2 *Zerlegen Sie den § 280 I BGB in Tatbestandsmerkmale und Rechtsfolgen.*

- § 280 I BGB: Schadensersatz wegen Pflichtverletzung
- Tatbestandsmerkmale:
  - Schuldverhältnis: Liegt ein Schuldverhältnis vor?
  - Pflichtverletzung: Wurde eine Pflicht aus dem Schuldverhältnis verletzt?
  - Vertretenmüssen: Hat der Schuldner die Pflichtverletzung zu vertreten? (Vorsatz, Fahrlässigkeit)
  - Schaden: Ist ein Schaden entstanden?
  - Kausalität: Besteht eine Kausalität zwischen Pflichtverletzung und Schaden?
- Rechtsfolge: Schadensersatz

Themenbereich II	Verspätung der Leistung beim Kauf

3 *Erklären Sie, wann der Schuldner nach § 276 I BGB einen Schaden zu vertreten hat.*

- § 276 I BGB: Verantwortlichkeit des Schuldners
- Vorsatz: Die Pflichtverletzung wurde bewusst herbeigeführt (Wissen und Wollen).
- Fahrlässigkeit: Der Schuldner hat die im Verkehr erforderliche Sorgfalt außer Acht gelassen.

- Übernahme einer Garantie oder eines Beschaffungsrisikos: Der Schuldner garantiert für einen bestimmten Erfolg oder übernimmt das Risiko für die typischen Beschaffungshindernisse.

4 *Grenzen Sie die verspätete Leistung und den Verzug voneinander ab.*

- Verspätete Leistung: Eine fällige Leistung wird nicht erbracht, obwohl dies grundsätzlich möglich ist.
- Verzug: Der Schuldner befindet sich nur dann in Verzug, wenn er die Verspätung der grundsätzlich möglichen Leistung zu vertreten hat und eine Mahnung erfolgt ist oder eine Mahnung nach § 286 II BGB entbehrlich ist.
- Unterscheidung wichtig, da bei Verzug über das fortbestehende Recht auf Leistungserfüllung und das Recht auf Rücktritt hinaus ggf. ein Verzugsschaden geltend gemacht werden kann und gleichzeitig eine erweiterte Haftung des Schuldners für den Vertragsgegenstand besteht. Bei Geldschulden fallen ab dem Verzugszeitpunkt Verzugszinsen an.

Themenbereich III   Mangelhafte Leistung beim Kauf

5 *Herr Kämpfer kauft bei der Firma „Very Sharp" einen Rasenmäher. Beim ersten Rasenmähen stellt er fest, dass das Gras nicht gekürzt wird, weil die Messer des Mähers stumpf sind.*
Nennen und erklären Sie die Art der Leistungsstörung, den Fehler sowie die vorrangigen Rechte des Herrn Kämpfer, wenn alle Tatbestandsmerkmale erfüllt sind.

- Art der Leistungsstörung: Schlechtleistung
- Art des Fehlers: Der Rasenmäher eignet sich nicht für die gewöhnliche Verwendung (§ 434 I Nr. 2 BGB).
- Vorrangige Rechte des K, wenn alle TBM erfüllt sind: Nacherfüllung (§ 437 Nr. 1 BGB), d. h. Nachbesserung (Reparatur) oder Lieferung einer mangelfreien Sache.

6 *Erklären Sie, weshalb bei einem Sachmangel das Recht auf Nacherfüllung zunächst Vorrang hat.*

- Es gilt der Grundsatz: *pacta sunt servanda* (Verträge sind einzuhalten) → Vertragstreue
- Der Verkäufer soll eine **zweite Chance** bekommen, seine Pflicht zur Übergabe einer mangelfreien Sache aus dem Kaufvertrag zu erfüllen (Recht der zweiten Andienung).
- Fehler passieren, weshalb es auch die Möglichkeit geben soll, diese wiedergutzumachen.
- Verkäufer hat den Sachmangel häufig gar nicht zu verschulden oder zu vertreten, ein Rücktritt vom Kaufvertrag, der die empfangenen Leistungen Zug um Zug rückabwickelt, wäre aus Sicht des Verkäufers nicht angemessen.

7 *Erklären Sie den Grundsatz der Privatautonomie.*

- Grundprinzip des bürgerlichen Rechts
- Allgemeine Handlungsfreiheit: Jeder hat das Recht, seine privaten Rechtsverhältnisse nach eigener Entscheidung zu gestalten.
- Ausdruck der Privatautonomie ist vor allem die Vertragsfreiheit: Abschlussfreiheit, Gestaltungs- und Inhaltsfreiheit, Formfreiheit

8 *Nennen Sie zwei Beispiele für Einschränkungen der Vertragsfreiheit.*

- Formzwänge: z. B. notarielle Beurkundung beim Grundstückskauf
- Abschlussverbote: z. B. Verträge über Waffen, Kinderarbeit, Drogen

9 *Erläutern Sie den Grundsatz der Vertragsfreiheit und deren Grenzen mithilfe von selbst gewählten Beispielen.*

Bei der Vertragsfreiheit unterscheidet man drei Bereiche: Form-, Abschluss- und Gestaltungsfreiheit

- Formfreiheit:
  - Formen: mündlich, schriftlich, schlüssiges Handeln
  - Ausnahmen: gesetzliche oder vertraglich vereinbarte Formvorschriften, z. B. notarielle Beurkundung bei Immobiliengeschäften
- Abschlussfreiheit:
  - Käufer oder Verkäufer können frei entscheiden, ob und mit wem sie ein Rechtsgeschäft abschließen wollen.
  - Ausnahmen sind Branchen/Geschäfte mit Kontrahierungszwang, z. B. im Bereich der öffentlichen Versorgung mit Wasser, da es dort keinen alternativen Anbieter gibt, oder in Engpasssituationen, z. B. bei der einzigen dienstbereiten Apotheke im erreichbaren Umfeld.
- Gestaltungsfreiheit:
  - Rechtsgeschäfte können grundsätzlich im Inhalt frei ausgehandelt werden.
  - Ausnahmen sind Verstöße gegen die guten Sitten oder Gesetze, z. B. Verbot des Menschenhandels in Deutschland.

10 *Diskutieren Sie das Spannungsverhältnis zwischen Vertragsfreiheit und Verbraucherschutz.*

Der prinzipiell gewährten Vertragsfreiheit autonomer Rechtssubjekte stehen umfassende Verbraucherschutzregelungen mit nur sehr bedingten Gestaltungsmöglichkeiten gegenüber, z. B. restriktive Regelungen zu den AGBs.

- Pro Vertragsfreiheit:
  - Gestaltungsfreiheit: Die Fortentwicklung des täglichen Lebens schafft immer neue wirtschaftliche und rechtliche Situationen, die vielfach nur im Rahmen der Vertragsfreiheit (hier Gestaltungsfreiheit) sachgerecht abgebildet werden

können. So wird anfangs der Verkauf einer neuen Genuss-Substanz (so genannte *legal Highs*) möglich.

– Formfreiheit: Neue Medien und Techniken ermöglichen neue Formen für Vertragsabschlüsse (online, Download) oder auch neue Formen der Bezahlung (cybermoney, kontaktlos). Vertragsfreiheit gewährleistet, dass derartige technische Neuerungen wirtschaftlich nutzbar werden.

• Kontra vollständige Vertragsfreiheit:
  – Vom Käufer kann vielfach gar nicht beurteilt werden, was genau verkauft wird (Inhaltsstoffe, technische Sicherheit u. Ä.).
  – Ein Ausschluss von Rechten wie Widerruf oder Rücktritt würde den Käufer unbillig benachteiligen, sodass eine Begrenzung der Gestaltungsfreiheit sinnvoll ist.
  – Es besteht die Gefahr der (technischen) Überforderung von Verbrauchern oder des Missbrauchs durch Anbieter, sodass gesetzliche Regelungen erforderlich sind, z. B. Vorgaben zur Aufklärung und sicheren technischen Abwicklung mit Haftungskonsequenzen für den Anbieter, die eine Übervorteilung von Verbrauchern verhindern.

• Überzogener Verbraucherschutz, der die Vertragsfreiheit extrem einschränkt, kann allerdings auch die wirtschaftliche Nutzung von Geschäftsideen behindern oder schwer kalkulierbare Kosten auf die Verkäufer abwälzen und so zu unwägbaren wirtschaftlichen Risiken für Verkäufer führen (z. B. hohe Kosten durch Widerrufsrechte im Fernabsatz).

Fazit: Die technische und wirtschaftliche Entwicklung wird immer dynamischer. Verbraucher können dadurch in Situationen geraten, in denen sie unbillig benachteiligt werden. Um dies zu verhindern, sind Einschränkungen der Vertragsfreiheit nicht nur legitim, sondern auch als Auftrag des Gesetzgebers im Rahmen der Schutz- und Friedensfunktion des Rechts unverzichtbar.

Fit fürs ABI?

Mit unseren ABI-Vorbereitungskursen zur Höchstform auflaufen!

In mehrtägigen Kursen bringen dich unsere Lern-Coaches in DEINE persönliche Bestform:

> Sie zeigen dir, woran DU arbeiten musst.
> Sie helfen dir, DEINEN persönlichen Lern-Trainings-Plan zu erstellen.
> Sie unterstützen DICH mit exklusiven STARK Lernmaterialien, die es nur dort gibt.
> Sie stehen dir für DEINE Fragen zur Verfügung.

stark-plus.de

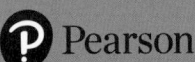

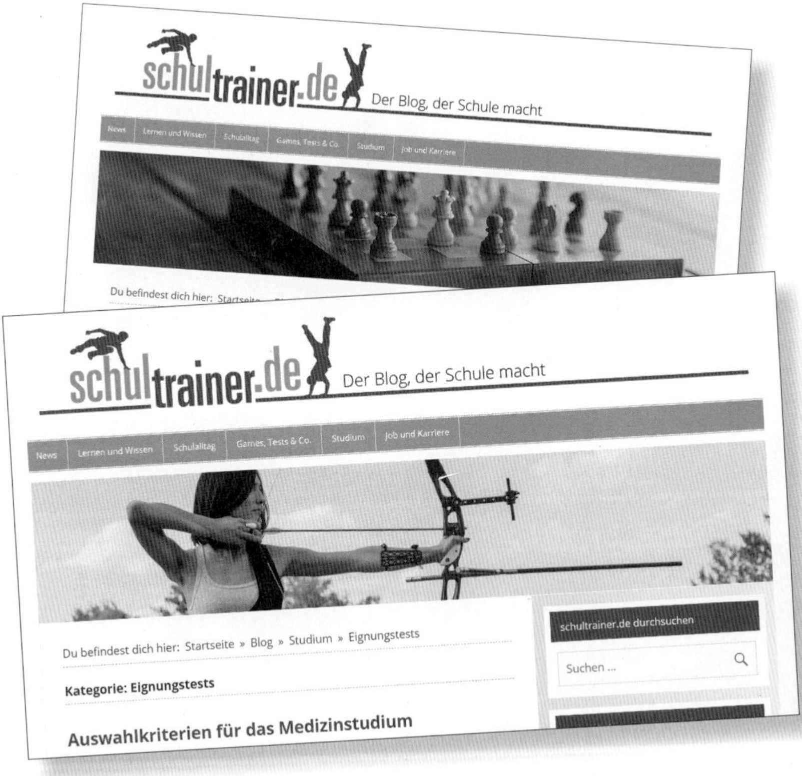